한 권으로 끝내는 대표기도문의 이론과 실제

대표 기도 하는 법

박태웅 지음

선한청지기

머리말

　　목회자에게 있어서 가장 큰 부담은 설교일 것입니다. 목회자들은 한 주간 내내 성경과 씨름하고 기도하며, 말씀 속에 담긴 하나님의 뜻을 정확하게 깨닫기 위해 영적 사투를 벌입니다. 또한 깨달은 하나님의 뜻을 어떻게 하면 성도들에게 이해하기 쉽고 은혜롭게 전달할 수 있을까를 놓고 고심에 고심을 다합니다. 한국 교회 목사님들은 한 주간에 평균적으로 10번 내외의 서로 다른 설교를 하게 되는데, 말씀을 준비해야 하는 부담감은 직접 겪어보지 않은 사람들은 다 실감할 수 없는 고충입니다.

　　목회자에게 있어서 설교가 큰 부담이라면, 장로님들에게는 대표기도가 그 못지않은 부담일 것입니다. 목사님들이야 어쨌든 늘 주로 교회에 머무시면서 말씀과 기도 속에서 살아가니까, 그나마 설교 준비하는 데 좋은 환경 가운데 있을 수 있겠습니다. 그러나 장로님들은 각자의 직장과 사업장에서 한 주간 내내 치열한 전쟁과도 같은 삶을 살아야 합니다. 정신없이 분주한 삶을 사시다가 주일이 다가오고, 대표기도 순서를 감당해야 하는 차례가 되면 여러 가지로 마음의 부담이 될 줄로 압니다. 더구나 교회가 커서 여러 장로님들이 교대로 대표기도 순서를 맡을 수 있으면 좋겠지만, 대부분의 중소 교회에서는 몇 분이서 돌아가며 감당해야 합니다. 심지어는 장로님 한 분이 혼자서 매주 대표기도를 해야 하는 교회도 있을 것입니다. 이러한 장로님들의 노고에 조금이나마 도움을 드리기 위해 본서를 집필하게 되었습니다. 또한 여러 예배에서 대표기도를 맡아 수고하시는 집사님, 권사님들에게도 도움이 되기를 바랍니다.

본서의 전반부에서는 대표기도에 관한 기본적이면서도 가장 중요한 내용들을 이론적으로 다루어 보았습니다. 대표기도문을 실어 놓은 책들은 많이 있지만, 대표기도 하는 법을 다룬 책은 흔치 않습니다. 물고기를 잡아주는 것보다는 물고기 잡는 법을 알려주는 것이 더 현명하다는 판단 아래, 이론적인 부분을 보강하였습니다. 후반부에서는 대표기도의 실제로서, 주일 대예배를 비롯한 각종 예배와 절기별, 상황별 기도문들을 수록하였습니다. 또한 여러 교회에서 장로님들이 실제로 드린 대표기도문들도 그대로 수록하여 현장감을 더하고자 하였습니다.

주님의 몸 된 교회에서 목사님들이 미처 다 질 수 없는 영육 간의 많은 짐을 짊어지고, 묵묵히 헌신하시는 장로님들과 제직들의 수고에 마음 깊은 곳에서 우러나는 찬사를 드립니다. 그 모든 수고가 하늘에서는 영원한 상급으로, 이 땅에서는 풍성한 축복으로 열매 맺게 되시길 간절히 기원합니다.

또한 부족한 종을 늘 전심으로 도와주고 협력해 주시는 김현수, 소공수 장로님과 평택예향교회 성도님들, 그리고 늘 기도로 동역해 주는 가족들(부모님, 김혜연 사모, 샤론, 성주)에게 말로 다 못한 사랑을 이곳에서 전합니다.

모든 영광 하나님께!

박태용 목사

목차

■ 머리말 ·6

1부 **대표기도의 이론**

1장 **대표기도란?**

1. 대표기도, 예배의 한 순서 ·18
2. 대표기도, 기도의 한 종류 ·28
3. 회중을 대표해서 드리는 기도 ·34

2장 **대표기도, 이렇게 해 주세요**

1. 개인기도는 길게, 대표기도는 짧게 ·40
2. 문장은 간결하게 ·42
3. 발음은 분명하게 ·44
4. 속도는 적당하게 ·45
5. 톤은 적절하게 ·46
6. 용어는 정확하게 ·47

3장 **대표기도, 이렇게 하지 말아주세요**

1. 목사님을 대신하는 기도 ·52
2. 상투적인 표현, 낯선 한자어나 외국어 ·53
3. 부자연스러운 목소리 ·54

4. 불필요한 도입부 ·55

5. 의미 없이 반복되는 용어 ·56

6. 부정적인 표현 ·57

7. 성구의 단순 인용 ·58

8. 회의 같은 기도 ·59

9. 설교 같은 기도 ·60

10. 광고 같은 기도 ·61

4장 대표기도, 어떻게 하면 잘할 수 있을까?

1. 대표기도의 근간, 개인기도 ·64

2. 많이 읽고, 많이 써 보고, 많이 생각하기 ·65

3. 기도문 작성 ·66

4. 기도 모니터링 ·68

5장 대표기도의 내용

1. 하나님을 부름 ·70

2. 기도의 네 가지 내용 ·71

3. 예수님의 이름으로 기도합니다 ·76

4. 아멘 ·77

5. 대표기도문 작성 실습 ·78

6장 대표기도자의 평소의 준비와 당일의 주의사항

1. 평소의 준비 ·82

2. 대표기도 전 한 주 동안의 준비 ·86

3. 대표기도 당일의 주의사항 ·88

2부 대표기도의 실제

1장 주일 오전예배

1. 1월 1주 ·98   1월 2주 ·100   1월 3주 ·102   1월 4주 ·104   1월 5주 ·106
2. 2월 1주 ·108   2월 2주 ·110   2월 3주 ·112   2월 4주 ·114   2월 5주 ·116
3. 3월 1주 ·118   3월 2주 ·120   3월 3주 ·122   3월 4주 ·124   3월 5주 ·126
4. 4월 1주 ·128   4월 2주 ·130   4월 3주 ·132   4월 4주 ·134   4월 5주 ·136
5. 5월 1주 ·138   5월 2주 ·140   5월 3주 ·142   5월 4주 ·144   5월 5주 ·146
6. 6월 1주 ·148   6월 2주 ·150   6월 3주 ·152   6월 4주 ·154   6월 5주 ·156
7. 7월 1주 ·158   7월 2주 ·160   7월 3주 ·162   7월 4주 ·164   7월 5주 ·166
8. 8월 1주 ·168   8월 2주 ·170   8월 3주 ·172   8월 4주 ·174   8월 5주 ·176
9. 9월 1주 ·178   9월 2주 ·180   9월 3주 ·182   9월 4주 ·184   9월 5주 ·186
10. 10월 1주 ·188   10월 2주 ·190   10월 3주 ·192   10월 4주 ·194   10월 5주 ·196
11. 11월 1주 ·198   11월 2주 ·200   11월 3주 ·202   11월 4주 ·204   11월 5주 ·206
12. 12월 1주 ·208   12월 2주 ·210   12월 3주 ·212   12월 4주 ·214   12월 5주 ·216

2장 절기예배

1. 설날 ·220   2. 사순절 ·222   3. 종려주일 ·224
4. 고난주간 ·226 5. 부활주일 ·228   6. 성령강림절 ·230
7. 성탄절 ·232   8. 송구영신 ·234

3장 주일 오후예배

1. 주일오후(1) ·238   2. 주일오후(2) ·240   3. 주일오후(3) ·242
4. 주일오후(4) ·244   5. 주일오후(5) ·246

4장 수요예배

1. 수요예배(1) ·250   2. 수요예배(2) ·252   3. 수요예배(3) ·254
4. 수요예배(4) ·256   5. 수요예배(5) ·258

5장 교육부서예배

1. 영아부 예배 ·262   2. 유치부 예배 ·264
3. 유초등부 예배 ·266   4. 중고등부 예배 268
5. 대학부 예배 ·270   6. 청년부 예배 ·272

6장 헌신예배

1. 제직 ·276   2. 남전도회 ·278   3. 여전도회 ·280
4. 찬양대 ·282   5. 교사 ·284   6. 구역장 ·286

7장 특별예배

1. 부흥회 ·290 2. 교회 설립예배 ·292 3. 교회 설립 기념주일예배 ·294
4. 성전 기공예배 ·296 5. 성전 준공예배 ·298 6. 성전 헌당예배 ·300
7. 총동원 전도주일 ·302 8. 졸업예배 ·304 9. 임직예배 ·306

8장 행사

1. 여름 성경학교 ·310 2. 야외예배 ·312 3. 체육 대회 ·314

9장 성례식

1. 유아 세례 ·318 2. 입교 ·320   3. 학습 ·322
4. 세례 ·324   5. 성찬식 ·326

10장 각종 모임과 회의

1. 구역예배 ·330　　2. 성경 공부 ·332　　3. 찬양대 연습 ·334
4. 교사 기도회 ·336　5. 식사 모임 ·338　6. 당회 ·340
7. 제직회 ·342　　　8. 공동 의회 ·344

11장 성도의 애경사

1. 약혼예배 ·348　2. 혼인예배 ·350　3. 임신 ·352　　4. 불임 ·354
5. 출산 ·356　　6. 유산 ·358　　7. 백일 ·360　　8. 돌 ·362
9. 입학 ·364　　10. 졸업 ·366　11. 수능 ·368　12. 군 입대 ·370
13. 군 제대 ·372　14. 유학 ·374　15. 취업 준비 ·376　16. 취업 감사 ·378
17. 이직 ·380　　18. 승진 ·382　19. 실직 ·384　　20. 퇴직 ·386
21. 개업 ·388　　22. 확장 ·390　23. 폐업 ·392　　24. 입주 ·394
25. 이사 ·396　　26. 이민 ·398　27. 생일 ·400　　28. 회갑 ·402
29. 칠순 ·404　　30. 팔순 ·406　31. 입원 ·408　　32. 수술 전 ·410
33. 수술 후 ·412　34. 퇴원 ·414　35. 암 ·416　　36. 불치병 ·418
37. 임종예배 ·420　38. 입관예배 ·422　39. 발인예배 ·424　40. 화장예배 ·426
41. 하관예배 ·428　42. 위로예배 ·430　43. 추도예배 ·432

12장 심방

1. 전도되어 등록한 새신자 ·436
2. 이사하여 등록한 성도 ·438
3. 시험 들어 교회를 옮겨 온 성도 ·440
4. 불신자 ·442
5. 초신자 ·444
6. 장기 결석자 ·446
7. 시험당한 성도 ·448

8.   가족 구원을 위해 기도하는 가정 ·450

9.   이단에 빠진 자가 있는 가정 ·452

10. 예배 생활을 게을리하는 성도 ·454

11. 헌금 생활을 게을리하는 성도 ·456

12. 교회 봉사를 게을리하는 성도 ·458

13. 범죄한 성도 ·460

14. 기도가 부족한 성도 ·462

15. 전도가 부족한 성도 ·464

부록 현장기도

1.   김성태 장로 〈합동 101회 장로부총회장, 전국장로회장〉 ·468

2.   신신우 장로 〈동명교회, 전국장로회연합회 증경회장〉 ·470

3.   이영구 장로 〈서현교회〉 ·472

4.   김병순 장로 〈서빙고온누리교회〉 ·474

5.   김은주 장로 〈종교교회〉 ·476

6.   임준섭 장로 〈상암교회〉 ·478

7.   이준섭 장로 〈청계열린교회〉 ·480

8.   이완승 장로 〈한울 소그룹모임〉 ·482

9.   박명규 집사 〈새문안교회 안수집사회장〉 ·484

10. 장영호 집사 〈남서울은혜교회 안수집사〉 ·486

11. 안태형 집사 〈서현교회 안수집사〉 ·488

12. 노은희 권사 〈서현교회〉 ·490

1장   대표기도란?
2장   대표기도, 이렇게 해 주세요
3장   대표기도, 이렇게 하지 말아주세요
4장   대표기도, 어떻게 하면 잘할 수 있을까?
5장   대표기도의 내용
6장   대표기도자의 평소의 준비와 당일의 주의사항

대표기도의 이론

1장

대표기도란?

01

대표기도,
예배의 한 순서

1) 예배란?

가. 우리말에서의 의미

우리말에서 예배禮拜의 문자적인 의미는 '예를 갖추어 절하다'는 뜻입니다. 새우리말 큰사전신기철 외, 삼성출판사은 예배를 '신神을 신앙하고 숭배하면서 그 대상을 경배하는 행위 및 그 양식'으로 풀이해 놓았습니다. 다음Daum 국어사전에서는 예배의 일반적인 의미를 '거룩하고 성스러운 대상에 대하여 존경하는 뜻을 가지고 절을 함'으로 풀이했고, 기독교적인 의미로는 '성경을 읽고 기도와 찬송으로 하나님에 대한 존경과 숭배를 나타내는 의식'이라고 했습니다.

나. 영어에서의 의미

예배를 뜻하는 영어 '워십worship'은 앵글로색슨어인 'weorthscipe'에서 유래했습니다. 이 말은 'worth가치'와 'ship신분'의 합성어로, '존경을 받을 가치가 있는 분'이라는 뜻입니다. 따라서 워쉽은 '하나님께 최상의 가치를 돌려 드리는 것to ascribe Him supreme worth'이라고 정의할 수 있습니다.

다. 구약성경(히브리어)에서의 의미

① 아보다 : '섬김, 봉사'라는 뜻으로, 종이 주인을 섬기듯이 성전에서 하나님을 섬기며 봉사하는 것을 의미합니다.
② 샤하 : '엎드려 절하다·굴복하다'는 뜻으로, 몸과 마음을 다해 하나님께 최대한의 존경과 순종을 표시하는 것을 말합니다.

라. 신약성경(헬라어)에서의 의미

① 프로스쿠네오 : '존경의 표시로 입 맞추다·엎드리다·절하다'는 의미로서, 하나님께 꿇어 엎드려 경배하는 것을 의미합니다.
② 라트레이아 : 종이 상전을 섬기듯이 하나님을 섬기는 것을 의미합니다.
③ 레이투르기아 : 하나님을 위해 섬기며 봉사하는 것을 의미합니다.

마. 여러 신학자들이 말하는 의미

① 폴 훈Paul W. Hoon : "기독교 예배란 그리스도 안에서 자신을 보여주신 하나님의 계시와 그의 대한 인간의 응답이다."

② 존 헉스터블John Huxtable : "예배란 하나님과 그 백성간의 대화 communication다."

③ 존 맥아더John MacArthur : "예배는 하나님의 모든 창조, 섭리, 구원에 반응하는 인간의 모든 것이며 충성, 봉사로 하나님께 찬양과 존경과 영광을 드리는 것이다."

④ 로버트 웨버R. E. Webber : "예배는 하나님의 인격과 그의 사역을 찬양하면서 하나님께 영광을 돌리는 하나님과의 인격적인 만남이다."

⑤ 랄프 마틴Ralph Martin : "예배는 하나님의 역사하심에 대한 영적이고 극적인 축제다spiritual and dramatic celebration."

⑥ 피터 부르너Peter Brunner : "예배란 하나님과 예배자 사이의 쌍방향 봉사다."

⑦ 워렌 위어스비Warren Wiersbe : "예배란 하나님의 존재와 하나님께서 말씀하신 것과 하나님께서 행하신 모든 것에 대한 인간의 모든 것, 즉 몸과 마음과 감정과 뜻을 다한 신자의 응답이다."

⑧ 프랭클린 지글러Franklin Segler : "예배는 그리스도 안에서 가지는 하나님과 사람의 교제다."

⑨ 존 버크하르트John Burkhart : "예배란 하나님께서 우리들을 위하여 하셨고, 하시고 계시며, 또 앞으로 하실 것에 대한 축제적 응답이다."

⑩ 앨런 케이J. Alan kay : "하나님의 본성nature과 행동action에 대한 인간의 응답이다."

바. 종합적인 의미

예배에 관한 여러 정의들을 종합해 볼 때, "예배란, 최상의 존재이신 하나님을 만나 은혜를 입은 백성들이 그들이 드릴 수 있는 최상의 것으로 하나님께 응답하는 것"이라고 요약할 수 있겠습니다.

하나님께서 최상의 존재이신 이유는 첫째, 그분의 존재 자체Being가 위대하시기 때문입니다. 하나님은 스스로 존재하시고, 영원불변하시고, 전지전능하시고, 의로우시고 선하시며 은혜로우십니다. 둘째, 그분의 역사하심Doing이 위대하시기 때문입니다. 하나님은 창조하시고, 섭리하시며, 공급하시고, 심판하시며 구원하십니다.

이처럼 위대한 최상의 존재이신 하나님을 만나서 은혜를 체험하게 되고 그분과 교제하게 된 백성들은 당연히 그들이 드릴 수 있는 최상의 것으로 즐거이 그분께 응답할 수밖에 없을 것입니다. 사랑, 경배, 찬양, 감사, 섬김, 봉사, 헌신, 그리고 그분의 영광을 위한 순종의 삶으로 응답하여야 합니다.

2) 예배의 주요 원리와 대표기도

가. 오직 하나님께만only to God

예배는 최상의 가치를 가지신 하나님께 최상의 것으로 응답하며 영광을 돌리는 것이라고 했습니다. 우리의 예배를 통해 누구도 하나님께서 받으실 영광을 가로채서는 안 되고, 오직 하나님께만 영광이 돌아가도록 해야 합니다. 대표기도자는 멋지고 유창하며 은혜롭게 기도해서 사람들의 인정과 칭찬을 받겠다는 유혹을 떨쳐 내야 합니다. 대표기도를 통해서 내가 드러나고 높아지는 것이 아니라, 오직 하나님께만 영광을 돌려야 합니다.

그러므로 사람을 의식해서 지나치게 미사여구에만 신경을 쓰고, 인위적으로 은혜로운 목소리를 만들어 내며, 성도들의 반응이 어떤지만 살피는 기도는 예배의 정신에 맞지 않습니다. 오직 하나님의 은혜만을 높이기를 사모하며, 어떻게 하면 모든 성도가 그 은혜에 합당한 삶을 살 수 있을지를 고민하는 가운데 나오는 기도가 되어야 합니다. 이런 기도는 굳이 내가 사람들에게 은혜를 끼쳐야겠다고 의식하지 않아도, 큰 은혜를 끼치는 귀한 기도가 됩니다.

그러므로 기도하러 단에 오를 때마다, 마음속으로 다음과 같이 외쳐 보는 것도 좋을 것입니다.

"오직 하나님께만 영광을Soli Deo gloria!"

나. 오직 예수님을 통해서만only through Jesus

죄의 문제가 해결되지 않는 한, 인간은 하나님께 접근 자체가 불가능합니다. 하나님께 나아갈 수 있는 유일한 길은 예수 그리스도를 통하는 길뿐입니다. 예수 안에서, 그를 믿는 모든 사람들의 죄가 '단번에, 완전히, 영원히' 사해졌습니다. 우리는 그의 피를 힘입어 하나님의 임재 앞에 담대히 나아갈 수 있게 되었습니다.

우리는 그리스도의 보혈을 지나서만, 하나님께로 나아갈 수 있습니다. 특별히 대표기도자의 심령은 주의 보혈로 흠뻑 적셔져야 합니다. 죄 사함의 은총을 마음 깊이 느끼며, 벅찬 감격을 간직한 채 보혈을 지나 단에 올라야 합니다. 자신이 대표기도자로 설 수 있는 것은 조금도 자신의 의로움이나 선함 때문이 아니요, 오직 주님의 은혜임을 기억하고 겸손해야 합니다. 반대로 죄도 많고 허물도 많아 감히 대표기도자로 설 수 없는 죄인이지만, 보혈의 공로를 의지하여 은혜의 보좌 앞에 담대히 나아갈 수 있게 되었다는 영적 담대함도 필요합니다히 4:16. 예수님을 통하여 겸손하면서도 담대하게, 담대하면서도 겸손하게 기도의 단에 오를 수 있기를 바랍니다.

다. 오직 성령님에 의해서만only by Holy Spirit

성령님은 우리를 거듭나게 하사 예배드릴 수 있는 존재가 되게 하시고, 우리를 예배의 자리에 불러 모아 주십니다. 성령님은 예배자들에게 하나님의 임재를 경험할 수 있게 하십니다. 또한 설교, 찬양, 기도 등 예배의 모든 요소에 영감을 불어넣어 주서서, 살아 있는 예배가 되게 하십니다. 성령님은 예배자가 예배를 통해 은혜받게 하시고, 예배를 마친 후에도 받은 은혜대로 살 수 있는 능력을 주십니다.

예배는 오직 성령에 의해서만 시작되고 인도되며 지속될 수 있습니다. 성령에 의하지 아니한 예배만큼 억지스럽고 따분하며 시들한 것도 없습니다. 반면에, 성령에 의한 예배만큼 하나님을 영화롭게 하고 우리를 살아나게 하는 것도 없습니다.

하나님께 큰 영광이 되고 모든 성도에게 큰 은혜가 되는 대표기도는 사람의 노력도 중요하지만, 근본적으로는 성령의 역사입니다. 대표기도자는 대표기도를 잘하기 위해 노력하는 것도 중요하지만, 성령으로 충만하기 위해 기도하는 것이 더 중요함을 알아야 합니다.

라. 영으로 드리는 예배

버클레이는 "참되고 진정한 예배란 사람이 그의 영을 통하여 하나님과 더불어 우정과 친밀함을 나눌 때에 존재한다. 참되고 진정한 예배란 어떠한 장소, 의식, 예물 등에 있는 것이 아니라, 사람의 영이 하나님께 말하고 그분과 만나는 그곳에 있다."고 했습니다.

예배에 있어서의 핵심은 몸에 있지 않고, 영혼에 있습니다. 단지 몸이 예배하는 자리에 와 있다고 해서 예배자가 되는 것이 아닙니다. 그의 영혼이 예배하고 있을 때 예배자가 됩니다. 예배에 있어서 중요한 문제는 장소, 시간, 의복, 음악, 형식, 시설, 분위기 등의 외부적인 조건이 아니라, 내부적인 조건 즉 마음 중심의 문제입니다.

예배의 모든 외적인 요소들은 내적인 요소들의 반영이어야 하고, 핸드릭슨의 말처럼 '하나님을 향한 온 마음의 행동화'일 때에만 그 의미를 갖습니다. 따라서 내적인 요소들에 의해 외적인 요소들이 살아나고 풍요로워지는 예배가 되어야합니다. 반대로 외적인 요소들에 의해 내적인 요소들을 살아나게 하고 풍요롭게 하려는 인위적인 모든 시도들은 예배의 본질에 어울리지 않습니다.

소박한 다락방에서, 심지어 어두운 지하 묘지 속에서도 오늘의 우리보다 더 살아 있는 예배를 드렸던 초대 교회 성도들을 봅니다. 우리는 어디까지나 보조적일 뿐인 외적인 요소들에 너무 집중하지는 않는지 돌아보아야겠습니다. 대표기도자는 외적인 요소를 의식하거나 의지하지 말고, 오직 마음 중심을 다해 하나님께 영으로 기도해야 합니다. 마음이 함께하지 않은 달변의 기도보다는, 비록 어눌해도 마음을 다한 기도가 감동을 줍니다.

마. 함께 드리는 예배

R. 압바는 "기독교 예배는 부르심을 입은 사람들이 하나님을 향해 함께 나아가는 공동체적인 접근이다."라고 했습니다. 우리의 예배는 어학 실습실의 학생들처럼 서로가 단절된 채, 각자 하나님과 1대 1의 만남만을 갖고 흩어지는 예배가 되면 안 됩니다. 영적으로 서로 돕고 도움을 받으며, 함께 울고 함께 웃는 성도의 교통도 필요합니다.

대표기도자는 자신의 기도가 개인기도가 아니라 대표기도임을 항상 의식해야 합니다. 성도들과 동고동락하는 기도가 되어야 하고, 그들의 희로애락이 반영된 기도가 되어야 합니다.

성도들 역시 단순한 참관자가 되면 안 되고 참여자가 되어야 합니다. 서로 다른 각양 지체가 유기적으로 협력하여 몸을 이루듯, 한두 사람의 예배 인도자만이 아닌 온 회중이 힘을 합하여 은혜의 대사건을 이루어가야겠습니다. 자신이 특별한 순서를 맡지는 않았더라도, 예배의 모든 순서에 마음을 합하여 함께하는 자세가 필요합니다. 온 회중의 '온전하고, 의식적이며, 능동적인 참여full, conscious, active participation'를 통해, 활기 있고 생동감 넘치는 예배를 만들어 가야겠습니다.

그러므로 회중들은 대표기도자의 기도가 자신들을 대표한 기도임을 인식하고, 마치 자신이 기도하는 것처럼 귀를 기울이며 아멘으로 공감을 표시해야 합니다. 대표기도가 마치 대표기도자만의 기도인 것처럼 무관심하게 듣거나, 그냥 예배의 한 순서로 여겨 지나가기만을 기다리는 소극적인 자세는 좋지 못합니다. 대표기도자와 회중이 서로 교통하며 한마음으로 기도할 때, 온전한 대표기도가 될 수 있습니다.

바. 삶으로 드리는 예배

감리교 창시자 존 웨슬리John Wesley는 "매일매일이 주일이다Everyday is Holiday." 라고 했습니다. 우리는 선데이 크리스천으로 살면 안 되고, 매일매일을 하나님 앞에서 살아가야 합니다. 우리의 예배는 예배당에서 끝나는 것이 아니라, 삶의 현장으로까지 이어져야 합니다. 하나님께서 진정 받으시길 원하시는 제물은 선행과 정의와 긍휼이 넘치는 삶의 제물입니다. 하나님께서 기대하시는 제사는 성전 제사만이 아니라, 백성들의 일상생활 속에서도 드려지는 거룩한 산 제사입니다롬 12:1. 하나님께서 맡으시고자 하는 향은 그들의 삶의 향기입니다고후 2:15. 하나님 경배의 정신은 특정한 어느 한 날의 한두 시간의 예배 의식에만 제한되지 않고, 일상의 삶 속으로 연결되어야 합니다.

우리의 예배가 흥분 속에 잠시 참여했다가 돌아서면 싸늘하게 식은 채 잊어버리는 하나의 '이벤트'로 전락해서는 안 되겠습니다. "예배란 기독교적 신앙과 삶의 총체적 표현이다."라는 말을 깊이 묵상해 보아야겠습니다. 대표기도자는 기도할 내용만 잘 외워서 단에 오르는 것으로 준비가 끝나는 것이 아니라, 한 주간의 구별된 삶의 준비가 뒷받침되어야 합니다. 또한 대표기도자는 예배 시간에 기도하는 것만으로 그 순서가 끝나는 것이 아니라, 예배 후 한 주간의 삶을 기도한 대로 살아가야만 그 직무가 끝이 납니다.

02

대표기도,
기도의 한 종류

1) 기도란?

가. 하나님과의 대화

대화란 '서로 마주 대하여 이야기를 주고받는 것'을 말합니다. 기도는 하나님과 마주하여 서로 이야기를 주고받는 것입니다. 출 33:11에 보면, "사람이 자기의 친구와 이야기함 같이 여호와께서는 모세와 대면하여 말씀하시며"라고 기록되어 있습니다.

대화로서의 기도의 첫째 요소는 우리의 이야기를 하나님께 아뢰는 것입니다. 소요리문답 제98문에 보면 "기도는 무엇인가?"라는 질문에 대해, "기도는 그리스도의 이름으로 우리의 기원을 하나님께 고하고 그의 뜻에 합당한 것을 간구하여 죄를 자복하며 그의 자비하신 모든 은혜를 감사하는 것이다."라고 했습니다. 기도는 우리의 소원과 죄악과 감사를 하나님께 이야기하는 것입니다.

둘째 요소는 하나님의 이야기를 우리가 듣는 것입니다. 대화는 쌍방향의 의사소통이어야 합니다. 우리가 하고 싶은 이야기만 하고 끝나는 것이 아니라, 하나님께서 하시는 말씀을 들을 수 있어야 합니다. 하나님께서는 우리가 기도할 때 성경 말씀을 통해, 혹은 우리의 내면의 음성을 통해 우리에게 말씀하십니다. 또한 기도 후에는 환경을 통해, 다른 사람들의 이야기 등을 통해 우리에게 말씀하시기도 합니다.

대표기도자는 성도들의 귀가 되어 하나님의 음성을 잘 들을 수 있어야 하고, 성도들의 입이 되어 하나님의 뜻대로 잘 구할 수 있어야 합니다. 그러기 위해서 늘 깨어 있어야 하고, 성령으로 충만해 있어야 합니다.

나. 영혼의 호흡

육신은 호흡을 하지 못하면 죽습니다. 물은 3일을 안 마셔도 살고, 밥은 30일을 안 먹어도 살지만, 숨은 3분을 쉬지 못하면 죽고 맙니다. 육신의 생명에서 호흡이 이처럼 중요하기 때문에, 영혼의 생명에서 기도가 얼마나 중요한가를 호흡에 비유하는 것입니다. 기도는 영혼의 호흡입니다. 우리의 육신이 살기 위해서 쉬지 않고 호흡해야 하듯이, 영혼도 살기 위해서는 쉬지 않고 기도해야 합니다_{살전 5:17}.

호흡_{呼吸}은 숨을 내쉬는 것_呼과 들이마시는 것_吸으로 이루어져 있습니다.

숨을 내쉴 때 우리 안에 있던 모든 나쁜 공기가 빠져나갑니다. 마찬가지로 기도를 통해 우리 영혼과 삶과 공동체 안에 쌓인 온갖 부정적인 것들이 다 빠져나갑니다. 미움, 다툼, 시기, 질투, 염려, 불안, 근심, 걱정, 무기력, 음행, 더러운 것, 호색, 우상 숭배, 술수, 원수 맺는 것, 분쟁, 분노, 당 짓는 것, 분리함, 이단, 투기, 술 취함, 방탕이 사라집니다.

반대로, 숨을 들이마실 때 밖에 있던 생명의 공기인 산소를 공급받습니다. 마찬가지로 우리가 기도할 때에 온갖 긍정적인 것들이 우리 영혼과 삶과 공동체 속으로 들어옵니다. 사랑, 희락, 화평, 오래참음, 자비, 양선, 충성, 온유, 절제, 평안, 확신, 만족, 여유가 생깁니다.

기도할 때 우리의 영혼은 숨통이 터지고, 영적인 환기가 됩니다. 카네기는 "나는 매일 기도 생활을 해 왔다. 그로 인하여 정신적인 갈등과 번민은 내게서 사라지고, 평화와 능력이 나를 사로잡았다. 그때 사업을 성공적으로 할 수 있는 지혜도 임했다."고 했습니다. 대표기도자는 개인기도를 통해 이러한 기도의 능력을 체험해야 하고, 대표기도를 통해 그런 능력이 교회에까지 확대되어 나타날 수 있게 해야 합니다.

다. 모든 문을 여는 마스터키

호텔의 프런트에는 분실이나 화재 등의 비상사태를 대비해서, 모든 방문을 열 수 있는 마스터키가 있습니다. 이처럼 기도는 우리 앞에 놓인 모든 문을 여는 마스터키와도 같습니다.

첫째, 기도는 축복의 문을 여는 열쇠입니다. 대상 4:10에 보면 "야베스가 이스라엘 하나님께 아뢰어 이르되 주께서 내게 복을 주시려거든 나의 지역을 넓히시고 주의 손으로 나를 도우사 나로 환난을 벗어나 내게 근심이 없게 하옵소서 하였더니 하나님이 그가 구하는 것을 허락하셨더라"고 했습니다. 기도는 우리 삶에 축복의 문이 활짝 열리게 하는 열쇠입니다.

둘째, 기도는 기적의 문을 여는 열쇠입니다. 행 16:25-26에 보면, "25 한밤중에 바울과 실라가 기도하고 하나님을 찬송하매 죄수들이 듣더라 26 이에 갑자기 큰 지진이 나서 옥터가 움직이고 문이 곧 다 열리며 모든 사람의 매인 것이 다 벗어진지라"고 했습니다. 기도를 통해 우리를 얽매는 차꼬가 풀어지고, 가두는 옥문이 열리는 기적이 일어납니다.

셋째, 기도는 전도의 문을 여는 열쇠입니다. 골 4:3에, "또한 우리를 위하여 기도하되 하나님이 전도할 문을 우리에게 열어 주사 그리스도의 비밀을 말하게 하시기를 구하라 내가 이 일 때문에 매임을 당하였노라"고 했습니다. 전도는 인간의 지혜나 경험으로 되는 것이 아니라, 기도를 통해 성령께서 문 열어 주실 때에만 가능합니다.

대표기도자는 기도의 능력에 대한 이런 확신을 갖고 간구해야 합니다. 우리의 기도는 초라할지 몰라도, 하나님의 응답은 위대합니다. 우리의 기도는 약할지라도 그 기도에 응답하시는 분이 전능하시므로, 기도의 응답은 전능합니다. 하나님께서 함께만 해 주시면, 기도로 받지 못할 축복이 없고, 풀지 못할 문제가 없으며, 구하지 못할 영혼도 없습니다.

2) 응답받는 기도를 위해 필요한 것들

가. 응답의 확신

한나는 불임의 고통과 남편의 첩 브닌나의 격동케 함으로 인해, 마음이 괴롭고 슬프고 원통하여 계속해서 울며 먹지도 못했습니다. 그러나 성전에 나와 간절히 기도하고 제사장 엘리에게 축복의 말을 들은 후에는, "가서 먹고 얼굴에 다시는 근심 빛이 없더라"고 했습니다삼상 1:18. 그녀의 확신대로 하나님께서는 사무엘을 허락해 주셨습니다.

예수님께서도 "너희가 믿고 구한 것은 이미 받은 줄로 믿으라 그리하면 그대로 되리라"고 하셨습니다마 21:22, 막 11:24. 대표기도자는 이런 확신을 갖고 담대히 기도해야 합니다.

물론 우리가 기도한 모든 개별적인 기도 제목들에 대해 하나님께서 일일이 다 응답해 주시는 것은 아닙니다. 그러나 큰 틀에서 볼 때 하나님께서는 우리의 미래 전체를 놓고 가장 좋은 것으로 응답하시며, 구하고 생각하는 것에 넘치도록 응답하십니다. 그런 확신을 가지고 기도할 때 그 믿음의 기도는 하나님의 보좌까지 힘 있게 상달됩니다. 또한 모든 성도의 마음에도 동일한 확신의 파급 효과를 가져오게 될 것입니다.

나. 정결한 삶

사 59:1-2에 보면, "1 여호와의 손이 짧아 구원하지 못하심도 아니요 귀가 둔하여 듣지 못하심도 아니라 2 오직 너희 죄악이 너희와 너희 하나님 사이를 갈라 놓았고 너희 죄가 그의 얼굴을 가리어서 너희에게서 듣지 않으시게 함이니라"고 했습니다. 죄는 우리와 하나님 사이를 갈라놓습니다. 우리가 죄 가운데 있으면 아무리 그럴듯하게 기도한다고 해도, 하나님께서 듣지 않으십니다. 응답의 손길을 내밀지 않으십니다.

그러므로 대표기도자는 더욱 정결한 삶을 살기 위해 노력해야 합니다. 또한 기도하기 위해 단에 오르기 전에, 감춘 죄는 없는지 자신을 살피고 철저히 회개해야 합니다. 그리고 오직 주의 보혈을 의지하여 정결함을 얻은 후에, 기도의 단에 올라야 합니다.

다. 사랑으로 가득한 심령

막 11:25에서 예수님께서는 "서서 기도할 때에 아무에게나 혐의가 있거든 용서하라 그리하여야 하늘에 계신 너희 아버지께서도 너희 허물을 사하여 주시리라 하시니라"고 하셨습니다. 우리 안에 미움이 있으면, 좋은 기도가 나오지 못합니다. 미움이 묻은 기도는 하나님께서 받지 않으십니다. 왜냐하면 하나님은 사랑이시기 때문입니다요일 4:8. 미움이 배어난 기도는 성도들에게 은혜가 되지 않고 오히려 깊은 상처만 남깁니다.

그러므로 대표기도자는 마음속에 하나님 사랑, 교회 사랑, 목사님 사랑, 성도 사랑이 가득히 채워지게 해야 합니다. 그래서 기도의 구절마다, 단어마다, 사랑이 듬뿍 묻어나고 배어나게 해야 합니다.

03

회중을 대표해서
드리는 기도

1) 회중이 공감할 수 있는 기도

　대표기도자는 자신의 기도가 개인기도가 아니라, 온 회중을 대표하는 공적인 기도라는 사실을 항상 의식해야 합니다. 그래서 항상 성도들이 처한 상황과 그들의 필요가 무엇인지에 민감하게 깨어 있어야 합니다. 그래서 기도 속에 공동체 전체의 목표와 관심사, 기쁨과 슬픔, 기대와 소망 등이 고스란히 반영되어, 온 회중이 공감할 수 있는 기도가 되어야 합니다.

　또한 대표기도자는 자신에 관계된 개인적인 내용들은 기도 중에 가급적이면 언급하지 않는 것이 좋습니다. 오직 공동체 전체에 초점을 맞추고, 모두가 공감할 수 있는 기도가 될 수 있도록 다듬어 가며 준비해야 합니다.

2) 개인적인 생각 부각하지 않기

같은 시간에 같은 공간에 앉아 있는 회중이지만, 그 생각은 각자 다 다릅니다. 따라서 대표기도자는 자신의 개인적인 생각이 지나치게 부각되지 않도록 주의해야 합니다. 예를 들면 정치적, 사회적으로 첨예한 대립이 되고 있는 이슈 등에 대해서, 어느 한 편의 입장만을 취하여 일방적인 기도를 해서는 안 됩니다. 회중 안에는 여도 있고 야도 있으며, 보수도 있고 진보도 있습니다. 세대별, 계층별, 지역별로 각자의 입장이 다 다릅니다.

절대적인 진리에 관계된 문제가 아니고, 상대적일 수밖에 없는 세상의 이슈들을 놓고서는 어느 한쪽의 일방적인 목소리를 내면 안 됩니다. 그렇게 하면, 다른 한쪽에 속한 분들은 소외감과 반발심을 가질 수 있습니다. 은혜롭고 하나 된 예배 분위기를 깨뜨리는 일이 없도록, 기도에 개인적인 가치관, 정치색, 지역감정 등이 자신도 모르는 사이에 묻어나오지 않게 주의를 기울여야겠습니다.

3) 개인적인 감정 절제하기

특별히 대표기도자는 전체 성도의 전반적인 감정 상태를 잘 헤아려서, 거기에 잘 맞출 수 있어야 합니다. 기도만 했다 하면 처음부터 끝까지 슬피 울며 흐느끼듯이 기도하는 분도 있는데, 이는 바람직한 모습은 아닙니다. 성령은 절제의 영입니다. 대표기도자는 회중을 대표하는 공적인 기도자이므로, 성령의 인도하심에 따라 개인적인 감정은 잘 절제할 수 있어야 합니다.

물론 교회적으로나 국가적으로 큰 어려움이 있어서 온 성도의 마음이 아플 때에는, 그 문제를 놓고 흐느껴 우는 기도에 공감할 수 있을 것입니다. 그러나 특별한 일이 있는 것도 아닌데, 매번 대표기도자가 흐느껴 울면 성도들은 부담을 느끼게 됩니다. 성도들 중에는 좋은 일이 있어서 기뻐하며 예배에 나온 사람도 있을 텐데, 대표기도자가 기도할 때마다 흐느끼면 슬픔을 강요당하는 듯한 느낌을 갖게 될 것입니다.

반면, 어떤 분은 항상 분위기가 고조되어 쾌활한 모습으로만 기도하는 분도 있습니다. 성도들 중에는 견디기 힘들 만큼 어려운 일들을 만나, 쓰러지듯이 교회에 나온 분도 있을 것입니다. 그런데 대표기도자가 항상 좋은 일만 있는 것처럼 기도하면, 뭔가 소외감과 괴리감을 느끼게 될 것입니다.

그러므로 대표기도자는 자기 개인의 감정은 최대한 절제하면서, 교회 전체의 분위기와 흐름을 잘 살펴야 합니다. 그리고 다 알 수야 없겠지만, 성도 한 사람 한 사람의 형편과 사정에 늘 관심을 갖고 최대한 그들이 공감할 수 있는 기도를 준비해야 합니다. 마치 목사님께서 교회와 성도들의 상황을 잘 파악하여, 가장 적절한 말씀으로 설교를 준비하는 것과 마찬가지일 것입니다.

4) 공감도를 높이기 위한 팁

대표기도의 공감도를 높이기 위해서는 교회의 전반적인 상황과 분위기, 성도들의 형편과 사정에 대한 깊은 이해가 있어야 합니다. 그러기 위해서는 늘 교회의 주보나 광고 등을 면밀히 살펴서 전반적인 정황을 잘 파악하고 있어야 합니다. 그리고 주일에만 나와서 기도하려고 하는 것이 아니라, 가급적이면 주중에 한 번이라도 더 교회에 나와서 교회와 교인들의 형편을 잘 살피는 노력이 필요합니다.

그리고 누구보다도 교회의 사정을 잘 알고 계시는 담임 목사님, 교역자, 중직들과의 지속적인 소통을 통해, 교회의 전반적인 흐름을 이해하고 있어야 합니다. 그래야 교회의 상황과는 거리가 먼 뜬구름 잡는 듯한 기도를 피할 수 있습니다.

2장

대표기도,
이렇게 해 주세요

01

개인기도는 길게,
대표기도는 짧게

개인기도는 길면 길수록 좋습니다. 아무리 길게 해도 뭐라고 할 사람이 없습니다. 하루에 8시간씩 기도하신다는 분들도 볼 수 있습니다. 그러나 대표기도는 예배의 한 순서로서, 정해진 시간 내에 마쳐야 합니다. 다른 순서들과의 비율을 고려할 때, 대략 3분 내외로 하는 것이 좋습니다. 대표기도가 너무 길어지면 예배의 흐름이 끊어지고, 다음 순서를 맡은 분들에게 부담을 주며, 성도들이 은혜받는 데 지장을 주기도 합니다.

어떤 분들은 대표기도를 한번 시작하면 창세기부터 요한계시록까지 성경 전체를 요약하시는 분도 있고, 단군 왕검부터 현대사에 이르기까지 우리나라 역사를 모두 강의하시는 분도 있습니다. 또한 교회의 크고 작은 일들을 미주알고주알 다 아뢰는 경우도 있습니다. 그렇게 되면 기도가 한없이 길어질 수밖에 없지요.

어느 교회에서 장로님이 하도 기도를 오래 하시는 바람에, 목사님께서 뒤에 앉아 계시다가 그만 졸음이 와서 주무셔 버리고 말았답니다. 마침내 기도가 끝나니 성도들이 너무 좋아서 큰 소리로 "아멘~~!" 했습니다. 그 소리에 목사님이 놀라서 잠에서 깨어, 얼떨결에 축도해 버리고 예배를 마쳤다고 합니다.

대표기도가 필요 이상으로 길어지지 않고, 짧지만 꼭 필요한 내용들만 아뢸 수 있어야겠습니다. 그러기 위해서는 단에 올라가서 생각나는 대로 기도하기보다는 미리 원고를 작성해 보고, 넣을 것은 넣고 뺄 것은 빼는 작업을 해보는 것이 좋습니다. 또한 스톱워치를 켜 놓고 원고를 낭독해보면서, 시간이 대략 얼마 정도 걸리는지 미리 체크해 보면 더욱 좋겠지요.

02

문장은 간결하게

1) 여러 문장의 연결은 피하고, 최대한 단문으로 기도하기

"~하시옵고 ~하시오며 ~하시오니 ~하시옵시사……"라고 말이 계속해서 이어지지 않도록 해야 합니다. 그렇게 길어지면, 기도하는 본인도 힘겹고 성도들도 아멘을 해야 할 타이밍을 잡으려고 긴장하며 기다리느라 힘들게 됩니다.

2) 각 문장이 길게 늘어지지 않도록 간략하게 끝내기

매 문장마다 "간절히 바라옵고 원하옵나니 역사하여 주시옵소서."라는 식으로 길게 늘어지며 끝나면 기도가 지루해집니다.

3) 앞에 한 말 뒤에 가서 또 하지 않기

기도가 다 끝나는 줄 알았는데 "다시 한 번 간구하오니……"라면서 앞에서 기도했던 내용을 요약하거나 다시 강조하는 것은 좋지 않습니다.

03

발음은 분명하게

　사람마다 발음의 정확도는 어느 정도 타고나는 부분이 있기 때문에 100% 잘할 수는 없을 것입니다. 심지어 아나운서들도 특정 단어의 발음이 정확하지 않아서, 애를 먹는 경우를 볼 수 있습니다. 대표기도자에게 아나운서 수준의 정확한 발음을 요구할 수는 없을 것입니다. 하지만, 모든 성도들이 다 알아들을 수 있도록 최대한 정확한 발음으로 기도하기 위해 노력하고 훈련할 필요는 있습니다.

　본인의 노력이나 훈련으로 고칠 수 있는 것은 고치되, 고치기 어려운 부분은 전문가의 도움을 받아 보는 것도 좋습니다. 주어진 직분을 잘 감당하기 위해 그렇게까지 애쓰는 모습을 하나님께서 보시면, 그 모습 자체가 하나님을 더 기쁘시게 할 줄 믿습니다.

04

속도는 적당하게

대표기도자는 항상 성도들과 호흡을 같이해야 합니다. 본인이 유창하다고 해서 속사포처럼 기도를 쏟아내 버리면, 성도들이 따라가기가 벅찹니다. 대표기도는 성도들을 대표하는 기도이므로 성도들이 그 기도를 자신의 기도로 느끼고 공감하며 아멘 할 수 있는 여유를 주어야 합니다. 그렇다고 해서 속도가 너무 느려지거나 문장과 문장 사이에 간격을 너무 두어도 맥빠지고 지루한 기도가 될 수 있겠지요.

기도하면서 다음에 기도할 내용만 생각하지 말고, 성도들의 반응도 살피고 호흡을 맞추며 적절하게 완급을 조절할 줄 아는 능숙함을 길러야겠습니다.

05

톤은 적절하게

기도할 때 목소리의 톤은 기도의 내용에 따라 높낮이를 적절하게 조절하는 것이 좋습니다. 어떤 분은 시종일관 높은 톤으로 계속하여 듣는 사람을 부담스럽게 하기도 합니다. 처음에도 높았는데 기도를 계속할수록 더욱 높아져서, 나중에는 본인도 감당이 안 되어 목소리가 갈라지거나 가성까지 내게 되면 안쓰럽지요. 반대로 어떤 분은 처음부터 끝까지 낮은 톤으로 계속해서 예배 분위기 전체를 바닥까지 끌어내리는 경우도 있습니다.

대표기도는 평소 톤보다 조금 더 높게 열정적으로 한다고 생각하시되, 기도의 내용에 맞추어 높낮이를 적절하게 조절하는 것이 좋습니다. 예를 들면 찬양과 감사와 간구의 내용은 조금 높은 톤으로, 회개의 내용은 조금 낮은 톤으로 하는 것이 좋을 것입니다.

06

용어는 정확하게

1) 축복하소서 → 복을 내려 주소서

'축복한다'는 것은 복을 빌어 주는 것인데 하나님은 복을 빌어 주시는 분이 아니라, 복을 내려 주시는 분입니다. 따라서 "축복하소서"라는 표현보다는 "복을 내려 주소서"라는 표현이 낫습니다.

2) 당신의 아들을 보내사 → 하나님의 아들을 보내사

'당신'이라는 표현을 대화의 상대에게 2인칭으로 쓸 때는 부부 사이처럼 자신과 대등한 관계이거나, 혹은 자신보다 아래의 사람에게 주로 사용합니다.
예) 당신 저녁 먹었소? 당신 일이나 잘하시오.

'당신'이 존칭어로 사용되는 것은 대화의 상대가 아니라 그 자리에 없는 사람을 높여서 3인칭으로 쓸 때입니다.

예) 저희 아버님은 당신이 맡은 일을 참 성실히 하셨습니다.

기도는 존귀하신 하나님과 대화하는 것이므로, 2인칭의 낮춤말이자 3인칭의 높임말인 당신이라는 표현은 사용하지 않는 것이 좋습니다. 하나님께 '당신'이라고 하는 것이 많이 사용되다 보니 관용적인 표현으로 굳어지고 있지만, 권장할 만한 표현은 아니라고 볼 수 있습니다.

3) 내(제)가 → 우리(저희)가

개인기도할 때는 기도의 주어가 자기 자신이므로 1인칭 단수형을 써서 "내가~" 혹은 "제가~"로 하면 됩니다. 그러나 대표기도는 주어가 전체 회중이므로 1인칭 복수형을 써서 "우리가~" 혹은 "저희가~"로 써야 합니다.

4) 이 교회를 지켜 주시옵소서 → 우리 교회를 지켜 주시옵소서

기도 중에 본 교회를 지칭할 때 "이 교회"라고 하거나 "○○교회"라고 하면, 마치 제3자가 교회에 와서 그 교회를 위해 기도해 주는 것 같은 느낌이 들게 됩니다. 대표기도자는 제3자가 아니라, 교인을 대표해서 기도하는 것인 만큼 "우리 교회" 혹은 "우리 ○○교회"라고 하는 것이 좋습니다.

5) 당회장님을 붙잡아 주시고 → 담임 목사님을 붙잡아 주시고

'당회장'이라는 칭호는 당회가 열릴 때 의장 역할을 맡는 담임 목사님을 지칭할 때 사용됩니다. 예배는 당회가 아니므로, 대표기도 때는 당회장이라는 칭호보다는 '담임 목사님'이라는 칭호를 사용하는 것이 맞습니다.

또한 담임 목사님을 지칭할 때, "○○○ 목사를 기억해 주시고……"라는 식으로 이름을 직접 부르거나 직함에 존칭을 넣지 않고 언급하는 것은 실례가 됩니다. 그냥 자연스럽게 "우리 담임 목사님을 기억해 주시고……" 정도로 하는 것이 좋습니다.

또한 '주의 종', '어린 종', '부족한 종' 등의 표현은 목사님 자신이 자신을 겸손히 낮추어서 쓰는 말이지, 다른 사람이 목사님을 향해 그런 표현을 쓰는 것은 바람직하지 않습니다.

6) 지금은 예배의 첫 시간이오니 마치는 시간까지 함께 하여 주시옵소서 → 예배가 이미 시작되었사오니 마치는 시간까지 함께 하여 주시옵소서

흔히 대표기도 하면서 "지금은 예배의 첫 시간이오니 마치는 시간까지 함께 하여 주시옵소서."라고 기도를 하는 분들이 많이 있습니다. 그런데 대표기도 시간 전에 이미 예배의 많은 순서들이 진행되었기 때문에, 그런 표현은 맞지 않습니다. 그런 표현을 쓰면 본인이 맡은 대표기도 시간의 중요성은 부각되겠지만, 이전의 순서들은 없는 것처럼 취급하게 되므로 옳은 표현이 아닙니다. 굳이 쓴다면 "예배가 이미 시작되었사오니 마치는 시간까지 함께 하여 주시옵소서."라고 하는 것이 옳습니다.

7) 기타

- 예배를 보다 → 예배를 드리다
- 대예배 → 주일 오전 예배
- 성가대 → 찬양대
- 준비찬송 → 찬송
- 예수님의 이름으로 기도 드렸습니다 → 예수님의 이름으로 기도 드립니다
- 사투리, 은어, 비속어보다 표준어, 품격 있고 교양 있는 말 사용하기

3장

대표기도, 이렇게
하지 말아주세요

01

목사님을
대신하는 기도

목사님께서 하실 목회기도를 대표기도자가 대신해 버리면 안 됩니다. 예를 들면 각 가정이나 기관을 축복하는 기도, 병자의 치유를 비는 기도, 특별히 어려운 상황에 있는 성도를 위한 도고기도 등은 담임 목사님께서 하실 수 있도록 하는 것이 좋습니다.

02

상투적인 표현,
낯선 한자어나 외국어

"미참한 성도의 발걸음을 재촉해 주셔서 속히 성전으로 향하게 하소서." 등과 같이 상투적으로 쓰는 표현, "한 주간도 하나님의 뜻을 따르지 않고 자행자지自行自止하며 살아왔던 우리를 용서해 주시옵소서."처럼 낯선 한자어 표현은 지양해야 합니다.

대표기도는 성도들이 최대한 잘 알아들을 수 있는 단어를 사용해야 합니다. 굳이 쓰지 않아도 되는 영어 단어나, 본인만이 아는 전문용어, 혹은 성도들이 잘 알지 못하는 히브리어나 헬라어 원어 등은 사용하지 않는 것이 좋습니다. 대표기도 시간은 자신의 지식을 드러내는 시간이 아니라, 성도들의 간절한 마음을 그들과 공감하며 하나님께 대신 아뢰는 시간입니다.

03

부자연스러운
목소리

대표기도는 평상시에 대화하는 것과 같은 자연스러운 목소리로 하는 것이 좋습니다. 대표기도 시간만 되면 목소리를 부자연스러울 정도로 낮게 깔거나, 쉰 소리나 쇳소리처럼 소위 말하는 '신령한' 목소리로 기도하는 분들도 계십니다. 그러나 그런 목소리는 회중에게 부담을 줄 수도 있습니다.

또한 평소에는 경쾌하고 발랄하던 분이 대표기도를 한다고 갑자기 근엄하고 엄숙한 목소리로 기도를 하면, 굉장히 어색할 것입니다. 기도는 가식이나 꾸밈이 없이, 부족하면 부족한 대로 본인의 있는 모습 그대로 자연스럽게 하는 것이 가장 좋습니다.

04

불필요한 도입부

사회자의 "○○○님께서 우리를 대표해서 기도해 주시겠습니다."라는 안내가 있었으면, 굳이 대표기도자가 "기도 드리시겠습니다."라고 재차 언급하지 않아도 됩니다. 성도들은 대부분 이미 고개를 숙인 채 기도하는 자세로 들어갔는데, 다시 "기도 드리시겠습니다."라고 하는 것은 중복되는 말이 됩니다.

대표기도 하기 전에 성경 구절을 한 구절씩 읽고 시작하는 분도 있습니다. 그러나 대표기도 시간은 기도 시간이지 성경 봉독 시간이 아니므로, 그냥 바로 기도하는 것이 좋습니다. 그날의 설교 본문 말씀이 따로 있는데, 대표기도 시간에 별개의 말씀을 봉독하는 것은 불필요한 중복이나 혼선을 가져올 수도 있습니다. 대표기도 시간에는 기도만 하고, 성경은 성경 봉독 시간에 읽는 것이 좋습니다.

05

의미 없이
반복되는 용어

기도하면서 중간중간에 "아버지", "정말로" 등과 같은 말을 의미 없이 반복해서 하는 것,

예) "아버지 이곳에 정말로 함께 하여 주셔서, 정말로 아버지 은혜를 주시옵고. 정말로 말씀 듣는 사람들마다 아버지 복을 내려 주시옵소서."

한숨을 길게 내쉬는 것처럼 "주~~~여"를 반복하는 것,

예) "주~~~여 죄인들이 이곳에 모였사옵나이다. 우리 죄를 주~~~여 용서하여 주시옵고 십자가의 보혈로 주~~~여 씻어 주시옵소서."

중간중간에 '음~, 오~, 에~, 아~' 등과 같은 불필요한 연결어를 사용하는 경우는 모두 삼가야 합니다.

06

부정적인 표현

부정적인 표현은 될 수 있는 대로 삼가고, 긍정적인 표현을 사용해야 합니다.

- "우리 교회는 사랑이 너무 없습니다. 회개하게 하소서." → "우리 교회는 늘 사랑이 넘치는 교회가 되게 하여 주시옵소서."

- "빈 자리가 너무 많습니다. 우리 교회를 불쌍히 여겨 주소서." → "하나님께서 우리 교회를 앉을 자리가 없도록 차고 넘치게 채워 주실 줄 믿습니다."

07

성구의 단순 인용

성구를 직접적으로 단순 인용하기보다는 기도 속에 자연스럽게 녹여서 사용하는 것이 좋습니다.

- "빌립보서 4장 6절에 말씀하시기를, '아무 것도 염려하지 말고 다만 모든 일에 기도와 간구로, 너희 구할 것을 감사함으로 하나님께 아뢰 라'고 하셨나이다. 염려만 하지 말고 기도하게 하소서." → "아무 것도 염려하지 말고 모든 일에 기도할 수 있게 해주시고, 특별히 감사하며 기도할 수 있는 믿음을 주시옵소서."

08

회의 같은 기도

목사님의 목회 방침이나 교회의 흐름, 혹은 교인들 사이의 불편한 관계 등으로 인해 섭섭한 마음이 있는 경우, 대표기도에 섞여 나오지 않도록 주의해야 합니다. 예배 시간은 오직 하나님께만 영광을 돌리는 시간이며, 성도들이 은혜를 충만하게 입어야 하는 시간입니다. 그 시간을 개인의 불편한 감정을 토로하는 시간으로 잘못 활용하는 사람은 대표기도자로서의 기본자세가 안 된 것이지요.

설령 그 내용이 옳다 하더라도 하나님의 영광을 가리고 성도들이 은혜 받는데 지장을 주는 것은 바람직하지 않습니다. 특별히 교회에 처음 방문한 사람이 있을 수도 있는데, 그들의 마음에 어두운 그늘을 드리우는 것은 교회 부흥에도 걸림돌이 될 것입니다. 혹여 하고 싶은 말이 있다면 회의 시간에 얼마든지 자유롭게 이야기하고, 예배 시간에는 오직 하나님께 영광이 되고 모든 성도에게 은혜가 되는 기도를 올려야 합니다.

09

설교 같은 기도

　대표기도 시간에 성도들을 가르치려 하거나 훈계하려는 듯한 기도를 하는 것은 좋지 않습니다. 담임 목사님, 교역자, 제직 기관장 등 특정 대상을 거론하면서, "~는 이렇게 해야 합니다." "~는 이런 사람이 되어야 합니다."라는 식으로 누구 들으라는 듯이 하는 기도는 좋지 않습니다.

　기도의 대상은 특정한 사람이 아니라, 하나님이심을 늘 기억해야 합니다. 기도는 사람이 들으라고 하는 것이 아니라, 하나님께서 들으시라고 하는 것임을 잊어서는 안 됩니다. 대표기도자는 성도들을 대표해서 하나님께 기도하는 것이지, 하나님을 대리해서 성도에게 설교하는 사람이 아닙니다. 설교는 목사님께서 하시는 것이고, 대표기도자는 기도만 하면 됩니다.

10

광고 같은 기도

　　대표기도 하면서 아예 주보를 펼쳐 놓고 교회의 모든 행사나 주요 일정들을 하나하나 나열해 가며 기도하는 분도 계십니다. 그렇게 하면 시간도 많이 소모될 뿐 아니라, 정작 광고 시간에는 중복되어 할 말이 없어지게 되겠지요. 대표기도 시간에는 개별적인 사안보다는 교회의 전체적인 영적 흐름을 위해 기도하는 것이 좋습니다.

　　또한 본인이 관계된 특정한 기관의 행사 등을 다른 내용들에 비해 지나치게 강조하며 기도하는 것도 바람직하지 않습니다.

　　그뿐만 아니라, 광고 시간에 담임 목사님이나 사회자가 처음으로 언급하고 적절한 설명을 덧붙임으로써, 광고의 효과를 높여야 할 내용이 있을 수 있습니다. 그런 내용을 기도 시간에 미리 언급해 버려서 김을 빼놓는 일이 없도록 유의해야 합니다.

4장

대표기도, 어떻게 하면 잘할 수 있을까?

01

대표기도의 근간,
개인기도

어느 성도분이 스펄전 목사님께 물었답니다. "목사님, 어떻게 하면 대표기도를 잘할 수 있습니까?" 목사님께서는 다음과 같이 대답하셨다고 합니다. "개인기도를 잘하시면 됩니다."

개인기도를 잘하는 분이 대표기도도 잘합니다. 평상시 개인기도 시간에 교회를 위해 꾸준히 기도해 오신 분들은 교회를 위한 기도의 내용들이 머릿속에 이미 잘 정돈되어 있습니다. 그래서 별도의 특별한 준비가 없어도 대표기도를 막힘없이 잘할 수 있는 것입니다.

때로는 순서 맡은 분이 못 와서 갑자기 기도 순서를 맡아야 되는 상황에서도, 평소에 교회를 위해 꾸준히 기도해 오신 분들은 별로 당황하지 않고 잘 감당하십니다.

02

많이 읽고, 많이 써 보고, 많이 생각하기

좋은 글을 쓰기 위해서는 다독多讀, 다작多作, 다상량多商量의 3多가 필요하다는 말이 있습니다. 이는 좋은 기도를 위해서도 적용되는 원리라고 할 수 있겠습니다.

좋은 기도문들을 많이 참조하면 큰 도움이 될 것입니다. 특히 성경의 시편은 좋은 기도문의 보물창고라고 할 수 있습니다. 이런 좋은 기도문들을 참조해 가면서, 자신의 기도문을 만들어 보는 것이 좋습니다. 또한 평소에도 꾸준히 무엇을 기도할지를 생각하고, 그때그때 성령께서 생각나게 하시는 내용들을 메모해 두는 습관을 들이는 것도 좋습니다.

03

기도문 작성

목사님들도 설교를 준비하면서 대부분 설교문을 작성합니다. 그리고 그것을 몇 번이고 반복해서 읽고 암기하며 충분히 숙지합니다. 그래서 설교할 때 원고는 가지고 올라가지만, 별로 원고를 의지하지 않고 자유롭게 설교할 수 있게 되는 것입니다.

흔히 기도할 때 원고 없이 그냥 기도하는 분들을 더 높이 평가해주는 경향도 있는데, 착실하게 원고를 준비해서 기도하는 분들도 결코 부족한 분들은 아닙니다. 오히려 원고 없는 즉흥 기도만을 고집하다가 늘 하던 가락대로만 하는 틀에 박힌 기도, 중간중간에 끊기는 기도, 장황하고 오락가락하는 기도, 말실수를 연발하는 기도 등을 하게 되는 경우보다는 더 나을 수도 있습니다.

가장 좋은 대안은 평소에 기도문을 잘 준비하고, 계속해서 보완하고 다듬어 가는 과정을 거치는 것입니다. 그래서 그 내용을 충분히 머릿속에 담아 두었다가 원고 없이도 기도할 수 있는 정도가 되었을 때는 원고를 보지 않고 해도 될 것입니다. 그러나 필요할 때는 준비한 기도문 원고를 펼쳐 놓고 낭독하며 기도하는 것도 무방합니다.

청와대의 대변인은 우리나라에서 제일 말 잘하는 똑똑한 사람이고 자신이 브리핑하는 현안에 대해 꿰뚫고 있는 사람이지만, 중요 발표를 할 때는 준비된 원고를 보고 읽습니다. 그만큼 발표의 내용이 중요하기 때문에 실수를 최대한 줄이기 위해서입니다. 그러니 원고를 보고 읽는 기도가 절대로 차원이 낮은 기도는 아니라는 사실을 이해하면 좋겠습니다.

원고를 국어책 읽듯이 낭독하는 기도는 좋지 못하지만, 원고를 참고해 가며 최대한 자연스럽게 기도하는 것은 좋은 방법입니다. 물론 원고를 참고하며 읽어 가더라도, 성령님의 도우심을 늘 의지해야 하는 것은 두말할 필요가 없겠지요.

04

기도 모니터링

목사님들은 대부분 본인의 설교를 영상이나 녹음을 통해서 모니터링합니다. 제 3자의 객관적인 입장에서 자신의 설교를 보고 들으며, 보완해야 할 부분을 찾아내고자 하는 것입니다. 때로는 다른 사람들에게 부탁해서 보완점을 이야기해 달라고 하기도 합니다.

대표기도자들도 가능하다면 자신의 기도를 영상이나 녹음을 통해서 모니터링을 해 보는 것이 좋습니다. 그러면 본인은 미처 알지 못한 보완점들을 많이 발견하게 될 것입니다.

5장

대표기도의 내용

01

하나님을 부름

기도는 하나님과의 대화라고 했습니다. 사람과 대화할 때도 대화를 시작할 때 먼저 상대방을 부르듯이, 기도도 하나님을 부르는 것으로부터 시작됩니다.

하나님을 부르되, 기도의 대상이 성부 하나님임을 잊지 말고 성부 하나님을 불러야 합니다. 어떤 분들은 기도를 시작할 때, "은혜로우신 예수님." 혹은 "이 자리에 함께하신 성령님." 등과 같이 성자나 성령의 이름을 부르는 분도 있는데, 기도의 대상은 성부이므로 성부의 이름을 부르는 것이 옳습니다. 우리는 성부께, 성자 예수님의 이름으로, 성령의 도우심을 의지해 기도하는 것입니다.

02

기도의 네 가지 내용

하나님을 불렀으면 이제 본격적으로 기도를 해야 하는데, 기도의 주요 내용은 흔히 약자로 ACTS라고 불리는 순서에 따르는 것이 좋습니다.

A – 찬양Adoration : 하나님의 존재와 사역을 찬양함

C – 회개Confession : 죄와 허물을 회개함

T – 감사Thanksgiving : 베푸신 은혜에 감사함

S – 간구Supplication : 필요를 하나님께 아룀

1) 찬양Adoration

찬양은 영광을 돌리며 사랑을 표현하는 것을 의미합니다. 기도를 시작

하자마자 우리가 필요한 것부터 다짜고짜 구하기보다는, 먼저 하나님의 위대하심을 찬양함으로 기도의 말문을 여는 것이 좋습니다. 하나님의 존재 자체의 위대하심과 하나님께서 행하신 위대한 일들을 전심으로 찬양하며, 하나님을 향한 사랑을 표현하는 것으로 기도를 시작하는 것입니다.

우리는 흔히 하나님을 향해 사랑을 고백하는 것을 낯설고 어색해하는 경우가 있는데, 성경, 특히 시편에는 하나님을 사모하는 마음들이 잘 표현되어 있습니다. 시편의 주요 찬양시들을 참조하면서, 아름다운 찬양으로 기도의 문을 열면 좋습니다.

시편의 찬양시들

① 창조 : 8, 104, 148
② 만물을 다스리심 : 33, 113, 145, 146, 147
③ 구원 : 92, 103, 111, 126, 149
④ 하나님의 왕권 : 29, 47, 68, 93, 95, 96, 97, 98, 99, 117
⑤ 기타 : 134, 150
⑥ 할렐루야 시편(처음과 끝이 할렐루야인 시, 송영) : 146-150

---

2) 회개 Confession

하나님의 위대하심을 찬양했으면, 이제 그와 대조되는 우리의 부족함을 솔직히 아뢰며 하나님의 은혜를 구해야 합니다. 거룩하신 하나님 앞에 설 때, 우리는 우리의 죄와 허물을 밝히 보게 되고 회개할 수밖에 없습니다.

그런 회개를 통해서만 하나님과의 관계가 바로잡히고, 막힌 담이 허물어지며, 기도의 소통이 가능해집니다. 개인과 교회, 나라와 민족의 죄와 허물을 고백하며, 애통하는 마음으로 회개하는 시간을 갖는 것이 꼭 필요합니다.

회개할 때 주의할 점

① 대표기도자가 먼저 자신의 죄와 허물을 고백하고 회개하되, 그 죄와 허물의 내용들을 너무 구체적으로 언급하는 것은 좋지 않습니다.
② 다른 사람을 정죄하거나 그 죄를 지적하는 것은 좋지 않습니다.
③ 교회의 부족한 모습을 아뢸 때는 교회를 사랑하며 애통해하는 심령으로 해야지, 불만을 이야기하거나 남의 탓을 하는 것은 덕스럽지 못합니다.
④ 나라와 민족을 위해 통회할 때, 특정 정파의 입장에서 기도하지 않아야 합니다.
⑤ 회개 기도에는 죄를 깨닫는 지성적 측면, 죄를 뉘우치는 감정적 측면 뿐 아니라, 그것을 고치는 의지적 측면까지 나아가는 전인격적인 측면이 모두 반영될 수 있도록 기도해야 합니다.

참조하면 좋은 시편의 회개시와 탄식시들

① 7대 회개시 : 6, 32, 38, 51, 102, 130, 143
② 나라와 민족을 위해 탄식하며 기도하는 시들 : 44, 60, 74, 79, 80, 83, 85, 90, 123, 129, 137

3) 감사Thanksgiving

감사는 고마워하는 마음, 또는 그러한 마음을 표현하는 말이나 행동을 뜻합니다. 하나님께 무엇인가를 구하기 전에, 이미 주신 것들에 대해 먼저 감사하는 것이 중요합니다. 이미 주신 것에는 감사할 줄 모르면서, 늘 새롭게 무엇인가를 더 달라고 하는 태도는 좋지 못합니다.

개인과 가정과 교회와 나라와 민족에 주신 하나님의 크신 은혜를 기억하며, 적극적으로 감사를 표시하는 기도를 해야 합니다.

감사할 때 주의할 점

① 하나님께서 행하신 모든 기이한 일들을 인해 감사하되시 9:1, 특별히 구원하신 은혜를 감사해야 합니다살후 2:13.

② 대표기도자 개인에게 일어난 좋은 일들을 언급하며 주관적인 감사를 하면 안 됩니다.

③ 육체적으로 좋은 일보다는, 영적인 일에 감사해야 합니다.

④ 개인적으로나 공동체적으로 고난 중에 있을 때에도, 오히려 더 적극적으로 감사하는 믿음의 본을 보여야 합니다.

⑤ 감사하는 자는 환난 날에 건져 주시고 하나님의 구원을 보여 주시며시 50:14-15,23, 더 크게 감사할 일들을 주신다는 확신을 가져야 합니다눅 17:11-19.

---

4) 간구Supplication

이제 본격적으로 하나님께 개인과 공동체의 필요를 아뢰며 간구합니다.
대표기도를 통해 간구해야 할 주요 내용들은 다음과 같습니다.

① 예배와 성도 개개인의 믿음을 위해

② 교회의 비전과 행사와 기관들을 위해

③ 담임 목사님과 교회의 일꾼들, 기도가 필요한 성도들을 위해

④ 나라와 민족을 위해

⑤ 세계 선교를 위해

간구할 때 주의할 점

① 각 항목별로 적절하게 균형을 맞춰야 합니다.

② 모든 것을 다 아뢰려 하기보다는 몇 가지만 집중해야 합니다.

③ 먼저 그의 나라와 의에 우선순위를 두어야 합니다.

④ 확신을 가지고 담대히 간구해야 합니다.

⑤ 내적인 확신이 외적인 음성을 통해서도 반영되도록 확신에 찬 어조로 기도
합니다.

기도할 때 필요한 10가지 기본 태도

① 간절히약 5:16-18, ② 감사하며빌 4:6, ③ 겸손히대하 7:14, ④ 금식하며단 9:3, ⑤ 낙
심하지 말고 끈질기게눅 11:5-8 ; 18:1-8, ⑥ 믿음으로약 1:5-8 ; 막 11:22-24, ⑦ 용서하며마
6:14, ⑧ 죄를 버리고시 66:18 ; 잠28:9, ⑨ 합심하여마 18:19-20, ⑩ 화해하며마 5:23-24

03

예수님의 이름으로
기도합니다

예수님의 이름으로 기도한다는 것은 예수님의 권위와 중재를 의지해서 기도한다는 의미입니다. 기도는 오직 예수님을 통해서만 가능합니다. 예수님은 하나님과 우리 사이를 이어주는 중보자이십니다. 요 14:6에 "예수께서 이르시되 내가 곧 길이요 진리요 생명이니 나로 말미암지 않고는 아버지께로 올 자가 없느니라"고 했습니다. 예수님을 통하지 않고는 우리의 기도가 하나님께 상달되지 못합니다. 기도의 응답 역시 예수님을 통해서 옵니다. 우리는 예수님의 이름으로 기도하고, 예수님의 이름으로 응답을 받습니다.

04

아멘

아멘은 '진실로', '참으로'라는 뜻으로, 예수님의 이름으로 하나님께 기도한 내용들이 응답될 줄로 믿는다는 믿음의 고백입니다.

05

대표기도문 작성
실습

1. 하나님을 부름

2. 찬양Adoration

3. 회개Confession

----

4. 감사Thanksgiving

----

5. 간구Supplication

----

6. 예수님의 이름으로 기도합니다.

7. 아멘.

1 부
대표기도의 이론

6장

대표기도자의 평소의
준비와 당일의 주의사항

01

평소의 준비

1) 은혜 충만한 생활

은혜로운 대표기도를 하기 위해서는, 평소에 은혜 충만한 신앙생활을 해야 합니다. 구원해 주신 은혜에 대한 감사와 구원의 감격이 차고 넘치는 영적 생활을 해야 합니다. 감사와 감격이 평소에도 마음속에 차고 넘쳐야, 대표기도 시간에 생수의 강물처럼 흘러넘칠 수 있습니다. 평소에는 바짝 메마른 광야 같은 심령으로 살아가다가, 대표기도 시간에만 은혜의 생수가 넘칠 수는 없습니다. 대표기도 시간은 평소의 은혜 생활의 연속이 되어야 합니다.

운동선수가 연습을 게을리하면 몸이 둔해져서 실력이 떨어지는 것을 처음에는 본인이 알고, 그 다음에는 감독이 알며, 그 다음에는 모든 관객이다 알게 된다고 했습니다. 대표기도자가 평소의 은혜 생활을 꾸준히 해 나가지 않으면 영력이 떨어지는 것을 본인이 알고, 목사님이 알고, 나중에는 온 성도가 다 알게 됩니다.

2) 담임 목사님 및 성도들과 좋은 관계

담임 목사님 및 성도들과 평소에 좋은 관계를 가지고 있어야 사랑과 축복이 가득한 좋은 기도가 나옵니다. 그런 기도가 드려질 때 은혜로운 분위기가 넘치게 됩니다. 그렇지 못하고 마음속에 조금이라도 섭섭함이나 서운함을 가지고 있으면, 본인은 감추려 해도 은연중에 기도 속에 다 티가 나게 되어 있습니다. 성도들도 모르는 것 같아도, 영적인 존재들이라 영적으로 다 느끼고 기도하는 내내 마음이 무거워지게 됩니다.

그러므로 평소에 자신의 심령을 잘 관리해서 그런 불평이나 불만이 쌓이지 않고, 마음속에 사랑과 기쁨이 차고 넘치게 해야 합니다. 또한 정 마음 관리가 되지 않은 경우에는, 마음이 잡힐 때까지 일정 기간 기도 순서를 맡지 않는 것도 좋은 방법입니다.

3) 교회에 관심을 갖고 모든 일에 솔선수범하기

대표기도자는 교회에 진행되는 모든 일들에 깊은 관심을 가지고 있어야 합니다. 담임 목사님의 목회 방침이 무엇이며, 현재 목회에 중점을 두고 있는 것이 무엇인지를 잘 알고 있어서, 이를 기도로 잘 지원해 드려야 합니다.

또한 각 기관과 부서의 현황과 현안들을 잘 이해하고 있어야 적절한 기도를 할 수 있습니다. 이러한 이해가 없으면 교회의 상황과는 전혀 동떨어진 기도를 하게 되고, 성도들의 공감을 이끌어 내기 힘들게 됩니다.

또한 평소에 교회의 모든 일에 솔선수범하는 자세가 필요합니다. 평소에는 교회 일에 소홀히 하다가, 본인이 대표기도 하는 시간에는 "모든 성도가 열심을 품고 주를 섬기게 하소서."라고 기도하면 영적 호소력이 약할 것입니다. 설교자의 삶이 설교의 내용과 일치하지 않으면 설교에 영권이 없듯이, 기도자의 삶 역시 기도의 내용과 일치하지 않으면 기도에 영권이 없습니다. 대표기도자는 본인이 사는 만큼만 기도할 수 있고, 기도한 만큼은 살아야 합니다.

4) 화목한 가정생활

벧전 3:7에 "남편들아 이와 같이 지식을 따라 너희 아내와 동거하고 그를 더 연약한 그릇이요 또 생명의 은혜를 함께 이어받을 자로 알아 귀히 여기라 이는 너희 기도가 막히지 아니하게 하려 함이라"고 했습니다. 화목한 가정생활을 해야 개인기도는 물론이고 대표기도도 막히지 않습니다. 특히 예배를 앞두고 부부가 심하게 싸운 후에 대표기도 하러 나가면, 기도가 열리지 않고 꽉 막히는 것을 느낄 것입니다. 화목한 가정생활을 통해 기도의 문이 활짝 열려야 합니다.

5) 칭찬받는 사회생활

대표기도자는 교회 안에서는 물론이고 교회 밖에서도 본이 되는 생활을 해야 합니다. 딤전 3:7에 "또한 외인에게서도 선한 증거를 얻은 자라야 할지니 비방과 마귀의 올무에 빠질까 염려하라"고 했습니다. 장로를 뽑을 때는 불신자들 사이에서도 좋은 평가를 받는 사람으로 세우라는 것입니다.

대표기도자가 사회생활에서 본이 되지 못하면, 그가 아무리 유창한 말솜씨로 기도한다고 해도 하나님께도 영광이 되지 않고 성도들에게도 은혜가 되지 않을 것입니다.

02

대표기도 전
한 주 동안의 준비

1) 새벽기도

부득이한 경우가 아니면 기도 순서를 감당하기 전에 최소한 한 주간 동안은 새벽 제단을 쌓으면서 기도로 준비하는 것이 좋습니다. 기도는 아무 때나 해도 좋겠지만, 특별히 새벽 시간은 하나님께서 특별한 은혜를 주시는 시간입니다. 하나님께서는 새벽에 도우십니다시 46:5.

목사님들도 새벽에 기도하시다가 주일에 무엇을 설교할지 영감을 얻는 경우가 많습니다. 그리할 때 하나님께서 교회의 상황에 꼭 맞는 말씀을 보여 주시고 생각나게 하십니다. 마찬가지로 대표기도자들도 새벽에 하나님께 기도하며, 무엇을 구해야 할지 영감을 얻고 기도 제목들을 다듬는 시간을 갖는 것이 좋습니다. 그래야만 교회에 지금 꼭 필요한 것들을 하나님의 뜻대로 합당하게 구할 수 있습니다.

3분 대표기도 하기 위해 최소한 3시간은 준비 기도를 한다는 마음으로 기도하시되, 특별히 새벽 기도 시간에 나와 그 분량을 채우면 좋을 것입니다.

2) 성대 관리

아무리 좋은 기도가 준비되었다고 하더라도, 당일에 성대 상태가 좋지 못하면 대표기도를 하는 데 지장이 있을 것입니다. 최상의 성대 상태를 유지하기 위해서는 다음과 같은 사항들을 참조하시면 좋습니다.

성대 관리법

① 너무 오랫동안 큰 목소리로 대화하거나 노래를 부르지 않는다.

② 카페인 음료, 탄산음료, 튀김, 견과류 등을 많이 섭취하지 않는다.

③ 하루에 1.5~2리터 정도의 충분한 물을 마셔서, 성대가 건조해지지 않게 한다.

④ 위액이 역류하여 성대를 상하게 하지 않도록, 취침 전 3시간 내에는 음식을 먹지 않는다.

⑤ 헛기침을 하지 않는다.

⑥ 기침이 계속 나거나 성대에 불편한 느낌이 들면 바로 진료를 받는다.

⑦ 미세먼지 등이 심할 때는 마스크를 착용한다.

03

대표기도
당일의 주의사항

1) 교회에 오기 전

대표기도를 드리는 날에는 몸과 마음을 깨끗이 하고, 최대한 단정한 복장으로 교회에 와야 합니다. 예배 시작 최소한 30분 전에는 교회에 도착한다는 마음으로, 시간적으로도 여유 있게 출발해야 합니다. 예배 시간이 거의 다 되어 급한 마음으로 운전하다가 접촉 사고가 난다든지 하는 불미한 일을 겪게 되면, 대표기도 하는데 큰 지장을 받게 됩니다.

또한 가족과 함께 차를 타고 교회에 오는 경우 전날에 미리 잘 이야기를 해 놓아서, 온 식구가 예배 시간에 늦지 않도록 서둘러 준비하게 해야합니다. 어느 한 사람이 준비가 늦어져서 짜증을 내거나 화를 내고 나면, 교회에 오는 내내 차 안의 분위기가 좋지 않을 것이고 그 분위기가 기도하는 데까지 이어질 수 있습니다.

어떤 장로님은 주일에 대표기도를 맡은 날에는 대표기도가 끝날 때까지 부인 되시는 권사님과도 아예 말을 안 하기로 미리 약속해 두곤 했다고 합니다. 좋은 말로 시작했다가도 이말 저말 하는 중에 괜히 언쟁이 생겨서 마음이 흐트러질 수도 있으니, 아예 대표기도 끝날 때까지는 묵언 수행하듯이 한다는 것입니다. 설교하시는 목사님들도 주일 설교 전에는 될 수 있으면 사모님과도 다른 대화는 하지 않는 분들이 많이 있습니다.

악한 마귀는 우리가 영광스럽게 쓰임받지 못하도록 여러 가지 방법을 통해 시험하므로, 마귀에게 속지 않게 영적으로 바짝 깨어 있어야겠습니다.

2) 도착한 후 예배 시작 전까지

교회에 도착한 후에는 마음을 가다듬고 조용히 묵상하고 기도하며, 하나님의 은혜로 마음을 가득 채워야겠습니다. 차량도 미리 워밍업을 해야 잘 달릴 수 있듯이, 영적으로도 워밍업이 필요합니다. 기도하러 단에 오른 후에야 영적인 시동을 걸려고 하면 이미 늦습니다. 준비되지 않은 채 기도를 시작하면 한참이 지난 후에야 겨우 시동이 걸리는 경우도 있고, 영적으로 시동조차 걸리지 않은 채 기도를 마치고 허탈하게 단에서 내려오는 경우도 생깁니다.

단에 오르기 전에 충분히 영적인 워밍업을 해서, 마음속에 하나님의 은혜에 대한 감사와 찬양의 마음이 가득하게 해야겠습니다. 은혜로 잘 준비된 기도는 시작하자마자 하나님의 이름을 부를 때부터 은혜의 전율이 흐르게 합니다.

3) 단에 오를 때부터 기도 전까지

강단 위에 대표기도자석이 있어서 미리 등단해 있는 경우 본인의 순서가 오기까지 예배의 모든 순서에 신령과 진정으로 참여해야 합니다. 본인의 순서에만 신경 쓰고 그 전의 순서에는 소극적으로 참여하는 모습은 하나님께 영광이 되지 않고 성도들에게도 은혜가 되지 않습니다. 다른 순서가 진행되는 동안 하품을 하거나, 주보를 뒤적거리거나, 교대로 다리를 꼬는 등의 행동이 무의식 중에라도 나오지 않도록 주의해야 합니다.

대표기도자는 예배의 흐름이 끊어지지 않고, 매끄럽게 이어지도록 주의를 기울여야 합니다. 미리 지정된 자리에 앉아 자기 순서가 오기 전에 대기하고 있어야 합니다. 대기석과 강대상 사이가 먼 경우에 사회자가 기도 순서를 알린 후 강대상에 나오기까지 어색한 침묵의 시간이 흐르고, 발자국 소리만 크게 들리는 경우가 있습니다. 그럴 때는 기도 전에 부르는 찬송가의 마지막 절이 끝날 무렵에, 미리 나가서 기다리는 것도 좋은 방법입니다.

4) 기도할 때

마이크 사용법을 잘 익혀 두어야 합니다. 먼저 자신에게 적합한 마이크의 높이가 어느 정도인지를 잘 파악해 두어야 합니다. 사회자나 목사님과 같은 마이크를 사용하는 경우 키의 차이가 있기 때문에, 있는 그대로 사용하다 보면 자신과는 높이가 맞지 않는 수가 있습니다. 그래서 기도 소리가 잘 들리지 않은 채 한참 동안 기도가 진행되다가, 사회자나 방송부에서 달려 나와 높이를 맞춰 주는 경우도 있습니다. 그러면 예배의 은혜로운 진행에 지장을 줍니다.

그러므로 자신에게 맞는 마이크의 높이를 미리 체크해 놓았다가 기도 시작하기 전에 조심스럽게 자신의 높이에 맞춘 후 시작하는 것이 좋습니다. 또한 기도를 마친 후에는 원래 높이대로 조심스럽게 맞추어 놓고 내려오는 것도 잊지 않으면 더욱 좋지요.

또한 마이크가 잘 작동되고 있는데도, 습관적으로 마이크를 툭툭 쳐 보거나 후후하고 바람 소리를 내 본 후에야 기도를 시작하는 분들도 있는데 이는 좋지 못한 습관입니다.

기도문을 미리 준비해 둔 경우, 여러 번을 접어서 양복 안주머니에 넣어놓았다가 기도하러 나가서야 부스럭거리며 펼치는 일을 피해야겠습니다. 기도문은 많아야 한 번 정도 접어서 성경책이나 파일에 끼워 가지고 나갔다가, 조심스럽게 펼쳐서 읽는 것이 좋습니다. 또한 기도문을 아예 눈 가까이에 댄 채 드러내 놓고 읽어 내려가기보다는, 될 수 있는 대로 강대상에 올려놓고 다른 사람들에게 보이지 않도록 읽는 것이 좋습니다.

기도를 마치면서 "예수님의 이름으로 기도하옵나이다."라고 한 후엔 회중과 호흡을 맞추어서 "아멘."을 하는 것이 좋습니다. 너무 빨리 혼자 해 버리든지, 회중이 다 아멘 한 후에야 하는 것도 바람직하지 않습니다. 회중과 호흡을 맞추어서 최대한 동시에 아멘이 이루어질 수 있도록 해야겠습니다.

5) 단에서 내려올 때

기도를 마친 후 반주자의 반주가 있는 경우에는 거기에 발자국 소리가 묻히도록 최대한 조용하게 퇴장해야 합니다.

단에서 내려온 후에는 신령과 진정으로 예배하는 예배자가 되어야 합니다. 단에서 예배를 위해 기도한 만큼, 내려온 후에는 예배의 본이 될 수 있도록 몸과 마음과 뜻과 정성을 다해서 예배를 드려야 합니다.

1장	주일 오전예배
2장	절기예배
3장	주일 오후예배
4장	수요예배
5장	교육부서예배
6장	헌신예배
7장	특별예배
8장	행사
9장	성례식
10장	각종 모임과 회의
11장	성도의 애경사
12장	심방

2 부

대표기도의 실제

1장

주일 오전예배

[신 6:3] 이스라엘아 듣고 삼가 그것을 행하라 그리하면 네가 복을 받고
네 조상들의 하나님 여호와께서 네게 허락하심같이
젖과 꿀이 흐르는 땅에서 네가 크게 번성하리라

어제도 계시고 오늘도 계시며 영원토록 우리와 함께하시는 하나님,

찬양 : 인도하신 하나님을 찬양함

작년 한 해 동안 거친 광야와 같은 여정에 한 순간도 우리를 버리지 않고 동행해 주신 은혜를 찬양합니다. 하나님께서는 방황하는 우리를 섭리의 불기둥과 구름 기둥으로 인도해 주셨습니다. 하늘의 만나와 반석의 샘물처럼, 생각지도 못했던 방법으로 우리를 채워 주셨습니다. 힘든 문제도 많이 있었지만, 손을 들고 기도할 때마다 해결해 주셨습니다. 여기까지 올 수 있었던 것이 다 하나님의 은혜인 줄 알아, 경배를 드리오니 큰 영광을 받아 주시옵소서.

회개 : 불신앙과 불순종의 삶을 회개함

하나님께서는 이처럼 큰 은혜를 주셨지만, 되돌아보면 우리는 너무나 부끄러운 모습들뿐입니다. 우리는 너무도 쉽게 낙심했고 원망했으며, 내 뜻만 고집했고 내 욕심만 채우고자 했습니다. 이 모든 죄와 허물을 십자가 아래에 내어 놓사오니, 주의 보혈로 깨끗이 씻어 주소서.

감사 : 새해 첫 예배드릴 수 있음을 감사함

사랑하는 모든 성도들 세상 헛된 곳에서 방황하지 않고, 새해 첫 시간, 첫 예배를 드릴 수 있도록 믿음 주심을 감사합니다. 믿음의 눈을 들어 하나님께서 예비해 놓으신 새해를 바라봅니다. 올 한 해가 우리에게 축복의 가나안이 될 줄로 믿습니다. 허락하신 이 사명의 땅을 믿음으로 정복하며, 하나님께 더 큰 영광을 돌려드리는 한 해가 되게 해 주시옵소서.

간구 : 교회를 돌보아 주소서

말씀 전하실 목사님께 일곱 배의 영감을 주옵시고, 올 한 해도 교회를 잘 이끌어 가실 수 있도록 신령한 지혜를 주시옵소서. 교회에 속한 모든 기관들에게 은혜에 은혜를 더하여 주셔서 갑절로 부흥되게 하옵소서. 특별히 교육 부서에 더 큰 은혜를 내려 주셔서, 다음 세대가 더 잘되고 축복받는 귀한 역사가 있게 하여 주시옵소서. 찬양대에도 복에 복을 더하여 주셔서, 하나님을 크게 영화롭게 하는 귀한 입술들이 되게 하여 주시옵소서.

예수님의 이름으로 기도하옵나이다. 아멘.

1월 2주
주일 오전예배

[사 43:18-19] 18 너희는 이전 일을 기억하지 말며 옛날 일을 생각하지 말라
19 보라 내가 새 일을 행하리니 이제 나타낼 것이라

늘 우리와 함께하시며 은혜를 내려 주시는 좋으신 하나님,

찬양 : 새 일을 행하실 하나님을 찬양함

우리 삶의 모든 좋은 것은 다 하나님의 은혜임을 고백합니다. "너희는 이전 일을 기억하지 말라 보라 내가 새 일을 행하리라"고 약속하신 하나님. 작년에도 크고 놀라운 은혜로 우리와 함께하셨지만, 올해에는 더 크고 놀라운 새 은혜로 우리와 함께하실 줄 믿고 찬양을 드립니다. 올 한 해 광야에 길을 만드시고 사막에 강을 내 주시는 기적을 체험하게 하소서.

회개 : 하나님을 온전히 신뢰하지 못함을 회개함

공중의 새도 먹이시고 들의 풀도 입히시는 하나님이 우리 아버지신데,

우리는 무엇을 먹을까, 무엇을 입을까 염려합니다. 우리의 믿음 없음을 불쌍히 여겨 주시고, 아버지께서 좋은 것으로 주실 줄 믿고 간구하게 하소서. 육체적인 것, 땅의 것만 추구하며 살지 않게 하시고, 먼저 그의 나라와 의를 구하고, 위의 것을 바라보며 구하게 하소서.

감사 : 교회에 비전을 주심에 감사함

올해에도 우리 교회에 비전을 주시고, 여러 계획과 목표들을 세울 수 있게 하심을 감사드립니다. 우리가 품은 거룩한 소원들이 하나님의 뜻 가운데서 다 이루어지게 하시며, 하나님께서 친히 세워 가시는 교회가 되게 하소서. 또한 사람이 아무리 마음으로 계획해도 모든 것을 이루시는 분은 하나님이심을 깨닫고, 열심히 노력하는 것 이상으로 더 열심히 기도하게 하소서.

간구 : 좋은 밭이 되게 하소서

하나님의 말씀을 대언하실 목사님께 능력으로 덧입혀 주시고, 구원과 축복의 말씀이 좋은 씨앗처럼 뿌려지게 하소서. 우리 각자의 심령이 길가나, 돌밭이나, 가시밭 같지 않게 하시고, 좋은 밭이 되어 백 배를 결실하게 하소서. 전 세계에, 특별히 이슬람권에 나가서 눈물로 씨를 뿌리며 복음을 전하는 선교사님들을 붙들어 주소서. 그들의 사역의 현장도 좋은 밭이 되게 하시고, 기쁨으로 단을 거두는 귀한 은혜가 있게 하여 주시옵소서.

예수님의 이름으로 기도하옵나이다. 아멘.

[고후 5:17] 그런즉 누구든지 그리스도 안에 있으면 새로운 피조물이라
이전 것은 지나갔으니 보라 새 것이 되었도다

오늘도 우리를 새 피조물 되게 하시는 좋으신 하나님,

찬양 : 새롭게 하시는 하나님을 찬양함

이전 것은 다 지나가고 새 것이 되게 하시는 하나님의 역사를 찬양합
니다. 새롭게 하시는 은혜를 사모하며 주의 전에 나아와 겸손히 고개를
숙였습니다. 우리에게 맑은 물을 뿌려 모든 더러운 것에서 정결케 하시
고, 새 영과 새 마음을 부어 주시옵소서. 우리 안에서 굳은 마음을 제거
하고 부드러운 마음을 주셔서, 즐거이 주의 말씀을 순종할 수 있게 하소서.

회개 : 행함이 부족함을 회개함

"주여 주여"하는 자마다 다 천국에 들어갈 것이 아니요, 다만 하늘에

계신 아버지의 뜻대로 행하는 자라야 들어가는 줄 압니다. 그러나 우리는 입으로만 "주여 주여"할 뿐 행함은 부족했음을 고백합니다. 입술로는 하나님을 공경한다고 하나, 마음은 하나님께로부터 멀리 떠나 있던 우리를 용서하여 주시옵소서. 우리의 마음이 다시 하나님께 집중되게 하시고, 우리에게 향하신 하나님의 뜻을 잘 받들며 살아가게 하여 주시옵소서.

감사 : 교회에 나올 수 있게 하심을 감사함

교회 나올 수 있는 믿음을 주시고, 건강도 주시고, 환경도 허락해 주심을 감사드립니다. 세 가지 중 어느 하나만 부족해도 나오기 힘든데, 두루 은혜 주심을 감사드립니다. 여러 사정으로 나오지 못한 성도들에게도 동일한 은혜를 주셔서, 다음 주엔 모두 나올 수 있게 하소서.

간구 : 선한 목자, 선한 양, 선한 일꾼이 되게 하소서

양떼의 형편을 부지런히 살피며 목양에 전념하고 계시는 목사님께 늘 영육 간의 강건함을 주셔서, 선한 목자의 사명을 잘 감당케 하소서. 모든 성도는 선한 양이 되어서 목사님의 목회 방침을 잘 따르게 하시고, 푸른 초장, 쉴만한 물가의 은혜를 누리게 하소서. 위정자들을 기억하여 주셔서, 하나님을 두려워하며 국민을 위해 헌신하는 선한 일꾼들이 되게 하소서. 그들에게 지혜를 주시고, 공평과 정의로 나라를 잘 다스리게 하소서.

예수님의 이름으로 기도하옵나이다. 아멘.

1월 4주
주일 오전예배

[벧전 1:3-4] 3 우리 주 예수 그리스도의 아버지 하나님을 찬송하리로다
그의 많으신 긍휼대로 예수 그리스도를 죽은 자 가운데서
부활하게 하심으로 말미암아 우리를 거듭나게 하사 산 소망이 있게 하시며
4 썩지 않고 더럽지 않고 쇠하지 아니하는 유업을 잇게 하시나니
곧 너희를 위하여 하늘에 간직하신 것이라

우리를 구원하여 천국의 소망을 주신 참 좋으신 하나님,

찬양 : 산 소망 주신 은혜를 찬양함

영원한 지옥에서 건져 주시고, 천국을 향한 산 소망을 갖게 하신 은혜를 찬양합니다. 잠깐 있다가 사라질 이 세상만 바라보지 않게 하시고, 영원한 새 하늘과 새 땅을 소망하게 하소서. 또한 올 한 해 살아가면서 하늘이 무너지고 땅이 꺼지는 듯한 절망적인 순간이 온다 할지라도, 하나님께서 각자의 삶 속에 예비하신 새 하늘과 새 땅을 바라보며 승리하게 하소서.

회개 : 영적 교만을 용서하소서

거만한 자를 비웃으시며 겸손한 자에게 은혜를 베푸시는 하나님. 스

스로 높이고 교만하여, 내 눈의 들보는 못 보면서 형제 눈의 티끌은 정죄함을 용서해 주소서. 섬기기보다는 섬김 받기를 좋아하고, 겸손히 회개하기보다는 자기의 의로움을 자랑했던 허물을 용서하여 주시옵소서. 자신을 한없이 낮추시고 죽기까지 복종하셨던 그리스도의 마음을 품게 하소서.

감사 : 좋은 일꾼 세워 주심을 감사함

우리 교회에 기관마다 구역마다 좋은 일꾼들을 많이 세워 주심을 감사드립니다. 한 사람 한 사람이 성령과 믿음과 지혜와 권능으로 충만해져서, 일당백, 일당천의 일꾼들이 되게 하소서. 하나님의 일을 자기 일처럼 알고 헌신하는 일꾼들에게, 그들의 일이 하나님의 일이 되어 하나님께서 친히 돌봐 주시는 축복이 있게 하여 주시옵소서.

간구 : 아름다운 소식이 선포되게 하소서

하나님의 말씀을 선포하실 목사님께 성령의 기름을 부어 주셔서, 가난한 자에게 아름다운 소식이 전파되게 하소서. 겸손히 말씀 받는 성도들에게 복 주셔서, 큰 은혜를 받게 하소서. 마음이 상한 자는 고침을 받게 하시고, 갇힌 자는 놓임을 받게 하소서. 슬퍼하는 자에게 기쁨의 화관을 씌워 주시고, 근심하는 자는 찬송의 옷을 입혀 주옵소서. 북녘에 있는 우리 동포들도 마음껏 하나님을 찬양하고 영광 돌릴 수 있는 날이 속히 올 수 있도록 복 내려 주시옵소서.

예수님의 이름으로 기도하옵나이다. 아멘.

[사 40:31] 오직 여호와를 앙망하는 자는 새 힘을 얻으리니
독수리가 날개치며 올라감 같을 것이요 달음박질하여도
곤비하지 아니하겠고 걸어가도 피곤하지 아니하리로다

사랑이 많으시고 은혜가 풍성하신 하나님,

찬양 : 새 힘을 내려 주실 하나님을 찬양함

하나님의 은혜로 올 한 해를 시작하여 이제 한 달을 보냈습니다. 힘차게 한 해를 시작했지만 우리는 너무도 약하고 힘이 부족해, 벌써 피곤하며 지쳐 쓰러질 때가 많습니다. 믿음의 눈을 들어 하나님을 바라봅니다. 여호와를 앙망하는 자에게 주시겠다고 약속하신 새 힘을 내려 주시옵소서. 피곤한 자에게 능력을 주시고 무능한 자에게 힘을 더하여 주셔서, 올 한 해 내내 독수리처럼 힘차게 날아오르며 비상하는 신앙이 되게 하여 주소서.

회개 : 하나님의 뜻대로 살지 못함을 회개함

항상 기뻐하고 쉬지 않고 기도하며 범사에 감사하는 것이 하나님의 뜻인 줄 압니다. 그러나 알면서도 하나님의 뜻대로 살지 못하는 저희들을 용서하여 주시옵소서. 기뻐하기보다는 슬퍼하고, 감사하기보다는 원망하며, 기도하기보다는 염려만 하고 있습니다. 날마다 성령으로 충만함을 주셔서, 하나님의 뜻대로 행할 수 있는 능력을 허락하여 주시옵소서.

감사 : 반석 위에 선 교회가 되게 하심을 감사함

우리 교회를 세워 주시고 진리의 기둥과 터를 삼아주시니 감사드립니다. 또한 부족한 우리들이 하나님의 아들, 딸이 되고 예수님의 형제, 자매가 되어 영적 가족을 이루게 하심을 감사합니다. 믿음의 반석 위에 굳게 선 교회가 되게 하셔서, 사탄의 권세가 흔들지 못하게 하소서.

간구 : 말씀에 순종하게 하소서

진리의 말씀을 전하실 목사님을 붙잡아 주셔서, 더하지도 빼지도 않고 하나님의 말씀을 온전히 선포하게 하소서. 모든 성도가 말씀을 읽고 듣는 것으로만 끝나지 않고, 지켜 행하는 자가 되게 하소서. 특별히 겨울 성경학교와 동계 수련회에 함께하여 주셔서 말씀의 은혜가 넘치게 하소서. 사랑하는 자녀들이 하나님의 집에 심기고 성전 뜰에서 잘 자라게 하셔서, 레바논의 백향목과 종려나무처럼 영적 거목들이 되게 해 주시옵소서.

예수님의 이름으로 기도하옵나이다. 아멘.

[시 63:1] 하나님이여 주는 나의 하나님이시라
내가 간절히 주를 찾되 물이 없어 마르고 황폐한 땅에서
내 영혼이 주를 갈망하며 내 육체가 주를 앙모하나이다

늘 언제 어디서나 불꽃 같은 눈으로 지켜보시고 보호해 주시는 하나님,

찬양 : 지켜 주시는 은혜를 찬양함

지난 한 달 동안도 우리를 눈동자처럼 지켜 주시며 은혜의 날개 아래
품어 주신 사랑에 감사와 찬양을 드립니다. 하나님께서 성을 지키지 아니
하시면 파수꾼의 깨어 있음이 헛된 줄 압니다. 이 한 달도 하나님께서 우
리를 지켜 주시며, 은혜의 방패로 우리를 호위하여 주시옵소서.

회개 : 옛 사람을 벗고 새 사람을 입게 하소서

새해를 시작하며 새로운 결심과 각오를 다졌지만, 어느덧 작심삼일이
되어 이전과 똑같은 모습으로 살아가고 있는 우리 자신을 봅니다. 불쌍

히 여겨 주셔서, 옛 사람을 벗어 버리고 새 사람을 입게 하소서. 우리 힘만으로는 변화될 수 없사오니, 성령을 충만히 부어 주소서.

감사 : 충만한 은혜를 주실 줄 믿고 감사함

오늘도 우리를 택하시고 가까이 오게 하사, 주의 뜰에 거하게 하신 은혜를 감사합니다. 우리 영혼이 주의 성전의 아름다움으로 만족하게 하소서. 주 앞에 나온 귀한 백성들을 주의 집의 살진 것으로 풍족하게 하시고, 주의 복락의 강물을 마시게 하실 줄 믿습니다. 하나님께 예배하는 동안 은혜를 충만히 받아, 영혼은 만족함을 누리고 뼈는 견고해지게 하소서. 하나님의 은혜로 우리의 삶이 물 댄 동산 같게 하사, 근심이 없게 하옵소서.

간구 : 사모하는 심령이 되게 하소서

사모하는 영혼에게 좋은 것으로 채워 주시는 하나님. 목마른 사슴이 시냇물을 찾기에 갈급함같이, 마른 땅이 애타게 단비를 기다리듯이 하나님의 은혜를 사모합니다. 목사님을 통해 전해지는 하나님의 말씀을 순금보다 더 사모하게 하시고, 말씀이 내 영혼에 송이꿀보다 달게 하소서. 늘 영적인 목마름을 주셔서, 교회에서 시행하는 제자 훈련과 양육 프로그램들에 더 적극적으로 참여하게 하소서. 타국과 타향에 머물고 있는 성도들, 군문에 나가 혹은 병상에 누워 이 자리를 사모하고 있을 지체들도 다 기억해 주시고, 우리와 동일한 은혜를 내려 주시옵소서.

예수님의 이름으로 기도하옵나이다. 아멘.

[시 133편] 1 보라 형제가 연합하여 동거함이 어찌 그리 선하고 아름다운고
2 머리에 있는 보배로운 기름이 수염 곧 아론의 수염에
흘러서 그의 옷깃까지 내림 같고
3 헐몬의 이슬이 시온의 산들에 내림 같도다
거기서 여호와께서 복을 명령하셨나니 곧 영생이로다

온갖 좋은 은사와 온전한 선물을 내려 주시는 하나님,

찬양 : 생명의 빛을 비추시는 하나님을 찬양함

오늘도 우리에게 은혜와 생명의 빛을 비춰 주시는 하나님의 사랑을 찬양합니다. 하나님께서 함께하시면 우리 삶의 모든 어두운 그늘이 사라지는 줄 믿습니다. 이 시간 주의 얼굴 빛을 성전에 가득히 비춰 주소서. 우리의 영혼이 낙심하거나 불안해하지 말고 하나님을 바라보게 하시고, 그 얼굴의 도우심을 인하여 오히려 찬송하게 하소서.

회개 : 나태함과 게으름을 회개함

잠시 틈만 생기면 영육 간에 금방 나태해지고 마는 우리들을 불쌍히

여겨 주소서. 악하고 게으른 종이 되어 주님께 책망당하지 않도록, 열심을 품고 주를 섬기게 하소서. "열심을 내라 회개하라"하시는 주님의 음성을 듣게 하시고, 주의 일에 열심이 특심한 사람들이 되게 하소서. 한 사람도 빠짐없이, 선한 일에 열심을 내는 하나님의 친 백성이 되게 하소서.

감사 : 제사장 나라, 선지자 민족이 되게 하심을 감사함

이 나라, 이 민족을 사랑하셔서 교회사에 유례없는 놀라운 부흥을 허락하심 감사합니다. 백여 년의 짧은 시간 만에, 온 세계에 복음의 빛을 비추는 진리의 횃불이 되게 하심을 찬양합니다. 천만의 성도들이 각자의 자리에서 왕 같은 제사장 사명을 잘 감당하게 하시고, 어두운 데서 불러내어 기이한 빛에 들어가게 하신 하나님의 아름다운 덕을 선포하게 하소서.

간구 : 연합하여 한 몸 이룬 공동체가 되게 하소서

우리 교회가 형제가 연합하여 동거하는 선하고 아름다운 공동체가 되게 하소서. 한마음 한뜻된 복된 교회 위에 보배로운 성령의 기름을 흠뻑 부어 주시고, 축복의 이슬을 촉촉히 내려 주소서. 연약한 지체에게 힘을 주시고 상처 난 지체를 치유해 주시며 소외된 지체를 위로해 주셔서, 주의 몸 된 교회가 늘 기쁨이 넘치게 하소서. 오늘도 목사님께서 전하시는 말씀을 통해 우리 영혼에 불을 붙여 주시고, 불붙는 사랑으로 서로를 섬기며 복음을 전하게 하소서.

예수님의 이름으로 기도하옵나이다. 아멘.

[살후 1:3-4] 3 형제들아 우리가 너희를 위하여 항상 하나님께 감사할지니
이것이 당연함은 너희의 믿음이 더욱 자라고
너희가 다 각기 서로 사랑함이 풍성함이니
4 그러므로 너희가 견디고 있는 모든 박해와 환난 중에서 너희 인내와
믿음으로 말미암아 하나님의 여러 교회에서 우리가 친히 자랑하노라

만복의 근원이 되시는 하나님,

찬양 : 참된 복을 허락하심을 찬양함

우리에게 참된 복을 허락하시는 하나님의 사랑에 영광과 찬송을 올려드립니다. 하나님께만 영원한 생명이 있기에 하나님께 가까이함이 복이며, 하나님께만 영원한 상급이 있기에 하나님께 쓰임받음이 복인 줄 믿습니다. 아무리 좋은 일을 만나도 하나님께로부터 멀어지게 하면, 복으로 위장된 저주임을 깨닫게 하소서. 아무리 힘든 일을 만나도 그로 인해 하나님께 쓰임받게 되었다면, 고난으로 포장된 축복임을 깨닫게 하소서.

회개 : 죄와 허물로 죽은 우리를 살리소서

한 주간 동안 세상 풍조를 따르고 불순종하며 육체의 욕심을 따라 살았습니다. 사람의 속임수와 간사한 유혹에 빠지고, 온갖 교훈의 풍조에 밀려 요동하며 살았습니다. 죄와 허물로 인해 죽은 우리를 그리스도와 함께 다시 살리사, 구원의 감격을 새롭게 누리게 하여 주시옵소서.

감사 : 넘어질 때마다 붙들어 일으켜 주심을 감사함

우리가 자주 넘어지오나 그때마다 하나님께서 붙들어 주셔서, 아주 엎드러지지 않게 하심을 감사합니다. 그 손길이 있기에 우리는 거꾸러뜨림을 당하여도 망하지 아니하고, 일곱 번을 넘어질지라도 다시 일어나게 될 줄 믿습니다. 특별히 영적으로 시험에 든 성도, 사업상 위기를 만난 성도, 건강에 빨간불이 켜진 성도, 자녀 문제로 눈물 쏟는 성도들을 다 기억하여 주셔서, 주님 손 꼭 붙들고 또 한 번 승리할 수 있게 해 주시옵소서.

간구 : 믿는 자의 본이 되는 교회가 되게 하소서

우리 교회가 늘 믿음의 역사와 사랑의 수고와 소망의 인내가 넘치게 하시고, 인근 각처에 좋은 소문이 나서 지경이 넓어지는 교회가 되게 하소서. 시간이 갈수록 믿음이 자라고 사랑이 더 풍성해지며 소망은 더욱 견고해져서, 주님의 자랑이 되게 하소서. 이 시간도 목사님을 통하여 말씀을 들을 때, 진토에 붙은 우리 영혼이 다시 살아나게 하소서.

예수님의 이름으로 기도하옵나이다. 아멘.

[잠 25:13] 충성된 사자는 그를 보낸 이에게 마치 추수하는 날에
얼음 냉수 같아서 능히 그 주인의 마음을 시원하게 하느니라

왕이신 나의 하나님,

찬양 : 주께 피하는 자를 보호하심을 찬양함

주께 피하는 모든 자를 보호해 주시고, 하나님의 은혜로 인해 기뻐 외치게 하소서. 주 앞에 나온 백성들에게 주의 얼굴을 숨기지 마옵시고, 사모하는 심령들마다 주의 얼굴을 뵙게 하소서. 이 아침에 오직 주의 사랑을 의지하고 주의 구원을 기뻐하며 하나님을 찬양하게 하소서.

회개 : 헛된 만족을 구했던 것을 회개함

생수의 근원 되신 하나님은 버리고 물을 가두지도 못할 터진 웅덩이나 팠던 우리를 불쌍히 여겨 주시옵소서. 남편을 다섯이나 두었으나 여전

히 목이 말랐던 수가 성 여인처럼, 세상 어느 것에서도 참된 만족을 얻지 못했습니다. "누구든지 목마르거든 내게로 와서 마시라 내가 주는 물을 마시는 자는 영원히 목마르지 아니하리라"는 주님의 약속을 붙잡고 나왔습니다. 우리 안에서 영생의 샘물이 솟아나고, 생수의 강이 흐르게 하소서.

감사 : 귀한 직분 맡겨 주심을 감사함

충성되지도 못한 우리들을 충성되이 여겨주시고, 귀한 직분들을 맡겨주신 은혜에 감사를 드립니다. 맡은 자들에게 구할 것은 충성이라고 하셨습니다. 우리 모두가 여름 타작마당의 얼음 냉수처럼, 하나님의 마음을 시원케 해 드리는 충성스러운 종들이 되게 하소서.

간구 : 연약한 교회들을 붙드소서

이 땅의 수많은 개척 교회와 미자립 교회와 농어촌 및 낙도와 오지의 연약한 교회들을 위해 기도합니다. 일곱 금 촛대 사이를 거니시며 오른손에 일곱 별을 쥐고 계시는 주님께서 교회마다 돌봐 주시고, 주의 종들을 붙들어 주소서. 어려운 교회들에게 기도 동역자들을 많이 붙여 주시고, 물질 후원자들도 많이 세워 주소서. 이 일을 위해 우리 교회도 힘을 모아, 작은 역할이나마 감당할 수 있게 하소서. 오늘도 목사님을 통해 주실 하나님의 말씀을 마음 깊은 곳에 새기게 하시고, 주의 계명에서 떠나지 않고 성실히 준행하게 하소서.

예수님의 이름으로 기도하옵나이다. 아멘.

[렘 31:13] 그 때에 처녀는 춤추며 즐거워하겠고 청년과 노인은
함께 즐거워하리니 내가 그들의 슬픔을 돌려서 즐겁게 하며
그들을 위로하여 그들의 근심으로부터 기쁨을 얻게 할 것임이라

우리의 피난처가 되시고, 보호자가 되시는 하나님,

찬양 : 늘 곁에 계시는 하나님을 찬양함

하나님은 나의 주님이시니, 주밖에는 나의 복이 없음을 고백합니다.
우리는 주 곁을 떠나서는 살 수 없사오니, 오늘도 우리의 우편에 거하여
주시옵소서. 이 아침도 우리에게 생명의 길을 보여 주시고, 충만한 기쁨
과 영원한 즐거움을 허락하여 주시옵소서.

회개 : 진노 중에도 긍휼을 베푸소서

오늘도 죄로 범벅이 된 채 나왔습니다. 우리의 연약한 체질을 아시오
니, 아버지가 자식을 긍휼히 여김같이 우리를 불쌍히 여겨 주시옵소서.

우리의 죄대로 갚지 마시고, 진노 중에도 긍휼을 베풀어 주소서. 동이 서에서 먼 것같이, 우리의 죄과를 멀리 옮겨 주시옵소서.

감사 : 어려운 중에도 감사할 수 있는 믿음 주심을 감사함

여러 가지 힘들고 어려운 상황 가운데서도, 구원의 하나님으로 말미암아 즐거워하고 기뻐할 수 있는 믿음을 주시니 감사를 드립니다. 가난한 자 같지만 실상은 부요한 자로 살아가게 하시니 감사합니다. 근심하는 자 같으나 항상 기뻐하고, 가난한 자 같으나 많은 사람을 부요하게 하며, 아무것도 없는 자 같으나 모든 것을 가진 자가 되게 하소서. 어렵고 힘든 중에도 죽도록 충성하여 생명의 면류관을 받는 우리 모두가 되게 하소서.

간구 : 신령한 띠를 띠워 주소서

사명 맡아 수고하는 일꾼들을 권능으로 띠 띠워 주셔서, 암사슴처럼 높은 곳에 오를 수 있게 하소서. 특별히 말씀 전하실 목사님께 능력의 띠를 띠워 주셔서, 오늘도 권세 있는 말씀이 선포되게 하소서. 매일 우리의 삶에 슬픔이 변하여 춤이 되게 하시고, 근심의 베옷을 벗기고 기쁨으로 띠를 띠워 주시옵소서. 새롭게 편성된 구역(셀)마다 사랑의 띠로 하나가 되게 하시고, "하나님께서 내게 줄로 재어 준 구역이 실로 아름답도다"라고 고백할 수 있게 하소서. 이 시간 찬양대의 찬양을 통해 큰 영광을 받아 주시옵소서.

예수님의 이름으로 기도하옵나이다. 아멘.

[시 33:12] 여호와를 자기 하나님으로 삼은 나라
곧 하나님의 기업으로 선택된 백성은 복이 있도다

우주 만물을 친히 다스리시며, 일 년 삼백육십오 일과 사계절을 홀로 주관하시는 하나님,

찬양 : 새 봄을 허락하심을 찬양함

새 봄을 허락하신 하나님의 은혜를 찬양합니다. 냉랭했던 우리의 심령이 성령으로 뜨거워지게 하시고, 강퍅했던 마음은 봄눈처럼 녹게 하소서. 시들었던 영혼이 은혜의 봄볕을 받아 소생함을 얻게 하시고, 겨우내 움츠렸던 믿음이 아름다운 꽃처럼 활짝 피어나게 하소서.

회개 : 무너진 하나님과의 관계를 회복하게 하소서

우리는 걸핏하면 그릇 행하여 각기 제 길로 갔다가, 큰 어려움을 당할

때가 많습니다. 이 시간 우리가 벧엘로 올라가게 하소서. 환난 날에 응답하시며 늘 동행해 주신 하나님께 제단을 쌓게 하소서. 쓰러진 신앙의 돌기둥을 다시 세우고, 무너진 하나님과의 관계를 회복하게 하소서. 모든 우상을 내려놓게 하시고, 우리의 몸과 마음을 정결하게 하소서.

감사 : 우리 민족에게 독립과 자유를 주심을 감사함

삼월 첫 주일, 삼일절을 기억하며 하나님께 감사드립니다. 민족이 나라를 빼앗기고 절망 가운데 있을 때, 기독교 지도자들이 중심 되고 교회들이 앞장서서 태극기를 흔들며 독립을 외쳤습니다. 일제의 무자비한 탄압으로 삼일 운동은 실패로 끝난 듯했습니다. 그러나 하나님께서 백성들의 부르짖음을 들으시고, 마침내 독립을 허락하신 줄 믿습니다. 선진들의 희생이 헛되지 않도록, 더욱 나라와 민족을 사랑하며 헌신하게 하소서.

간구 : 새 학기 맞은 자녀들을 축복하소서

새 학기를 맞는 우리 자녀들을 기억하셔서, 좋은 선생님 만나게 하시고 좋은 친구들 사귀게 하소서. 학교 폭력, 집단 따돌림의 피해자가 되지 않게 하시고, 마음껏 배우고 뛰놀며 행복한 학교생활을 할 수 있게 하소서. 영유아부부터 대학·청년부에 이르기까지 교육 부서를 축복해 주시고, 여러 가지 프로그램들을 통해 신앙이 쑥쑥 자라게 하소서. 말씀 전하실 목사님을 붙드셔서, 주의 말씀 대언함에 부족함이 없게 하여 주시옵소서.

예수님의 이름으로 기도하옵나이다. 아멘.

[시 46:5] 하나님이 그 성 중에 계시매 성이 흔들리지 아니할 것이라
새벽에 하나님이 도우시리로다

나의 힘이 되신 여호와여 내가 주를 사랑하나이다.

찬양 : 필요할 때마다 힘을 주시는 하나님을 찬양함

인생에 가장 힘들고 어려울 때마다 찾아오셔서, 힘을 주신 하나님께 영광을 돌립니다. 무기력하게 지쳐 쓰러져 있던 우리들에게 힘을 주셔서, 각자의 한계를 뛰어넘게 하신 은혜를 감사합니다. 힘 주시는 하나님을 찬양하며, 만민 중에 그 영광을 선포하게 하소서.

회개 : 성령을 거두지 마옵소서

늘 다윗처럼 성령 충만한 모습으로 살게 하시고, 혹여 범죄한 경우라도 다윗처럼 회개할 수 있게 하소서. 우리가 회개할 때마다 다윗처럼 사

죄의 은총을 내려 주셔서, 우리를 주 앞에서 쫓아내지 마시며 주의 성령을 거두지 마옵소서. 우리를 새롭게 하시고 우리 안에 정한 마음을 창조하셔서, 일평생 하나님의 마음에 합한 자로 살게 하여 주시옵소서.

감사 : 영의 눈과 귀를 열어 주심을 감사함

"너희 눈은 봄으로, 너희 귀는 들음으로 복이 있도다"라고 하셨는데, 우리가 영적으로 보고 들을 수 있게 하심을 감사드립니다. "예수님에 관하여는 우리가 들은 바요 눈으로 본 바요 자세히 보고 우리의 손으로 만진 바라"고 고백할 수 있는, 체험적인 신앙이 되게 하소서.

간구 : 새벽을 깨우게 하소서

이제 겨울도 가고 봄이 왔사오니, 우리가 다 영적인 겨울잠에서 깨어나게 하소서. 특별히 새벽을 깨우는 귀한 믿음들이 되게 하셔서, 새벽에 도우시는 하나님의 은혜를 체험하게 하소서. 새벽에 만나가 내리고, 새벽에 여리고가 무너지며, 새벽에 예수님 부활하신 줄 믿습니다. 하나님은 24시간 늘 우리를 도와주시지만, 특별히 새벽에 도와주시는 줄 믿습니다. 새벽 오히려 미명에 한적한 곳에 나아가 기도하시던 예수님을 본받게 하소서. 새벽에 예배하다가 새벽 빛 같은 하나님의 은혜를 경험하게 하시고, 광명한 새벽별이신 예수님을 만나게 하소서. 새벽부터 강단을 지키며 한결같이 말씀 전하시는 목사님을 강건케 하여 주시옵소서.

예수님의 이름으로 기도하옵나이다. 아멘.

[시 107:9] 그가 사모하는 영혼에게 만족을 주시며
주린 영혼에게 좋은 것으로 채워주심이로다

천지 만물을 창조하시고 한 치의 오차도 없이 운행하시는 하나님,

찬양 : 창조주의 위엄을 찬양함

하늘이 하나님의 영광을 선포하고 궁창이 하나님의 손으로 하신 일을
나타냅니다. 하나님의 영원하신 능력과 신성이 만드신 만물을 통해 분명
히 드러나고 있습니다. 구원받은 주의 백성들이 함께 모여 창조주의 위엄
을 높이나이다. 이곳에 함께하셔서 찬양과 경배를 받아 주소서.

회개 : 머뭇거리지 않게 하소서

세상과 하나님 사이에서 어느 때까지 머뭇거리며 살아가겠나이까? 우
리의 믿음 없음을 용서하여 주시고, "너희는 다른 신을 섬길지라도 오직

나와 내 집은 여호와를 섬기겠노라"던 여호수아의 결단이 우리에게도 있게 하소서. 사람의 말을 따를 것인가 하나님의 말씀을 따를 것인가 갈림길에 설 때마다, 베드로처럼 하나님의 말씀을 따를 수 있게 하소서. 사람을 기쁘게 할 것인가 하나님을 기쁘시게 할 것인가 갈등할 때마다, 바울처럼 하나님 편을 택하게 하소서.

감사 : 환난이 소망되게 하심을 감사함

우리 교회가 여러 가지로 어려움도 많았지만 지금까지 인도하신 하나님께 감사를 드립니다. 많은 환난이 있었지만 그런 환난 속에 인내를 배우게 하셨고, 연단되게 하셨으며, 마침내 소망을 이루게 하신 하나님을 찬양합니다. 지금도 크고 작은 어려움들이 많이 있지만, 소망의 창을 활짝 열고 환난 중에도 즐거워할 수 있는 믿음을 주시옵소서.

간구 : 입을 넓게 연 성도들을 은혜로 채워 주소서

말씀 전하시는 목사님께 함께하셔서 영감과 영권과 영력을 더하여 주시고, 생명의 말씀, 축복의 말씀이 온전히 선포되게 하소서. 입을 넓게 열고 사모하는 성도들마다 믿음대로 채워지는 귀한 역사가 있게 하여 주시옵소서. 교회의 재정도 넘치도록 채워지게 하시고, 빈자리도 다 채워지게 하소서. 특별히 봄 대심방을 사모하며 기다리는 가정들마다, 영육간에 축복이 차고 넘치게 하여 주시옵소서.

예수님의 이름으로 기도하옵나이다. 아멘.

[갈 6:9] 우리가 선을 행하되 낙심하지 말지니
포기하지 아니하면 때가 이르매 거두리라

성소에서 도와주시고 시온에서 붙드시는 하나님,

찬양 : 승리하게 하신 하나님을 찬양함

환난 날에 응답해 주시고 시련의 날에 우리를 높이 들어주신 은혜에 감사를 드립니다. 수없이 많은 환난과 시련 속에서도 끝내 이기게 하시고, 승리의 개가를 부르며 하나님의 이름으로 깃발을 세우게 하심을 찬양합니다. 앞으로도 하나님을 의지함으로 최후 승리 거두게 하소서.

회개 : 꿈속에서라도 교만하지 않게 하소서

우리는 순간순간 내가 잘나고 내가 잘해서 잘된 줄 알고, 교만해질 때가 많습니다. 교만한 자는 하나님께서 그를 대적하여 끌어내리신다고 하셨사오니, 꿈속에서라도 교만하지 않게 하소서. 겸손한 자는 하나님께서 그를 붙들어 주시고 존귀와 영광과 생명을 얻게 하신다고 하셨사오니, 늘 겸손으로 옷을 입고 겸손으로 허리를 동이게 하소서.

감사 : 복음에 빚진 자, 사랑에 빚진 자로 살게 하심을 감사함

우리는 복음의 빚진 자임을 깨닫게 하셔서, "전도해야 하는데"하는 거룩한 부담감을 안고 살아가게 하시니 감사를 드립니다. 때를 얻든지 못얻든지, 성전에 있든지 집에 있든지 전도하게 하시고, 듣든지 아니 듣든지 복음을 전하게 하소서. 또한 우리는 사랑의 빚진 자임을 알게 하시고, "더 사랑해야 하는데"라는 안타까움을 가지고 살게 하시니 감사합니다. 사랑하는 자는 율법을 다 이룬다고 했사오니, 사랑하는 가운데 하나님의 말씀을 온전히 준행하게 하소서.

간구 : 낙심하지 말고 선을 행하게 하소서

선을 행하다가 당장 열매 없다고 낙심하지 말게 하시고, 포기하지만 않으면 다 거두게 하실 줄 믿게 하소서. 나눠 주고 베풀어 주며 선한 사업을 많이 해서, 자기를 위해 좋은 터를 쌓게 하소서. 지역 사회의 어려운 이웃들을 잘 섬기고, 선한 영향력을 끼치는 교회가 되게 하소서. 이를 위해 우리를 이끌어 주시는 목사님께 늘 힘을 주시고, 전하시는 말씀을 통해 큰 은혜가 임하게 하소서. 오늘도 찬양대의 찬양에 은혜가 넘치게 하소서.

예수님의 이름으로 기도하옵나이다. 아멘.

[고후 1:3-4] 3 찬송하리로다 그는 우리 주 예수 그리스도의 하나님이시요
자비의 아버지시요 모든 위로의 하나님이시며
4 우리의 모든 환난 중에서 우리를 위로하사 우리로 하여금
하나님께 받는 위로로써 모든 환난 중에 있는 자들을
능히 위로하게 하시는 이시로다

이스라엘의 찬송 중에 거하시는 하나님,

찬양 : 찬송 중에 거하시는 하나님을 찬양함

하나님께서 계신 집이요 하나님의 영광이 머무는 곳인 이곳 교회에 하나님의 자녀들이 모여, 몸과 마음과 정성을 다해 찬양합니다. 찬송 중에 거하시겠다는 약속대로 이곳에 임재해 주시고, 한량없는 은혜와 축복을 내려 주소서.

회개 : 사람을 의지하지 않고 하나님을 의뢰하게 하소서

사람을 의지하며 그 마음이 여호와에게서 떠난 사람은 결국엔 사막의 떨기나무처럼 된다고 하셨는데, 우리 중에 한 사람도 그런 불행을 겪지

않게 하소서. 우리 모두가 오직 여호와를 의지하는 사람들이 되어 물가에 심어진 나무와 같게 하소서. 하나님의 은혜의 강물에 깊이 뿌리 내려, 어떤 더위도 두려워하지 않고 어떤 가뭄에도 걱정이 없게 하소서. 언제나 잎은 청청하며, 열매는 주렁주렁 맺는 복된 삶을 살게 하여 주소서.

감사 : 찬양이 넘치는 교회 되게 하심을 감사함

우리 교회에 늘 찬양이 넘치게 하시니 감사를 드립니다. 우리가 찬양할 때 다윗의 찬양처럼 악귀가 떠나가게 하시고, 여호사밧 왕의 찬양처럼 대적들이 무너지게 하시며, 바울과 실라의 찬양처럼 옥문이 열리게 하소서. 매주 드려지는 찬양대의 찬양이 하나님께는 큰 영광이 되게 하시고, 성도들에게는 은혜가 되며, 대원들 자신에게는 축복의 씨앗이 되게 하소서.

간구 : 위로의 하나님을 만나게 하소서

힘에 겹도록 심한 고난을 당해 마음속에 살 소망까지 다 끊어진 성도들 있습니까? 그들을 긍휼히 여겨 주셔서, 어머니가 자식을 위로함같이 위로해 주소서. 모든 환난 중에서 능히 우리를 위로하시는 위로의 하나님을 체험하게 하셔서, 광야와 같이 황폐해진 심령이 에덴 동산처럼 회복되게 하소서. 하나님의 위로로 인해 절망을 딛고 다시 일어설 수 있게 하시고, 그 체험이 간증이 되게 하소서. 목사님의 말씀을 통해, 하나님의 위로의 음성을 듣게 하소서.

예수님의 이름으로 기도하옵나이다. 아멘.

[요 4:23] 아버지께 참되게 예배하는 자들은 영과 진리로 예배할 때가 오나니 곧 이 때라 아버지께서는 자기에게 이렇게 예배하는 자들을 찾으시느니라

우리의 피난처시요 환난 중에 만날 큰 도움이신 하나님,

찬양 : 도우시는 하나님을 찬양함

새로운 한 달을 시작하면서 우리 앞에 놓인 여러 문제들을 생각할 때 두렵고 떨릴 수밖에 없습니다. 하지만 하나님께서 친히 우리의 피난처가 되어 주시고 큰 도움이 되어 주실 줄 믿기에 찬송하고 감사하며 이 한 달을 시작합니다. 땅이 변하고 산이 흔들려 바다 가운데에 빠질지라도, 하나님께서 함께하심을 믿고 어떤 상황 속에서도 두려워하지 않게 하소서.

회개 : 버릴 것을 버리고 끊을 것은 끊게 하소서

각자의 삶을 놓고 회개합니다. 모든 무거운 것과 얽매이기 쉬운 죄를

벗어 버리고, 인내로써 믿음의 경주를 감당할 수 있게 하소서. 버릴 것은 버리고 끊을 것을 끊는 믿음의 결단이 있게 하소서. 더 이상 죄와 허물에 눌리고 발목 잡히는 일이 없게 하시고, 믿음의 주요, 또 온전하게 하시는 이인 예수님만 바라보며 힘차게 달려가게 하소서.

감사 : 예수로 하나되게 하심을 감사함

공통점보다는 차이점이 더 많은 우리가 서로 지체가 되어, 주님의 몸 된 교회를 세워 가게 하심을 감사드립니다. 우리의 차이점들이 예수님의 사랑 안에서 다 녹아지게 하소서. 우리의 다름이 갈등의 이유가 되지 않게 하시고, 서로의 부족함을 채우는 귀한 은혜가 있게 하소서.

간구 : 예배 잘 드리는 교회가 되게 하소서

우리 교회는 어느 교회보다도 예배 잘 드리는 교회가 되기를 원합니다. 주일 낮예배 뿐 아니라, 주일 오후(저녁)예배, 교육부서예배, 수요예배, 새벽예배, 구역예배 등 드려지는 예배마다 몸과 마음과 뜻과 정성을 다하여 예배하게 하소서. 하나님께서는 참되게 예배하는 자를 찾으신다고 하셨는데, 하나님의 눈에 보석처럼 번쩍 뜨이는 예배자들이 다 되게 하여 주소서. 또한 우리의 예배가 이곳에서만 끝나지 않게 하시고, 삶의 열매로 이어지게 하소서. 예배를 인도하시는 목사님과 교역자님들께 늘 은혜 충만함과 성령의 기름 부음을 주소서.

예수님의 이름으로 기도하옵나이다. 아멘.

[엡 4:11-12] 11 그가 어떤 사람은 사도로, 어떤 사람은 선지자로,
어떤 사람은 복음 전하는 자로, 어떤 사람은 목사와 교사로 삼으셨으니
12 이는 성도를 온전하게 하여 봉사의 일을 하게 하며
그리스도의 몸을 세우려 하심이라

날마다 은혜로 우리를 붙들어 주시는 하나님,

찬양 : 무너진 삶을 회복하실 하나님을 찬양함

우리 삶이 태산같이 견고한 것 같아도 모래성처럼 쉽게 무너져 버리고
맙니다. 무너진 삶을 다시 세워 주시고, 잃어버린 찬양을 회복하게 하소
서. 하나님의 노여움은 잠깐이요, 은총은 평생인 줄 믿습니다. 어제 저녁
에는 울음이 가득했을지라도, 이 아침에는 기쁨이 넘치게 하소서.

회개 : 바른 기도 생활을 못한 것을 회개함

우리가 얻지 못함은 구하지 않기 때문이라고 했는데, 구하지도 않으면
서 안 주신다고 불평만 했던 것을 용서해 주소서. 구해도 얻지 못함은 정

욕으로 쓰려고 잘못 구하기 때문인 줄 압니다. 아버지의 뜻은 무시한 채 내 뜻만 주장하고 있지는 않는지 돌아보게 하소서. 바르게 구해도 믿음이 없으면 응답받지 못한다고 하셨는데, 바람에 밀려 요동하는 바다 물결처럼 의심했던 것을 불쌍히 여겨 주시옵소서. 확신 중에 바르게 구하여, 응답받게 하소서.

감사 : 소망이 넘치게 하심을 감사함

우리를 향한 하나님의 생각은 재앙이 아니라 평안이요, 우리의 장래에 소망을 주려는 생각인 줄 믿습니다. 나의 소망이 오직 하나님께로만 나는 줄 알아, 잠잠히 하나님만 바라나이다. 오늘 당장은 어렵고 힘들어도 내일은 축복이 넘치리라는 기대감을 주시옵소서. 믿음 안에서 모든 기쁨과 평강이 충만하게 하시고, 성령의 능력으로 소망이 넘치게 하여 주시옵소서.

간구 : 주의 말씀으로 양육하는 교회가 되게 하소서

우리 교회는 성도들을 온전한 그리스도의 제자로, 헌신된 사명자로 양육하는 교회가 되게 하소서. 성경적인 양육을 통해 성도를 온전하게 하여 봉사의 일을 하게 하며, 그리스도의 몸을 세워 가게 하소서. 말씀으로 교육받는 가운데 그리스도의 장성한 분량이 충만한 데까지 이르게 하소서. 이 일을 위해 수고하시는 담임 목사님과 교역자님들과 구역장님/순장님/셀 리더, 교사님들께 늘 은혜와 능력으로 충만케 하여 주시옵소서.

예수님의 이름으로 기도하옵나이다. 아멘.

[신 1:33] 그는 너희보다 먼저 그 길을 가시며 장막 칠 곳을 찾으시고
밤에는 불로, 낮에는 구름으로 너희가 갈 길을 지시하신 자이시니라

우리에게 잔칫상을 차려 주시고, 우리의 잔이 넘치게 하시는 하나님,

찬양 : 은혜의 잔치에 불러 주심을 찬양함

오늘도 우리를 은혜의 잔치에 불러 주신 하나님을 찬양합니다. 주께 부름받은 귀한 백성들이 주의 집에 있는 살진 것을 누리게 하시고, 주의 복락의 강물을 마시게 하소서. 한 사람도 그냥 왔다가 그냥 가지 않게 하시고, 여호와의 선하심을 맛보아 알게 하소서. 젊은 사자는 궁핍하여 주릴지라도 여호와를 찾는 자는 모든 좋은 것에 부족함이 없게 하소서.

회개 : 선을 행치 않은 죄를 용서하소서

하나님께서 하지 말라는 것을 하는 것만 죄가 아니라, 하라는 것을 하

지 않는 것도 똑같이 큰 죄임을 깨닫게 하소서. 불효하고 살인하고 도둑질하고 간음한 것만이 죄가 아니라, 사랑하지 못하고 기뻐하지 못하고 기도하지 못하고 감사하지 못한 것도 죄임을 알게 하소서. 선을 행할 줄 알고도 행하지 아니하면 죄라고 하셨사오니, 더 열심히 선을 행하게 하소서.

감사 : 늘 인도해 주심을 감사함

우리는 잘 알지도 못한 채 선택했지만, 결과적으로는 생명의 길로 가게 하셨던 은혜에 감사드립니다. 때로는 우리의 의지와는 관계없이 떠밀려서 간 길이었지만, 그 길이 축복의 길이 되게 하심도 감사를 드립니다. 천국 가는 그날까지 손을 꼭 붙잡고 인도해 주시옵소서.

간구 : 주의 사랑으로 교제하는 교회가 되게 하소서

날이 갈수록 세상은 척박해지고 사람들은 군중 속의 고독을 느끼며, 우울증에 시달리고 급기야는 자살까지 급증하고 있습니다. 이런 시대 속에서 우리 교회는 그리스도의 사랑으로 깊이 교제하며, 서로를 위로하고 세워 주는 복된 공동체가 되게 하소서. 소그룹 양육 모임과 교제 모임들이 풍성하게 이루어져 가게 하소서. 그런 만남들을 통해 서로를 더욱 잘 알아 가게 하시고, 서로 하나로 엮여 든든히 서게 하소서. 오늘도 귀한 말씀을 통해 우리의 영적 교제를 더욱 풍성하게 해주실 목사님께 영감을 더하여 주시옵소서.

예수님의 이름으로 기도하옵나이다. 아멘.

[마 25:40] 임금이 대답하여 이르시되 내가 진실로 너희에게 이르노니 너희가 여기 내 형제 중에 지극히 작은 자 하나에게 한 것이 곧 내게 한 것이니라 하시고

우리의 모든 기도와 찬양을 귀 기울여 들으시는 하나님,

찬양 : 셀 수 없는 하나님의 은혜를 찬양함

기가 막힐 웅덩이와 수렁에서 끌어 올려 주신 하나님의 은혜를 찬양합니다. 허우적거리던 내 발을 반석 위에 두사, 걸음을 견고하게 하신 은총을 송축합니다. 우리를 향하신 주의 생각이 많고 우리를 위하신 주의 기적이 많아, 그 수를 셀 수도 없나이다. 이 아침 새 노래로 찬송하오니 기쁘게 받아 주시고, 은혜 입은 주의 백성들이 주의 뜻 행하기를 즐겨 하게 하소서.

회개 : 사랑이 없으면 우리가 아무것도 아님을 깨닫게 하소서

우리가 방언을 하고 예언을 해도, 사랑이 없으면 울리는 꽹과리 같은

줄 압니다. 산을 옮길 믿음이 있고 모든 것으로 구제해도, 사랑이 없으면 아무 유익이 없다고 했습니다. 사랑이 없으면 우리가 아무것도 아님을 알게 하소서. 사랑함으로 모든 것을 참고 모든 것을 믿으며, 모든 것을 바라고 모든 것을 견딜 수 있게 하소서.

감사 : 주일 성수하게 하심을 감사함

정말 가고 싶은 곳도 많고 꼭 가야 할 곳도 많았지만, 주일은 내 날이 아니요, 주님의 날임을 기억하고 주의 전에 나오게 하시니 감사를 드립니다. 이날은 하나님의 천지창조를 기념하는 창조 기념일이요, 예수님의 구원을 기념하는 구원 기념일인 줄 믿습니다. 이날을 그 어느 날보다도 즐겁고 존귀한 날로 여기며, 일평생 주일 성수하는 믿음 되게 하소서.

간구 : 주를 섬기듯이 봉사하는 교회가 되게 하소서

우리 교회는 주님을 섬기는 마음으로, 교회와 지역 사회의 어려운 이웃들을 섬기는 섬김의 공동체가 되게 하소서. 소외되고 가난하고 병들고 약한 사람들을 섬기며, 그들의 친구가 되어 주셨던 주님을 본받게 하소서. 항상 낮은 곳에 마음을 두며, 낮은 곳에서 겸손히 섬기게 하소서. 우리에게 섬김의 본을 보여주시는 목사님께 성령 충만을 주시고, 오늘도 우리의 영혼이 새롭게 되는 귀한 말씀이 선포되게 하여 주시옵소서.

예수님의 이름으로 기도하옵나이다. 아멘.

[마 28:19-20] 19 그러므로 너희는 가서 모든 민족을 제자로 삼아
아버지와 아들과 성령의 이름으로 세례를 베풀고
20 내가 너희에게 분부한 모든 것을 가르쳐 지키게 하라
볼지어다 내가 세상 끝날까지 너희와 항상 함께 있으리라 하시니라

생명과 축복의 빛을 비춰 주시는 하나님,

찬양 : 얼굴 빛을 비춰 주시는 하나님을 찬양함

멸망을 향해 치닫던 우리를 돌이켜 하나님을 향하게 하시고, 그 얼굴의 광채를 비추사 구원하신 하나님을 찬양합니다. 빛 되신 하나님을 앙망하는 자는 그 얼굴에 광채가 나고, 정오의 빛처럼 빛나는 삶을 살게 될 줄로 믿습니다. 그룹 사이에 좌정하신 이여! 빛을 비추사 우리 삶의 모든 어둠이 사라지게 하시고, 주의 빛 안에서 우리가 빛을 보게 하소서.

회개 : 경건의 모양만 있고 능력은 없음을 회개함

경건의 모양만 남고 경건의 능력은 잃어버리지 않았는지 살펴보게 하소

서. 머리카락이 다 잘리는 줄도 모른 채 들릴라의 무릎을 베고 잠만 자고 있던 삼손의 모습이 우리의 모습은 아닌지 돌아보게 하소서. "잠자는 자여 깨어서 죽은 자들 가운데서 일어나라" 하시는 주님의 음성을 듣게 하소서. 다 풀어 헤쳐 놓았던 전신갑주를 다시 갖춰 입고, 영적으로 무장되게 하소서.

감사 : 십일조 할 수 있는 믿음 주심을 감사함

십일조 예물 드림으로, 내 모든 것, 특별히 내 생명까지도 다 하나님의 것임을 고백하게 하시니 감사합니다. 드리는 자마다 황충을 막아 주시고, 열매가 기한 전에 떨어지지 않게 하시며, 복을 쌓을 곳이 없도록 부어 주시옵소서. 믿음이 약하여, 혹은 삶의 환경이 너무 힘들어 십일조 생활을 못하는 성도들을 긍휼히 여겨 주셔서, 온전한 믿음과 삶의 여유를 허락하소서.

간구 : 주의 복음을 증거하는 교회가 되게 하소서

우리 교회는 주님의 지상 명령을 받들어, 땅끝까지, 세상 끝날까지 복음을 전하는 공동체가 되게 하소서. 전도 및 단기 선교 프로그램에 성령의 기름을 부어 주셔서, 권능을 받아 주의 증인이 되게 하소서. 우리 교회가 돕는 교회와 기관들, 선교사님들의 사역에도 능력을 더해 주셔서, 하나님 나라의 복음이 힘 있게 선포되게 하소서. 오늘도 구원의 복음을 들고 강단에 서신 목사님을 영육 간에 붙드시고, 은혜 넘치는 생명의 시간이 되게 하소서.

예수님의 이름으로 기도하옵나이다. 아멘.

[시 127:3-5] 3 보라 자식들은 여호와의 기업이요 태의 열매는 그의 상급이로다
4 젊은 자의 자식은 장사의 수중의 화살 같으니
5 이것이 그의 화살통에 가득한 자는 복되도다
그들이 성문에서 그들의 원수와 담판할 때에 수치를 당하지 아니하리로다

우리의 구원이요 생명의 능력이 되신 하나님,

찬양 : 비밀히 지켜 주신 하나님을 찬양함

우리를 장막 은밀한 곳에 숨겨 주셔서 은혜 중에 한 달을 보내게 하시고, 계절의 여왕인 5월을 맞이하게 하신 하나님께 찬양을 올리나이다. 이 한 달도 하나님의 아름다움을 바라보며 성전을 사모하게 하시고, 평생에 즐거운 제사를 드리게 하소서.

회개 : 자손들에게 쓴 뿌리가 되지 않게 하소서

우리가 믿음 생활 바로 하지 못하여 자손들에게 쓴 뿌리가 되는 일이 없게 하소서. 우리의 악행으로 인하여 자손 삼사 대까지 어려움 당하는

일이 생기지 않도록 붙들어 주소서. 하나님을 사랑하고 그 계명을 준행하여, 자손 천 대까지 하나님의 은혜가 임하게 하소서. 우리가 믿음 생활 잘함으로 우리 자손들이 복을 받아, 하늘의 별처럼 번성하게 하소서. 대적의 문을 얻는 승리자가 되게 하시며, 만민을 복되게 하는 축복의 통로가 되게 하소서.

감사 : 귀한 자녀들 맡겨 주심을 감사함

우리에게 귀한 자녀들을 맡겨 주심을 감사합니다. 우리의 자녀들은 우리의 소유가 아니라, 하나님께서 우리에게 맡겨 주신 하나님의 자녀들임을 깨닫게 하소서. 우리의 세속적인 만족을 위해서가 아니라, 이 아이들을 향한 하나님의 뜻대로 잘 양육하게 하소서. 우리 자녀들이 빗나간 화살이 되지 않게 하시고, 하나님의 뜻의 과녁에 명중하는 인생이 되게 하소서.

간구 : 가정마다 주님 주신 행복이 넘쳐나게 하소서

"이스라엘이여 너는 행복한 사람이로다 여호와의 구원을 너같이 얻은 백성이 누구냐"라고 말씀하신 하나님. 하나님의 은혜 안에서 살아가는 우리는 세상 누구보다도 행복한 사람들인 줄 믿습니다. 하나님께서 주시는 행복이 가정 가정마다 차고 넘치게 하소서. 교회의 모든 가정들을 보석처럼 가슴에 품고 늘 기도하시는 목사님을 기억하시고, 오늘도 증거하시는 축복의 말씀을 통해 모든 가정들이 복을 받게 하소서.

예수님의 이름으로 기도하옵나이다. 아멘.

[엡 6:1-3] 1 자녀들아 주 안에서 너희 부모에게 순종하라 이것이 옳으니라
2 네 아버지와 어머니를 공경하라 이것은 약속이 있는 첫 계명이니
3 이로써 네가 잘되고 땅에서 장수하리라

우리 가정의 선한 목자가 되어 주시는 하나님,

찬양 : 기르시고 돌보시는 은혜를 찬양함

하나님은 친히 우리의 목자가 되어 주시고, 우리는 하나님께서 기르시는 백성이며 돌보시는 양이 되게 하심을 찬양합니다. 목자의 음성을 들을 때 우리의 마음이 완악하지 않게 하시고, 그 앞에 굽혀 경배하며 무릎을 꿇게 하소서.

회개 : 신앙적인 효도를 하게 하소서

하나님께서는 "땅에서 잘되고 장수하리라"는 약속을 주시면서까지 "네 부모를 공경하라"고 하셨는데, 온전히 효도하지 못한 우리를 용서하

소서. 예수 믿지 않는 부모님께 할 수 있는 최고의 효도는 전도하는 것이요, 예수 믿는 부모님께 할 수 있는 최고의 효도는 신앙생활 잘하는 것인 줄 압니다. 육체적으로만 아니라, 신앙적으로도 잘 모시며 효도하게 하소서. 또한 교회와 지역 사회의 어르신들을 부모님처럼 잘 모시며 받들어 섬기게 하여 주소서.

감사 : 성도의 가정을 늘 지켜 주심을 감사함

우리 교회에 속한 모든 성도들의 가정을 늘 지켜 주시는 하나님의 은혜에 감사를 드립니다. 각 가정을 불 말과 불 병거로 지켜 주시고, 친히 불 성곽이 되어 주소서. 어르신들께는 건강을 주시고, 아이들에게는 지혜를 주시며, 청년들에게는 학업의 문, 취업의 문, 혼인의 문이 활짝 열리게 하소서. 남편들은 믿음의 장부가 되게 하시고, 아내들은 현숙한 여인이 되게 하소서.

간구 : 하나님께서 주시는 즐거움이 가득하게 하소서

마음의 근심은 심령을 상하게 하고 뼈를 마르게 하나, 마음의 즐거움은 양약이 되어 얼굴을 빛나게 한다고 하셨습니다. 이 자리에 함께한 심령마다 하나님께서 주시는 즐거움이 가득하게 하소서. 세상 것에서만 즐거움을 찾지 않게 하시고, 하나님을 경외하며 하나님의 말씀에 순종하는 것으로 즐거움을 삼게 하소서. 오늘도 귀한 말씀 전해 주실 목사님과 함께 하여 주시고, 말씀을 통해 신령한 즐거움이 가득하게 하소서.

예수님의 이름으로 기도하옵나이다. 아멘.

[전 12:11] 지혜자들의 말씀들은 찌르는 채찍들 같고
회중의 스승들의 말씀들은 잘 박힌 못 같으니 다 한 목자가 주신 바이니라

영원토록 찬양받기에 합당하신 하나님,

찬양 : 하나님의 모든 은택을 인하여 찬양함

우리의 몸과 마음과 뜻과 정성을 다해 하나님을 찬양합니다. 하나님께서 베푸신 모든 은택을 인하여, 하나님을 송축하나이다. 우리의 모든 죄악을 사하시고 모든 병을 고치시며, 우리의 생명을 파멸에서 구원하신 하나님께 영광을 돌립니다. 이곳에 함께하셔서, 좋은 것으로 우리의 소원을 만족하게 하시며, 우리를 독수리같이 새롭게 하소서.

회개 : 상한 심령으로 통회하게 하소서

하나님의 말씀이 좌우에 날선 어떤 검보다도 예리하여 우리의 혼과 영

과 및 관절과 골수를 찔러 쪼개게 하소서. 말씀을 듣고 마음에 찔려 "우리가 어찌할꼬"하며 회개하게 하시고, 겸손히 엎드려 하나님의 자비를 구하게 하소서. 상한 심령으로 통회하는 자를 긍휼히 여겨 주소서.

감사 : 좋은 교사들을 허락하심을 감사함

스승의 주일을 맞아 우리 교회에 좋은 교사님들을 많이 세워 주신 하나님께 감사를 드립니다. 영유아부, 유초등부, 중고등부, 대학부, 청년부 등 각 교육 부서에 세워 주신 귀한 교사님들에게 늘 능력을 허락하여 주소서. 또한 각 구역이나 셀에 세우신 강사와 리더님들을 축복하여 주시고 지치지 않고 사명 감당할 수 있도록 영육 간에 새 힘과 축복을 내려 주시옵소서.

간구 : 참된 안식이 임하게 하소서

"수고하고 무거운 짐 진 자들아 다 내게로 오라 내가 너희를 쉬게 하리라"고 하신 예수님의 부르심을 듣고 나왔습니다. 세상은 알 수도 없고 줄 수도 없고 빼앗아 갈 수도 없는 주님의 참된 안식이 우리 마음에 가득히 임하게 하소서. "누구든지 목마르거든 내게로 와서 마시라"고 하신 주님의 초청에 응하여 나왔습니다. 이 시간 우리의 심령에 생수의 강물이 흘러넘치게 하소서. 시간 시간마다 양 무리를 귀한 생명의 꼴로 먹이시는 목사님께 힘을 더하여 주시고, 오늘도 귀한 말씀 증거하심에 부족함이 없게 하소서.

예수님의 이름으로 기도하옵나이다. 아멘.

[계 10:10] 내가 천사의 손에서 작은 두루마리를 갖다 먹어 버리니
내 입에는 꿀 같이 다나 먹은 후에 내 배에서는 쓰게 되더라

만왕의 왕이 되시고, 만주의 주가 되시는 하나님,

찬양 : 지극히 크고 높으신 하나님을 찬양함

세상의 모든 신들은 사람이 만든 신들이요 헛된 우상이나, 오직 하나님만이 사람을 만든 신이시요 참된 신이심을 믿습니다. 세상 모든 신들 위에 뛰어난 하나님께 그 이름에 합당한 영광을 돌리며, 아름답고 거룩한 것으로 예배하기를 원하나이다. 이곳에 임하셔서, 의인을 위하여 빛을 뿌리시고 마음이 정직한 자를 위하여 기쁨을 뿌려 주소서.

회개 : 악은 모양이라도 버리게 하소서

죄는 하나님과의 관계를 깨뜨리고, 이웃과의 관계를 파괴하며, 결국은

자기 자신도 파멸시키고 마는 무서운 것임을 잊지 않게 하소서. 미련한 자는 죄를 심상히 여긴다고 했사온데, 우리가 어리석은 자가 되지 않고 죄를 두려워할 줄 알게 하소서. 악은 모양이라도 버리라고 하셨습니다. 우리 자녀들이 장난으로라도 악을 행하는 시늉은 내지 않게 하소서. 항상 좋은 것을 본을 삼고 나누며, 서로 돌아보아 사랑과 선행을 격려하게 하소서.

감사 : 부족한 우리들을 사랑해 주심을 감사함

상한 갈대 같고 꺼져 가는 등불 같은 우리들을 버리지 않으시고, 지금까지도 귀히 여겨 품어 주심을 감사드립니다. 그 사랑 헛되지 않아 상한 갈대 같던 우리가 영적 거목들로 세워지게 하시고, 꺼져 가는 등불 같던 우리가 온 세상을 밝히는 진리의 등대가 되게 하소서.

간구 : 말씀의 사람들이 되게 하소서

사도 요한에게 말씀의 두루마리를 먹어 버리라고 하신 하나님. 우리가 하나님의 말씀을 흘려듣지 않게 하시고, 온전히 믿음으로 받고 행함으로 옮기게 하소서. 말씀을 통해 은혜의 단맛만 누리려 하지 말고, 고난의 쓴맛도 감당할 수 있게 하소서. 또한 말씀을 먹고 끝나는 것이 아니라, 다른 사람들에게도 전할 수 있게 하소서. 우리를 말씀의 사람들로 만들기 위해 애쓰시는 목사님을 붙드시고, 이 시간도 증거되는 말씀에 우리 모두가 붙들리게 하소서.

예수님의 이름으로 기도하옵나이다. 아멘.

[시 128:1-2] 1 여호와를 경외하며 그의 길을 걷는 자마다 복이 있도다
2 네가 네 손이 수고한 대로 먹을 것이라 네가 복되고 형통하리로다

언제나 변함이 없으시고 성실하신 하나님,

찬양 : 하나님의 성실하심을 찬양함

하루도 거르지 않고 아침 해가 떠오르듯이, 아침마다 새로운 은혜를 주시는 하나님의 성실하심을 찬양하나이다. 오늘도 하나님의 성실하심을 기억하며, 잠잠히 은혜를 기다리나이다. 간절히 주를 바라는 우리를 외면하지 마옵시고, 풍부한 인자하심을 따라 긍휼을 베풀어 주소서.

회개 : 우리의 강퍅한 심령이 변화되게 하소서

우리의 심령이 강퍅해지고 무뎌져서, 피리를 불어도 춤추지 않고 슬피 울어도 가슴을 치지 않습니다. 구원의 복된 소식을 들어도 담담할 뿐이

고, 심판의 무서운 경고를 들어도 무덤덤할 때가 많습니다. 돌같이 단단히 굳어진 우리의 심령을 성령으로 기경해 주시고 은혜의 단비로 적셔 주셔서, 부드러운 옥토가 되게 하소서.

감사 : 선교 대국이 되게 하심을 감사함

선교 대상이었던 이 나라가 전 세계에 선교사들을 파송한 선교 대국이 되게 하심을 감사드립니다. 앞으로도 더욱 세계를 교구로 삼고 복음을 전하는 한국 교회가 되게 하옵소서. "너희의 발바닥으로 밟는 곳은 다 너희의 소유가 되리라"고 하셨사오니, 오대양 육대주를 누비며 복음을 전하는 한국 교회가 되게 해 주시옵소서. 이 일을 위해 선발대로 파송되신 선교사님들의 사역의 현장에 크고 놀라운 역사가 이어지게 하옵소서.

간구 : 주 안에서 화목한 가정들이 되게 하소서

5월 가정의 달이 다 지나가고 있습니다. 부부간에 서로 다투며 큰 집에서 사는 것보다는 차라리 광야의 움막에서 혼자 사는 것이 낫다고 했사오니, 가정마다 다툼은 그치고 사랑이 넘치게 하소서. 고기 반찬이 가득해도 서로 미워하는 가정이 되지 않게 하시고, 마른 떡 한 조각에 채소만 놓고도 서로 화목할 수 있게 하옵소서. 오늘도 말씀으로 각 가정을 축복하실 목사님을 붙드셔서, 귀한 축복의 말씀이 온전히 선포되게 하소서.

예수님의 이름으로 기도하옵나이다. 아멘.

[시 146:5] 야곱의 하나님을 자기의 도움으로 삼으며
여호와 자기 하나님에게 자기의 소망을 두는 자는 복이 있도다

성전에 좌정하사 온 세상을 다스리시는 하나님,

찬양 : 하나님의 위엄찬 음성을 찬양함

주의 백성들이 하나님께 영광을 돌리며 거룩한 옷을 입고 경배하나이다. 온 세상을 다스리시는 하나님의 음성은 힘이 있고 위엄차서, 그 목소리에 백향목이 꺾어지고 광야가 진동하나이다. 그 음성을 들을 때 우리의 자아가 다 깨어지고, 심령에 큰 변화가 있게 하소서.

회개 : 나라를 위해 기도하기를 쉬는 죄를 범치 않게 하소서

민족을 위해 눈이 상할 정도로 눈물을 흘리며 기도하던 예레미야를 봅니다. 우리는 개인적인 문제는 눈물로 간구할 때가 많지만, 나라와 민

족을 위해서는 간절히 기도하지 못했습니다. 나라를 위해 기도하기를 쉬는 죄를 범치 않게 하시고, 눈물의 기도로 애국하게 하소서.

감사 : 나라를 지켜 주신 하나님께 감사함

육이오 전쟁 때 이 나라는 낙동강 이남만 남겨 놓고 온 국토를 공산군에게 다 빼앗겼습니다. 그 절체절명의 위기에서 이 나라를 건져 주신 하나님의 은혜를 기억하며 감사를 드립니다. 그때 전국에서 피난 온 목사님, 장로님들이 부산 초량교회에 모여 목숨을 걸고 드린 기도에 하나님께서는 응답해 주셨습니다. 기도회가 끝난 지 3일 만에 인천상륙작전이 성공하게 하시고, 전세가 역전되게 하신 하나님을 찬양합니다. 호국의 달을 맞아, 하나님께서 지켜 주신 이 나라, 28만 순국선열들이 목숨 바쳐 지킨 이 나라를 우리가 더욱 사랑하게 하소서.

간구 : 생수의 강이 흐르게 하소서

강단으로부터 생명수가 흘러나오게 하시되, 물이 발목에 차고 무릎에 차고 허리에 차서 큰 은혜의 강물을 이루게 하옵소서. 이 은혜의 강물이 흘러가는 곳마다 죽음의 바다 같던 심령이 생명의 바다로 바뀌게 하여 주시고, 메마른 마음밭이 옥토로 바뀌는 역사가 있게 하여 주시옵소서. 이 생명 강가에 터 잡고 살아가는 성도들의 삶에, 온갖 행복의 꽃이 피고 축복의 열매가 맺히게 하여 주시옵소서.

예수님의 이름으로 기도하옵나이다. 아멘.

[롬 10:17] 그러므로 믿음은 들음에서 나며 들음은
그리스도의 말씀으로 말미암았느니라

우리의 기도를 들으시는 하나님,

찬양 : 기도에 응답하시는 하나님을 찬양함

우리의 기도와 간구를 들어주시는 하나님을 사랑하며 경배합니다. 우리의 보잘것없는 기도를 향기롭게 여겨 주시고, 천사를 보내어 금대접에 담아가게 하시니 감사를 드립니다. 우리의 기도가 하나님의 보좌 앞에까지 상달되게 하시고, 크고 놀라운 응답을 내려 주소서. 또 한 번 기도 응답을 체험하게 하시며, 기도의 힘을 얻어 평생에 기도하게 하소서.

회개 : 한 주간 교회를 잊고 산 것을 회개함

한 주간 동안 살면서 세상 일에만 분주하여 교회를 까맣게 잊어버린

채 지냈습니다. 늘 성전을 사모하여, 우리 마음에 교회를 향한 시온의 대로가 있게 하옵소서. 교회에 나온 성도들마다 세상에서의 천 날보다 더 나은 행복한 시간을 보내게 하옵소서. 나오고 싶어도 나오지 못한 채 눈물 골짜기를 지나고 있는 성도들도 있습니다. 위로의 샘물이 솟아나게 하시고 은혜의 단비를 내려 주셔서, 저들도 다 힘을 얻고 더 얻어 교회에 나올 수 있게 하소서.

감사 : 보배이신 예수님을 모시고 살게 하심을 감사함

우리는 다 약하고 약한 질그릇 같으나 보배이신 그리스도를 우리 안에 모심으로, 만 가지 환란도 능히 이기게 하시니 감사합니다. 여러 가지로 힘든 상황 속에 있는 성도들에게 믿음을 더하여 주셔서, 힘든 중에도 낙심하지 말고 더욱 주님을 의지하게 하소서. 믿음의 시련이 인내를 만들고, 인내는 우리를 성숙하게 함을 깨닫고, 시련 중에도 기뻐하게 하소서.

간구 : 말씀으로 든든히 세워지게 하소서

믿음은 하늘에서 뚝 떨어지는 것이 아니라, 그리스도의 말씀을 들음에서 나는 줄로 믿습니다. 말씀으로 든든히 세워지는 견고한 신앙이 되게 하시고, 이 땅에 창궐하는 온갖 사악한 이단들이 넘보지도 못하는 교회가 되게 하여 주시옵소서. 오늘도 목사님의 입술에 하나님의 말씀을 담아 주셔서, 하나님의 큰 영광과 은혜를 나타내게 하소서.

예수님의 이름으로 기도하옵나이다. 아멘.

[요 16:21] 여자가 해산하게 되면 그 때가 이르렀으므로
근심하나 아기를 낳으면 세상에 사람 난 기쁨으로 말미암아
그 고통을 다시 기억하지 아니하느니라

늘 우리를 지켜 보호해 주시는 하나님,

찬양 : 지키시고 복 주시는 하나님을 찬양함

산들이 예루살렘을 두름과 같이, 크고 능하신 팔로 우리를 둘러 보호해 주시는 하나님의 사랑을 찬양하나이다. 시온 산이 흔들리지 않고 영원히 있음과 같이, 여호와를 의지하는 자는 요동치 않을 줄 믿습니다. 더욱 하나님을 경외하게 하시고, 복을 받아 더욱 번성하게 하소서.

회개 : 죄와 허물을 자복하게 하소서

우리가 죄를 고백하지 아니할 때에는 주의 손이 우리를 주야로 누르시므로 진액이 빠지고 뼈가 쇠하나이다. 오늘도 우리의 모든 죄와 허물을

주 앞에 자복함으로, 무거운 죄악의 짐을 벗어 버리게 하시고 자유함을 얻게 하소서. 허물의 사함을 받고 자신의 죄가 가려진 자는 복이 있다고 하셨사오니, 전심으로 회개하여 이 복을 누리게 하소서.

감사 : 염려하지 않고 기도할 수 있는 것에 감사함

이 시간 우리가 염려에 사로잡힌 채 걱정만 하고 있지 않고, 하나님께 기도하며 간구할 수 있게 하심을 감사드립니다. 하나님께서는 "너희 구할 것을 감사함으로 아뢰라"고 하셨습니다. 과거에 응답해 주신 것 감사하고, 현재에 낙심하지 않고 기도할 수 있다는 것 자체만으로도 감사하며, 미래에 응답해 주실 줄 믿고 감사하게 하소서. 모든 것 하나님께 믿고 맡긴 채, 모든 지각에 뛰어난 하나님의 평강을 누리게 하여 주시옵소서.

간구 : 태신자를 품고 기도하게 하소서

우리가 늘 전도의 열정을 갖게 하소서. 어머니가 아이를 잉태도 하지 않고는 해산할 수 없는 것처럼, 우리가 전도 대상자들을 태신자로 삼아 기도하며 사랑으로 섬기지 않고는 그들을 구원할 수 없나이다. 영혼들을 위해 해산의 수고를 마다하지 않던 사도 바울의 열정이 우리에게도 있게 하소서. 해산의 고통은 너무나 크나 생명을 낳은 기쁨이 훨씬 더 커서 해산의 고통은 곧 잊어버린다고 했습니다. 새생명 탄생의 기쁨이 교회에 가득하게 하소서.

예수님의 이름으로 기도하옵나이다. 아멘.

6월 4주
주일 오전예배

[겔 37:16-17] 16 인자야 너는 막대기 하나를 가져다가 그 위에
유다와 그 짝 이스라엘 자손이라 쓰고 또 다른 막대기 하나를 가지고
그 위에 에브라임의 막대기 곧 요셉과 그 짝 이스라엘 온 족속이라 쓰고
17 그 막대기들을 서로 합하여 하나가 되게 하라
네 손에서 둘이 하나가 되리라

인자하시고 성실하신 하나님,

찬양 : 하나님의 인자하심과 성실하심을 찬양함

주의 인자하심이 하늘보다 높으며 주의 성실하심은 궁창에까지 이르
나이다. 하나님이여 주는 하늘 위에 높이 들리시며 주의 영광은 온 땅 위
에 높아지기를 원하나이다. 이제부터 영원까지 찬송을 받으시오며, 해 뜨
는 데부터 해 지는 데까지 영광을 거두시옵소서.

회개 : 세상에 영향을 받지 않게 하소서

세상에 선한 영향력을 끼치며 살지 못하고, 오히려 악한 영향력을 받
는 우리를 불쌍히 여기소서. 어둡다고 불평만 하지 않고, 자신을 태워 세

상을 밝히는 등불이 되게 하소서. 살맛 나지 않는다고 짜증만 내지 말고, 자신을 녹여 세상을 살맛 나게 만드는 소금이 되게 하소서.

감사 : 이슬같이 내려 주시는 은혜에 감사함

우리를 축복하시는 하나님. 이른 비와 늦은 비로 소낙비처럼 내려 주시는 축복에도 감사하지만, 매일 밤 소리 없이 내리는 이슬 같은 축복에도 감사를 드립니다. 당장 좋아지는 축복도 귀하지만, 조금씩 좋아지는 축복에도 감사를 드립니다. 이슬 같은 은혜를 풍성히 받아 우리 각자의 삶이 백합화같이 피어나고, 백향목처럼 뿌리를 깊이 내리게 하소서. 감람나무처럼 아름다워지며, 레바논의 포도주처럼 향기롭게 하여 주시옵소서.

간구 : 통일 한국이 되게 하소서

북녘에 있는 반인륜적인 세습 독재 정권이 하루속히 무너지게 하시고, 압제 아래 신음하는 북녘의 동포들이 하루빨리 구원을 얻을 수 있게 하소서. 김일성·김정일 우상들이 다 허물어지게 하시고, 하나님의 제단들이 재건되게 하소서. 백두에서 한라까지 십자가 종탑 세워지고 찬양이 가득하게 하시며, 칼을 쳐서 보습을 만들고 창을 쳐서 낫을 만들게 하소서. 7천만 한민족이 힘을 합하여 세계 5대 강국으로 우뚝 서게 하소서. 목사님께서 전해 주실 말씀을 통해 우리의 심령이 깨어나게 하시고, 더욱 민족을 위하여 기도하며 헌신하게 하소서.

예수님의 이름으로 기도하옵나이다. 아멘.

6월 5주
주일 오전예배

[눅 15:31-32] 31 아버지가 이르되 얘 너는 항상
나와 함께 있으니 내 것이 다 네 것이로되
32 이 네 동생은 죽었다가 살아났으며 내가 잃었다가 얻었기로
우리가 즐거워하고 기뻐하는 것이 마땅하다 하니라

간절히 찾는 자를 만나 주시는 하나님,

찬양 : 우리를 만나 주시는 하나님을 찬양함

"너희는 나를 찾으라 그리하면 살리라"는 약속을 주신 하나님을 찬양합니다. "마음을 다하고 뜻을 다하여 하나님을 찾으면 만나게 되리라"는 말씀을 붙들고 나왔습니다. 우리가 악한 길에서 떠나 스스로를 낮추고, 간절히 기도하며 하나님의 얼굴을 찾습니다. 이 시간 우리를 만나 주시고, 모든 죄를 사해 주시며, 이 땅을 고쳐 주시옵소서.

회개 : 잃어버린 영혼들을 향한 안타까움을 주소서

집 나간 작은아들을 애타게 기다리는 아버지의 마음은 모른 채, 아무

156 대표기도 하는 법

일 없다는 듯이 자기 일 잘했다고 자랑하던 큰아들의 모습이 우리에게 있습니다. 집을 나가 아버지를 걱정시킨 작은아들도 탕자지만, 한 집에 있으면서도 아버지의 마음을 전혀 몰랐던 큰아들도 탕자임을 깨닫게 하소서. 잃어버린 영혼들을 향한 안타까움을 주셔서, 전도에 힘쓰게 하소서.

감사 : 교회의 일꾼들을 귀히 써주심을 감사함

상반기 동안도 교회의 귀한 일꾼들에게 능력을 주시니 감사드립니다. 담임 목사님과 부교역자님들, 장로님들, 권사님들, 안수 집사님들을 비롯한 교회의 중직들과 집사님들, 교육 부서 교사님들, 기관과 구역의 임원들, 찬양대원 등 수고하신 모든 분들을 위로해 주시옵소서. 특별히 드러나지 않은 곳에서 이름도 없이 빛도 없이 묵묵히 교회를 섬긴 귀한 분들을 인하여 더 큰 감사를 드립니다. 그들에게도 더 큰 능력을 주셔서, 하반기에도 잘 섬길 수 있게 하옵소서.

간구 : 겸손히 도우심을 구하게 하소서

작은 일인 줄 알았는데 지나고 보니 큰일인 경우도 많고, 큰일인 줄 알았는데 지나고 보니 작은 일인 경우도 많습니다. 우리는 무엇이 중요하고 사소한 일인지 잘 구별할 줄 모르오니, 큰일에나 작은 일에나 범사에 하나님을 의지하게 하소서. 오늘도 목사님을 통해 전해지는 하나님의 말씀에 겸손히 순종하게 하시고, 범사에 복을 받게 하소서.

예수님의 이름으로 기도하옵나이다. 아멘.

7월 1주
주일 오전예배

[출 23:16] 맥추절을 지키라 이는 네가 수고하여 밭에 뿌린 것의
첫 열매를 거둠이니라 수장절을 지키라
이는 네가 수고하여 이룬 것을 연말에 밭에서부터 거두어 저장함이니라

늘 우리와 동행해 주시고 우리를 인도해 주시는 하나님,

찬양 : 지금까지 보호해 주신 은혜를 찬양함

지난 상반기에도 우리의 삶 속엔 온갖 풍랑이 가득했습니다. 감당할 수 없는 폭풍 속에 영혼이 녹고 혼돈에 빠져 부르짖을 때도 많았습니다. 그때마다 우리의 부르짖음을 들으시고, 광풍을 고요하게 하시며, 물결을 잔잔케 하신 은혜에 감사를 드립니다. 하반기에도 우리와 함께해 주시고, 축복의 순풍을 보내사 우리를 소원의 항구로 인도하여 주시옵소서.

회개 : 나중이 처음보다 낫게 하소서

우리의 신앙이 시작만 창대하고 나중은 심히 미약해져서, 용두사미로

끝나는 경우가 너무 많음을 회개합니다. 일의 끝이 시작보다 낫다고 했사오니, 나중 행위가 처음 것보다 많게 하소서. 가다가 중지하면 아니 감만 못하다 했으니, 시작은 신중하게 하되, 한번 시작한 일은 좋은 결과를 얻기까지 포기하지 않고 최선을 다하게 하소서.

감사 : 상반기 동안 허락하신 축복에 감사함

특별히 오늘 맥추감사주일을 맞아, 허락하신 귀한 축복들을 인해 감사하며 영광을 돌립니다. 범사에 감사하게 하시고, 감사가 또 다른 감사를 부르는 선순환의 삶을 살게 하소서. 연초부터 연말까지 하나님의 눈길이 항상 우리 위에 머물 줄 믿습니다. 올 한 해 남은 날도 이른 비와 늦은 비를 적당한 때에 내려 주셔서, 우리 삶에 젖과 꿀이 흐르게 하소서.

간구 : 하나님을 아는 자녀들이 되게 하소서

여호수아의 세대에는 하나님을 잘 섬겼으나, 그 이후에 일어난 다른 세대는 여호와를 알지 못하여 사사시대의 대 혼란기가 왔다고 했습니다. 우리 자녀들이 여호와를 알지 못하는 세대가 되지 않게 하소서. 우리 자녀들이 힘써 여호와를 알게 하시며, 주님의 도를 배우고 주님의 길로 행하게 하소서. 이를 위하여 무더운 날씨에도 수고하시는 담임 목사님과 교육 부서의 교역자님들, 부장 집사님들, 교사 선생님들에게 큰 은혜와 능력을 더하여 주시옵소서.

예수님의 이름으로 기도하옵나이다. 아멘.

[롬 5:3-4] 3 다만 이뿐 아니라 우리가 환난 중에도 즐거워하나니 이는 환난은 인내를, 4 인내는 연단을, 연단은 소망을 이루는 줄 앎이로다

스스로 존재하시는 하나님,

찬양 : 우리를 존재하게 하시는 하나님을 찬양함

그 무엇에도 의존하지 않고, 스스로 존재하시고 스스로 역사하시는 하나님을 찬양합니다. 하나님은 이처럼 자존자시지만, 우리는 철저히 의존자임을 고백합니다. 우리는 오직 하나님을 힘입어 살며 기동하며 존재합니다. 우리는 은혜가 없이는 단 한순간도 존재할 수 없음을 깨닫게 하소서. 우리가 의존자이면서도 마치 자존자인 것처럼 살지 않게 하소서. 우리 존재의 근원이 되시고 힘이 되시는 하나님을 순간순간 겸손히 의지하며 살게 하소서.

회개 : 형식적인 예배 생활을 회개함

이 시간 우리가 습관적이고 형식적으로 예배드리지는 않는지 돌아보게 하시고, 구원의 감격과 예배의 열정을 회복하게 하소서. 처음 사랑을 어디서 잃어버렸는지 생각하게 하시고, 촛대가 옮겨지기 전에 속히 첫사랑을 회복하게 하소서. 묵은 땅처럼 딱딱하게 굳어져 버린 심령을 성령으로 갈아엎어 주셔서, 다시 옥토가 되게 하여 주시옵소서.

감사 : 구원의 잔치를 누리게 하심을 감사함

한 주간도 광야와 사막 길에서 방황하며 주리고 목이 마른 채로 살아왔습니다. 우리를 바른 길로 인도하사 영혼의 오아시스인 교회로 이끌어 주심을 감사합니다. 사모하는 영혼에게 만족을 주시고 주린 영혼에게 좋은 것으로 채워 주소서. 오늘도 하나님께서 허락하신 구원의 잔치를 마음껏 누리게 하시고, 평생에 주를 송축하며 여호와의 집에 영원히 거하게 하소서.

간구 : 환난 중에 승리하게 하소서

시간 시간마다 담임 목사님을 통해 은혜와 축복의 말씀이 선포되게 하시니 감사를 드립니다. 오늘도 말씀을 통해, 환난 중에 있는 심령들이 큰 위로를 얻게 하소서. 말씀 붙들고 승리하여, 환난 중에도 즐거워하며 위로가 가득하고 기쁨이 넘치게 하소서. 환난 날에 피난처와 산성이 되어 주시는 하나님을 바라보게 하시고, 환난을 벗어나 근심이 없게 하소서.

예수님의 이름으로 기도하옵나이다. 아멘.

[왕상 19:5-6] 5 로뎀 나무 아래에 누워 자더니 천사가 그를 어루만지며
그에게 이르되 일어나서 먹으라 하는지라
6 본즉 머리맡에 숯불에 구운 떡과 한 병 물이 있더라

늘 변함없이 한결같으신 하나님,

찬양 : 변함없는 하나님의 사랑을 찬양함

천지는 없어져도 영원히 존재하시며, 천지는 다 옷같이 낡아져도 한결
같으실 하나님께 영광을 돌립니다. 세상 모든 것이 다 변해도, 하나님은
변치 않으실 줄 믿습니다. 우리를 향한 하나님의 약속과 놀라운 계획들
은 변함이 없을 줄로 믿습니다. 변치 않는 하나님의 사랑 안에서 우리 영
혼이 안정감을 갖게 하시고, 하나님을 신뢰하며 영광 돌리게 하소서.

회개 : 우리 마음이 자주 변함을 회개함

하나님은 우리를 변함없이 사랑하시는데, 하나님을 향한 우리의 사랑

은 너무나 자주 변함을 용서하여 주시옵소서. 긍휼히 여겨 주시고 날마다 믿음 더하여 주셔서, 항상 변하지 않고 하나님을 사랑하며 말씀에 순종하게 하소서. 평생에 사는 동안 어떤 어려운 순간에도 하나님의 사랑을 의심하지 말고, 끝까지 하나님을 바라보는 굳건한 믿음을 주시옵소서.

감사 : 휴가 기간을 갖게 하심을 감사함

휴가철을 맞아 많은 성도들이 자연을 찾아 즐거운 시간들을 보낼 수 있게 하심을 감사드립니다. 로뎀나무 밑에 지쳐 쓰러진 엘리야를 찾아와 그를 어루만져 주시고, 떡과 물을 주셔서 새 힘을 얻게 하신 하나님. 휴가를 떠난 모든 성도들이 영육 간에 재충전되게 하시고, 돌아와서 더 힘을 내어 주의 일을 잘 감당하게 하소서.

간구 : 힘에 지나도록 자원하여 섬기게 하소서

마게도냐 교회 성도들을 본받아 환난의 많은 시련과 극심한 가난 속에서도 주의 몸 된 교회를 물질로 잘 섬기게 하여 주소서. 힘대로 할 뿐 아니라 필요하다면 힘에 지나더라도 할 수 있게 하소서. 주의 일에 인색하여 마지못해 하는 것이 아니라, 넘치는 기쁨으로 자원하여 할 수 있게 하소서. 말씀 전하실 목사님을 붙드시고, 오늘도 전하시는 하나님의 말씀을 통해 우리의 심령에 큰 울림이 있게 하소서.

예수님의 이름으로 기도하옵나이다. 아멘.

[고후 2:15-16] 15 우리는 구원 받는 자들에게나 망하는 자들에게나
하나님 앞에서 그리스도의 향기니
16 이 사람에게는 사망으로부터 사망에 이르는 냄새요
저 사람에게는 생명으로부터 생명에 이르는 냄새라 누가 이 일을 감당하리요

처음이요 나중이며, 알파와 오메가이신 하나님,

찬양 : 영원하신 하나님을 찬양함

영원하신 왕, 곧 썩지 아니하고 보이지 아니하고 홀로 하나이신 하나님께 존귀와 영광을 돌리나이다. 오직 하나님만이 영원하고, 세상 모든 것에는 반드시 끝이 있음을 알게 하소서. 잠시 있다 사라질 세상 것들에 너무 마음 빼앗기지 않게 하시고, 영원하신 하나님을 믿고 순종함으로 영원한 생명과 축복을 얻게 하소서.

회개 : 상황에 휩쓸리지 않게 하소서

우리 삶은 형통한 날과 곤고한 날이 병행하는데, 그때그때 변하는 상

황에 휩쓸려 살아가는 우리를 불쌍히 여겨 주시옵소서. 잠시 형통하다고 방심하지 말고, 더욱 겸손히 주를 의지하게 하소서. 잠시 곤고하다고 낙심하지도 말고, 더욱 열심히 기도하며 승리하게 하소서. 비천에 처하든 풍부에 처하든, 어떤 상황 속에서도 "내게 능력 주시는 자 안에서 내가 모든 것을 할 수 있노라"고 고백할 수 있게 하소서.

감사 : 마른 뼈가 군대가 되게 하심을 감사함

골짜기의 마른 뼈와 같던 우리에게 성령의 생기를 불어넣어 주셔서, 이처럼 영적으로 살아나게 하시니 감사를 드립니다. 예배드릴 때마다 우리의 영이 더욱 힘을 얻게 하시고, 뼈가 서로 연결되고 힘줄이 생기며 가죽이 덮여, 십자가의 군대로 견고히 세워지게 하소서.

간구 : 더 성숙한 그리스도인이 되게 하소서

우리 모든 성도들이 그리스도의 편지가 되고 살아 움직이는 전도지가 되어, 우리를 통해 많은 사람들이 주께 돌아오게 하소서. 세상에 악취가 가득하다고 찡그리지만 말게 하시고, 우리가 온 세상을 향기롭게 하는 그리스도의 향기가 되게 하소서. 또한 그리스도의 사신이 되어 만민을 하나님과 화목하게 만드는 이 귀한 사명을 잘 감당할 수 있게 하소서. 오늘도 목사님께서 전하시는 말씀을 통해 모든 성도가 더 성숙한 그리스도인이 되게 하소서.

예수님의 이름으로 기도하옵나이다. 아멘.

7월 5주
주일 오전예배

[딤후 4:2] 너는 말씀을 전파하라 때를 얻든지 못 얻든지 항상 힘쓰라
범사에 오래 참음과 가르침으로 경책하며 경계하며 권하라

하늘에도 계시고 땅에도 계시며 바다 끝에도 계시는 하나님,

찬양 : 아니 계신 곳이 없으신 하나님을 찬양함

넓고 넓은 하늘이라도 감당할 수 없는 크신 하나님께서 우리의 작은
마음을 성전 삼고 거해 주시니 감사를 드립니다. 우리 안에 오신 하나님
을 항상 깨끗한 마음으로 잘 모실 수 있게 하소서. 하나님은 어디나 계시
므로 하나님의 눈을 피해 죄 지을 수 있는 곳은 없음을 알게 하소서. 또
한 어디서나 하나님께서 함께하심을 믿고 강하고 담대하게 하소서.

회개 : 더러운 어둠의 옷을 벗게 하소서

아직도 어둠의 옷을 입고 있는 우리를 용서하여 주시고, 어둠의 옷을

벗어 버리고 빛의 갑옷을 입게 하소서. 오직 주 예수 그리스도로 옷 입고 정욕을 위하여 육신의 일을 도모하지 않게 하소서. 옳은 행실을 통하여, 빛나고 깨끗한 세마포 옷을 입고 살아가게 하소서.

감사 : 믿음으로 세상을 이기게 하심을 감사함

힘든 세상 살면서 너무나 낙심할 때가 많습니다. 세상은 거대한 여리고 성과도 같고 세상 사람들은 장대한 아낙Anak 자손들 같아서, 우리가 자신을 볼 때에도 메뚜기같이 초라할 뿐입니다. 그러나 우리에게 믿음 주셔서 세상을 두려움의 대상이 아니라, 정복의 대상으로 볼 수 있게 하시니 감사드립니다. 이 시간 우리에게 여호수아와 갈렙 같은 믿음을 주셔서, "저들은 우리들의 밥이다"라고 담대히 외칠 수 있게 하여 주시옵소서.

간구 : 더욱 열심을 내어 복음을 전하게 하소서

우리 교회가 더욱 열심을 내어 복음을 전하게 하소서. 노방 전도, 관계 전도, 축호 전도, 직장 전도, 캠퍼스 전도 등 여러 통로들을 통해 복음이 힘 있게 증거되게 하소서. 우리 교회가 지역 사회 성시화와 민족 복음화에 쓰임받게 하시고, 세계를 교구 삼고 주의 일에 힘쓰는 교회가 되게 하소서. 오늘도 생명의 복음을 들고 강단에 서신 목사님께 능력을 더하여 주셔서, 이 시간 이곳이 은혜로 충만케 하소서.

예수님의 이름으로 기도하옵나이다. 아멘.

[벧전 1:22] 너희가 진리를 순종함으로 너희 영혼을 깨끗하게 하여
거짓이 없이 형제를 사랑하기에 이르렀으니
마음으로 뜨겁게 서로 사랑하라

나의 말과 행동과 마음까지도 다 아시는 하나님,

찬양 : 전지하신 하나님을 찬양함

내가 앉고 일어섬을 아시고, 나의 모든 생각과 내 혀의 말까지도 다 아시는 하나님을 찬양합니다. 나의 약함과 눈물과 고민과 아픔을 아시는 하나님께 영광을 돌립니다. 이 시간 사람은 나를 몰라줘도, 하나님은 나를 알아주심을 인하여 기쁘게 하소서.

회개 : 비교하며 사는 어리석음을 불쌍히 여기소서

우리가 참 어리석어서 남이 받은 달란트와 내가 받은 달란트를 비교하며 살 때가 많습니다. 남에게는 둘도 주시고 다섯도 주셨는데 나는 왜 하

나밖에 안 주셨냐고 불평하며 열등감에 빠져 사는 사람도 있습니다. 반대로 남은 하나밖에 못 받았는데, 나는 둘이나 받고 다섯이나 받았다고 뽐내며 우월감에 사로잡혀 사는 사람도 있습니다. 남이 받은 달란트와 내가 받은 달란트를 비교하며 살지 않게 하시고, 내가 받은 달란트와 내가 남긴 달란트를 비교하며 살게 하소서. 각자 받은 대로 최선을 다하여, 받은 만큼 남기는 충성된 종들이 되게 하소서.

감사 : 넘치도록 채워주심을 감사함

우리가 하나님께 드린 것은 지극히 작은데, 하나님께서는 많은 것으로 넘치도록 채워 주심을 감사드립니다. 하나님의 종 엘리야에게 작은 떡 한 개 만들어 준 사르밧 과부에게, 통의 가루가 떨어지지 아니하고 병의 기름이 없어지지 아니하게 하신 줄 믿습니다. 우리도 주의 일에 헌신하는 자들이 되어, 그런 기적의 산증인들이 되게 하여 주소서.

간구 : 교회의 여름 행사에 은혜를 내려 주소서

무더위 속에서도 뜨거운 날씨보다 더 뜨거운 믿음을 주셔서, 영적으로 이열치열의 승리를 거두게 하옵소서. 교회의 여름 행사들에 복을 내려 주셔서, 여름 성경학교와 수련회 등이 은혜 충만한 가운데 진행되게 하여 주시옵소서. 수고하는 담임 목사님과 모든 분들을 기억해 주시며, 이 여름 그들이 흘린 땀이 헛되지 않고, 하늘과 땅에 많은 열매로 맺히게 하소서.

예수님의 이름으로 기도하옵나이다. 아멘.

[사 60:1] 일어나라 빛을 발하라 이는 네 빛이 이르렀고
여호와의 영광이 네 위에 임하였음이니라

측량할 수 없을 만큼 지혜로우신 하나님,

찬양 : 하나님의 무한한 지혜를 찬양함

하나님의 지혜는 바다보다 깊고 하늘보다 높아서 사람은 하나님의 생각을 다 알지 못하고 하나님의 길을 찾지 못하나이다. 우리는 한 치 앞도 모르는 어리석은 존재임을 항상 기억하게 하시고, 겸손히 주의 인도를 구하게 하소서.

회개 : 헛된 자기만족에서 깨어나게 하소서

한국 교회가 자기만족에 빠져서 "나는 부자라 부요하여 부족한 것이 없다"라고 하지는 않는지 돌아보게 하소서. 차지도 아니하고 뜨겁지도 아

니하여 주님께서 토하여 버리고 싶은 교회가 되지 않게 하소서. 우리가 영적으로 곤고한 것과 가련한 것과 가난한 것과 눈먼 것과 벌거벗은 것을 보게 하시고, 열심을 내어 회개하게 하소서.

감사 : 광복의 은혜를 주심을 감사함

광복절을 맞이하여, 잃었던 빛을 다시 찾게 하신 하나님의 은혜를 감사합니다. 일제 치하의 36년 동안 나라를 빼앗기고, 이름을 강제로 바꿔야 했으며, 우리말도 마음대로 쓸 수 없었습니다. 청년들은 전쟁터로, 처녀들은 위안부로 끌려가야 했습니다. 그 고통 속에 시달리던 이 민족을 하나님께서 긍휼히 여기사 일제를 패망케 하시고, 이 땅에 자유와 독립을 회복해 주셨습니다. 우리에게 되찾아 주신 그 은혜의 빛을 이제는 온 세상에 비출 수 있게 하소서.

간구 : 남북이 복음으로 통일되게 하소서

광복의 기쁨을 온전히 누리지도 못한 채 일제 강점기보다 더 가혹한 통치 아래 신음하는 북녘 동포들을 기억해 주소서. 진정한 광복은 통일로 완성되는 줄 믿습니다. 하나님의 은혜로 속히 통일 한국이 되게 하소서. 다시는 약소민족의 서러움을 당하지 않도록 선진 한국 되게 하시며, 온 세계에 복음을 전하는 선교 한국이 되게 하소서. 이 사명을 위해 앞장서서 우리를 지도해 주시는 목사님께 늘 영육 간에 강건함을 허락해 주소서.

예수님의 이름으로 기도하옵나이다. 아멘.

[시 72:1] 하나님이여 주의 판단력을 왕에게 주시고
주의 공의를 왕의 아들에게 주소서

진실하신 하나님!

찬양 : 진실하여 신뢰할 수 있는 하나님을 찬양함

마음과 말과 행동이 항상 일치하여 온전히 신뢰할 수 있는, 진실하신 하나님을 찬양합니다. 서로 속고 속이며 살아가는 세상 속에서 누구와도 마음 터놓고 살지 못하는 우리가 진실하신 하나님 앞에 나왔습니다. 진실하신 하나님의 말씀을 확실히 믿고, 어김없는 하나님의 약속을 확고히 붙잡게 하소서. 또한 진실하신 하나님의 자녀로서, 항상 자신의 말에 책임을 지는 진실한 사람이 되게 하시고, 마음과 말과 행동이 일치하는 삶을 살게 하소서.

회개 : 하나님께 돌아오게 하소서

멀리 떠난 우리 영혼이 하나님께로 돌아오게 하소서. 돌아만 오면 찢으셨으나 도로 낫게 하실 것이요 치셨으나 싸매어 주실 줄 믿습니다. 하나님께서 상처를 싸매시며 회복해 주시면, 이전보다 더 좋아질 줄로 믿습니다. 달빛은 햇빛 같겠고 햇빛은 일곱 배가 되어 일곱 날의 빛과 같게 될 줄로 믿습니다. 회개하고 돌아오는 백성들마다 일곱 배의 복을 받게 하소서.

감사 : 무더위 속에 건강 주심을 감사함

연일 계속되는 무더위 속에서도 건강을 지켜 주시고, 이렇게 예배하며 쓰임받게 하시니 감사를 드립니다. 우리의 머리끝부터 발끝까지 지켜주셔서, 온갖 질병이 틈타지 못하게 하소서. 특별히 교회의 연약한 아이들과 연로한 성도들을 기억하시고, 은혜로 보호막을 씌워 주셔서 병마가 손대지 못하게 하소서. 병상에 있는 환우들도 속히 회복되게 하소서.

간구 : 위정자들에게 판단력과 지혜를 주소서

위정자들에게 주의 판단력과 지혜를 주셔서, 의와 공평과 진리로 이 나라를 잘 다스릴 수 있게 하소서. 악인이 흥왕하지 않고 의인이 흥왕하는 세상을 만들어 가게 하소서. 정의로운 통치가 소낙비같이 온 땅을 적시게 하시고, 공의가 마르지 않는 강처럼 흐르게 하소서. 오늘도 목사님을 통해 공의와 진리의 말씀이 우리의 심령에 온전히 선포되게 하소서.

예수님의 이름으로 기도하옵나이다. 아멘.

[전 3:4] 울 때가 있고 웃을 때가 있으며 슬퍼할 때가 있고 춤출 때가 있으며

거룩하신 하나님,

찬양 : 거룩하신 하나님의 위엄과 순결을 찬양함

거룩하신 하나님 앞에 누가 능히 설 수 있겠나이까? 보잘것없고 한없이 더러운 우리가 보혈을 의지하여 은혜의 보좌 앞에 담대히 나아갑니다. 보혈로 씻어 정케 하시고, 거룩하신 하나님 앞에 서게 하소서. "내가 거룩하니 너희도 거룩하라"고 하신 하나님. 거룩케 하시는 성령으로 충만케 하사, 언제 어디서나 거룩하고 선한 행실로 영광 돌리게 하소서.

회개 : 은밀한 중에 선을 행하게 하소서

우리가 신앙생활을 하면서, 사람에게 칭찬받고 영광 받으려 할 때가

너무 많습니다. 우리의 행하는 모든 선한 일들을 은밀한 중에 행할 수 있게 하소서. 오른손이 하는 것을 왼손도 모르게 구제하고, 골방에 들어가 문을 닫고 기도하며, 머리에 기름을 바르고 얼굴을 씻어 티 나지 않도록 금식하게 하소서. 그래서 오직 은밀한 중에 보시는 아버지께서 아시고, 인정해 주시고, 복 내려 주시는 우리 모두가 되게 하여 주시옵소서.

감사 : 주의 말씀 지키고 살게 하심을 감사함

비록 우리가 큰 능력은 없지만, 작은 능력을 가지고서도 예수님의 말씀을 지키며 예수님의 이름을 배반하지 않고 살아가게 하심을 감사드립니다. 주님의 말씀을 지키며 살아가고자 애쓰는 성도들을 기억하셔서, 그 앞에 열린 문의 축복을 허락하여 주소서. 주께서 문 열어 주시면 닫을 자가 없을 줄 믿습니다. 가는 곳마다 축복의 성문들이 활짝 열리게 하소서.

간구 : 말씀을 인해 울고 웃게 하소서

목사님을 통해 하나님의 말씀이 선포될 때에 아멘으로 화답하며 믿음으로 말씀을 받게 하소서. 말씀 듣다가 죄가 생각나 가슴을 치고 회개하며 울게 하소서. 또한 죄인 된 우리를 구원해 주시고 복 내려 주신 은혜를 기억하며, 기뻐하고 감사하게 하소서. 잠깐 있다 없어질 세상의 것 때문에 울고 웃으며 살지 않게 하시고, 영적인 일에 울고 웃으며 살게 하소서.

예수님의 이름으로 기도하옵나이다. 아멘.

[골 2:6-7] 6 그러므로 너희가 그리스도 예수를 주로 받았으니 그 안에서 행하되
7 그 안에 뿌리를 박으며 세움을 받아 교훈을 받은 대로
믿음에 굳게 서서 감사함을 넘치게 하라

자비하셔서 지극히 작은 미물까지도 돌보시는 하나님!

찬양 : 하나님의 자비로운 손길을 찬양함

공중의 새도 먹이시고 들의 백합화도 입히시는 하나님의 자비를 찬양합니다. 심히도 미천한 우리들을 보살펴 주시고 돌보아 주시는 하나님의 사랑에 감사를 드립니다. 내가 내 힘만으로 살아온 것이 아니라, 다 돌보시는 하나님의 은혜로 살아왔음을 고백합니다. 우리 삶이 다하는 그날까지 하나님의 자비로운 손길로 보살펴 주옵소서.

회개 : 자비롭지 못했던 삶을 회개함

자비하신 하나님을 믿고 사노라 하면서도, 약하고 힘없는 사람들에게

자비를 베풀지 못하고 그들을 무시하고 무관심했던 것을 용서해 주소서. 우리의 도움이 필요한 사람들을 찾아가, 작은 힘이나마 돕고 섬기며 살아갈 수 있도록 은혜를 주옵소서. 자비로우신 하나님의 자녀답게 우리도 자비로운 사람들이 되게 하시고, 가는 곳마다 주의 사랑 전하게 하소서.

감사 : 여름 행사들을 잘 마치게 하심을 감사함

여름 행사들이 잘 마치게 하심을 감사드립니다. 모든 행사들이 단순히 행사로만 그치지 않게 하시고, 많은 열매로 맺혀 가게 하소서. 우리의 자녀들에게 전해진 말씀들이 잘 박힌 못처럼 확실하게 믿어지게 하시고, 돌비에 새기듯이 마음 판에 깊이 새겨지게 하소서. 수고하신 모든 분들을 기억하셔서, 하늘의 신령한 복과 땅의 기름진 것으로 채워 주소서.

간구 : 말씀을 들을 때 영혼이 소성되게 하소서

말씀을 듣겠나이다. 주의 말씀이 고난 중에 위로가 되어, 우리의 영혼이 소성되게 하소서. 진토에 붙은 우리 영혼이 다시 살아나며, 근심에 눌려 녹아내리던 영혼이 다시 일어나게 하소서. 이 시간 눈을 열어 주의 말씀에서 놀라운 것을 보게 하시고, 귀를 열어 주님의 청아한 음성을 듣게 하소서. 내게 주신 생명과 축복의 말씀을 인하여 하루에 일곱 번이라도 찬양하게 하소서. 목사님을 통로 삼아 오늘도 귀한 말씀이 이 전에 가득 임하게 하소서.

예수님의 이름으로 기도하옵나이다. 아멘.

[빌 1:11] 예수 그리스도로 말미암아 의의 열매가 가득하여
하나님의 영광과 찬송이 되기를 원하노라

의로우신 하나님,

찬양 : 권선징악하시는 하나님을 찬양함

선행에는 반드시 상을 주시고 악행에는 반드시 벌을 내리시는 하나님의 공의를 찬양합니다. 선을 행하고 당장 보상이 없다고 낙심 말게 하시고, 악을 행하고 당장 심판이 없다고 방심하지 않게 하소서. 항상 두렵고 떨리는 마음으로 하나님 앞에서 바로 살아가게 하시고, 의로우신 하나님의 백성답게 언제 어디서나 의롭게 살아가게 하소서.

회개 : 하나님보다 자신을 우선한 것을 회개함

나 살기에만 바빴지 교회를 잘 돌보지 못한 죄를 용서하여 주소서. 하

나님의 일보다 자기 일을 앞세우며 살 때, 많이 뿌릴지라도 수확이 적고 먹을지라도 배부르지 못합니다. 마실지라도 흡족하지 못하고 입어도 따뜻하지 못할 줄 믿습니다. 일꾼이 삯을 받아도 구멍 뚫린 전대에 넣음같이 되는 줄 압니다. "나는 백향목 궁에 거하거늘 하나님의 궤는 휘장 가운데에 있도다"라며, 하나님의 집을 우선으로 생각하던 다윗의 믿음이 우리에게 늘 있게 하소서.

감사 : 많은 열매 맺게 하실 줄 믿고 감사함

하나님의 은혜 가운데 무더운 여름을 잘 이겨내고, 이제 새로운 마음으로 9월을 맞이하게 하시니 감사를 드립니다. 새 학기를 시작하는 자녀들에게 믿음과 지혜와 명철을 더하여 주시옵소서. 또한 모든 성도의 일터와 사업장에도 복 내리셔서, 많은 열매 맺는 가을이 되게 하소서.

간구 : 전도 대상자들의 마음에 빛을 비춰 주소서

세상 신이 그리스도의 복음의 광채가 비치지 못하도록 믿지 아니하는 자들의 마음을 혼미하게 하고 있습니다. 태초에 흑암을 향해 빛이 있으라 말씀하신 하나님. 하나님께서 역사하시면, 흑암 중에도 빛이 비치는 줄 믿습니다. 예수 그리스도의 얼굴에 있는 하나님의 영광을 아는 빛을 전도 대상자들의 마음에 비춰 주셔서, 그들도 구원에 이르게 하소서. 오늘도 목사님의 말씀을 통해 그 영광의 빛이 각 사람에게 비치게 하소서.

예수님의 이름으로 기도하옵나이다. 아멘.

[시 19:7-8] 7 여호와의 율법은 완전하여 영혼을 소성시키며
여호와의 증거는 확실하여 우둔한 자를 지혜롭게 하며
8 여호와의 교훈은 정직하여 마음을 기쁘게 하고
여호와의 계명은 순결하여 눈을 밝게 하시도다

사랑이 많으신 하나님!

찬양 : 하나님의 무한하신 사랑을 찬양함

수없이 하나님을 실망시켜드리는 우리를 버리지 않으시고, 끝없이 용서하시며 늘 새롭게 기회를 주시는 하나님을 찬양합니다. 하나님께서 주신 기회를 놓치지 않게 하시고, 하나님의 은혜에 보답하는 삶을 살게 하소서. 또한 오래 참고 용서하시는 하나님의 너그럽고 자비로운 마음을 본받아, 우리도 늘 다른 사람을 용서하며 살아가게 하소서.

회개 : 믿음이 없어서 염려하며 사는 것을 회개함

하나님은 지혜가 무궁하여 하늘의 수많은 별들의 수효를 세시고, 우

리의 머리털까지도 다 세시는 줄 믿습니다. 그러나 우리는 믿음이 부족하여, 아직도 염려하고 두려워하며 살아갑니다. 하나님의 허락이 없이는 참새 한 마리도 땅에 떨어지지 못함을 기억하게 하시고, 아무것도 염려하지 말고 살아가게 하소서. 하나님 한 분만 두려워하며 살면 세상에 두려울 것이 없음을 깨닫게 하시고, 강하고 담대한 믿음으로 살아가게 하소서.

감사 : 부족한 우리를 택하여 써 주심을 감사함

어느 모로 보나 부족할 뿐인 우리를 하나님 나라의 귀한 일꾼으로 세워 주시니 감사합니다. 무능하다 버리지 마시고 능력 주셔서 써 주시고, 미련하다 탓하지 마시고 지혜 주셔서 감당케 하소서. 더럽다 외면하지 마시고 주의 피로 깨끗이 씻어 사용해 주시옵소서. 미련한 자들로 지혜 있는 자들을 부끄럽게 하시고, 약한 자들로 강한 자들을 부끄럽게 하소서.

간구 : 말씀대로 행하게 하소서

독서의 계절인 가을이 왔습니다. 더욱 책을 가까이하되, 특별히 주의 말씀을 더 사랑하는 이 가을이 되게 하소서. 주의 말씀을 발에 등을 삼고 길에 빛을 삼아 방황하지 않게 하소서. 혹여 방황하다 고난을 당한 성도들 있을지라도 이제는 그 고난이 오히려 유익이 되어, 더욱 주의 말씀을 따라 살게 하소서. 오늘도 목사님을 통해 축복의 말씀이 온전히 증거되게 하소서.

예수님의 이름으로 기도하옵나이다. 아멘.

9월 3주
주일 오전예배

[롬 4:18] 아브라함이 바랄 수 없는 중에 바라고 믿었으니
이는 네 후손이 이같으리라 하신 말씀대로
많은 민족의 조상이 되게 하려 하심이라

창조주이신 하나님!

찬양 : 참되신 하나님을 섬기게 하심을 찬양함

헛되고 어리석은 잘못된 종교에 빠지지 않고, 창조주이신 참 하나님을 섬기는 바른 신앙으로 인도해 주시니 감사합니다. 내가 가진 모든 것 뿐만 아니라, 내 생명까지도 다 하나님께서 창조해 주신 것임을 깨닫고, 내 모든 것을 사용하여 하나님께 영광을 돌리게 하소서.

회개 : 두 마음을 품고 사는 것을 회개함

하나님을 사랑한다고 하지만 마음의 반만 하나님께 있고, 반은 엉뚱한 곳에 있을 때가 많습니다. 하나님과 재물을 겸하여 섬기지 못하고, 누

구든지 세상과 벗이 되고자 하는 자는 하나님과 원수가 된다고 하셨습니다. 두 마음 품지 않고 오직 마음을 다하여 하나님을 사랑하게 하소서. 마음을 다하고 뜻을 다하여 하나님을 찾아, 하나님을 만나게 하소서.

감사 : 가정 같은 교회, 교회 같은 가정되게 하심을 감사함

우리 교회를 축복하셔서 모든 성도가 주 안에서 한 가족처럼 지낼 수 있게 하시니 감사를 드립니다. 육신으로는 피 한 방울 섞이지 않았지만, 예수의 피로 하나가 되게 하셨습니다. 앞으로도 이렇게 화목한 분위기 속에서 믿음 생활 잘 할 수 있게 하소서. 또한 교회 같은 거룩한 가정들 되게 하심 감사드립니다. 앞으로도 가정 제단 더 잘 쌓게 하시고, 부모들이 가정의 제사장 사명 잘 감당하며, 자녀들을 성도로 양육해 가게 하소서.

간구 : 믿음을 더하여 주소서

우리가 입으로는 믿노라 하지만, 막상 현실의 문제에 부딪치면 너무나 믿음 없는 모습들이 나타날 때가 많습니다. 평소에는 믿음이 큰 것 같았지만, 막상 문제만 닥치면 믿음 적은 초신자처럼 되어 버립니다. 우리를 긍휼히 여겨주시고, 믿음을 더하여 주시옵소서. 그래서 "네 믿음이 크도다"라는 칭찬을 받게 하시고, "네 믿음대로 될지어다"라는 축복을 받게 하소서. 믿음은 들음에서 난다고 하셨사오니, 이 시간 목사님 통해 말씀을 들을 때 큰 믿음이 임하게 하소서.

예수님의 이름으로 기도하옵나이다. 아멘.

[잠 27:17] 철이 철을 날카롭게 하는 것 같이
사람이 그의 친구의 얼굴을 빛나게 하느니라

만복의 근원이신 하나님,

찬양 : 복 주시는 하나님을 찬양함

우리가 이 땅에 살면서 받는 모든 축복은 다 하나님께로부터 나오는 줄 알아 하나님께 영광을 돌립니다. 하나님께서 주시는 최고의 복은 영혼이 구원을 받아 하나님의 자녀가 되고, 영원한 생명과 천국의 영광을 소유하는 것인 줄 믿습니다. 우리에게 허락하신 이 신령한 복에 이 시간 하나님을 찬양하게 하시고, 이 복을 전하는 축복의 통로가 되게 하소서.

회개 : 우리의 마음을 정결케 하소서

마음으로 분노하기만 해도 살인이요 음욕만 품어도 간음이며 탐내기만 해도 절도라고 하셨습니다. 우리의 마음을 감찰하시는 하나님 앞에 우리는 하루에도 얼마나 많은 죄를 지으며 살아가는지 알 수 없습니다. 이 시간도 우리 안에 정한 마음을 창조하시고 정직한 영을 새롭게 하여 주소서. 우리 마음을 우슬초로 정결하게 하시고, 눈보다 희게 씻어 주소서.

감사 : 어려울 때 하나님을 바라보게 하심을 감사함

모든 문제의 해결자 되시는 하나님을 바라볼 수 있는 믿음을 주시니 감사드립니다. 감당할 수 없는 큰 문제를 만나 해결할 능력도 없고 어떻게 할 줄도 알지 못한 채, 오직 주만 바라보고 있는 백성들을 기억하여 주소서. 하나님께서 함께하심을 믿고 담대히 맞서 나가 싸우게 하시고, 하나님을 신뢰함으로 견고히 서서 하나님께서 친히 구원하심을 보게 하소서.

간구 : 만남의 복을 주소서

하나님께서는 복된 만남을 통해서 우리에게 복을 주시는 줄 믿습니다. 우리가 구세주 예수님을 만나게 하신 것을 감사드립니다. 또한 좋은 교회와 좋은 목사님, 좋은 성도님들을 만나게 하심을 감사드립니다. 우리 자녀들에게도 만남의 복을 주셔서, 좋은 친구, 좋은 선생님, 좋은 선후배, 동료들 만나게 하시고, 좋은 배우자도 만나게 하여 주소서. 오늘도 목사님의 설교를 통해 하나님의 말씀과의 복된 만남이 있게 하소서.

예수님의 이름으로 기도하옵나이다. 아멘.

[엡 5:16-18] 16 세월을 아끼라 때가 악하니라

17 그러므로 어리석은 자가 되지 말고 오직 주의 뜻이 무엇인가 이해하라

18 술 취하지 말라 이는 방탕한 것이니 오직 성령으로 충만함을 받으라

전능하신 하나님,

찬양 : 모든 능력의 근원이신 하나님을 찬양함

모든 능력은 전능하신 하나님께로부터 나오는 줄 믿습니다. 우리가 무슨 일이든 할 수 있었던 것은 우리의 능력이 아니라, 할 수 있게 하신 하나님의 능력임을 고백합니다. 무슨 일이든 할 수 있었을 때에 교만하지 말고, 할 수 있게 하신 하나님께 영광을 돌리게 하소서.

회개 : 자신만을 위해 살아가는 삶을 회개함

주를 위하여 산다고 하지만 가만히 돌이켜 보면 한 주간 내내 내 자신만을 위해 분주하게 살아왔음을 고백합니다. 우리를 용서하여 주시고,

삶의 목적을 다시 한 번 바로잡을 수 있게 하소서. 먹든지 마시든지, 무엇을 하든지, 다 하나님의 영광을 위해 하게 하소서. 사나 죽으나 주의 것이 되게 하시며, 살아도 주를 위해 살고 죽어도 주를 위해 죽게 하소서. 살든지 죽든지 우리를 통해 그리스도께서 존귀해지는 그런 삶을 살 수 있게 하여 주시옵소서.

감사 : 모든 것이 합력하여 선이 되게 하심을 감사함

모든 것이 합력하여 선을 이루게 하시는 하나님의 섭리에 감사를 드립니다. 지난 한 달도 힘든 일, 궂은 일 많았지만, 하나님께서는 이 모든 것들을 전화위복 되게 하실 줄 믿고 감사를 드립니다. 형들의 악을 선으로 바꾸어 요셉이 애굽의 총리가 되게 하신 하나님의 섭리가 함께하는 줄 믿습니다. 그 믿음을 가지고 강하고 담대하여, 끝까지 승리하게 하소서.

간구 : 세월을 아끼게 하소서

세월이 베틀의 북처럼 빠르게 흘러, 벌써 3/4분기가 다 지나고 이제 4/4 분기만 남았습니다. 우리에게 세월을 아낄 수 있는 지혜를 허락하셔서, 하루를 천년처럼 귀히 여기며 살게 하소서. 주의 뜻이 무엇인지 잘 분별하여 세월 허비하지 않고 효율적으로 살게 하소서. 이를 위해 술 취하지 말고 성령의 충만함을 받게 하시고, 늘 깨어서 기도하게 하소서. 오늘도 목사님께서 선포하시는 말씀을 통해 성령의 충만함이 임하게 하소서.

예수님의 이름으로 기도하옵나이다. 아멘.

10월 1주
주일 오전예배

[눅 10:2] 이르시되 추수할 것은 많되 일꾼이 적으니
그러므로 추수하는 주인에게 청하여 추수할 일꾼들을 보내 주소서 하라

모든 일들을 미리 계획하시고 이루어 가시는 하나님,

찬양 : 만사를 작정하시고 성취하시는 하나님을 찬양함

과거와 현재와 미래의 모든 일들을 기쁘신 뜻대로 작정하시고 이루어
가시는 하나님을 찬양합니다. 이 세상에 우연한 일은 없고, 아무리 사소
한 일이라도 다 하나님께서 미리 정해 놓으신 대로 이루어져 가는 줄 믿습
니다. 세상 어느 것도 하나님의 통제에서 벗어나 있는 일은 없으며, 결국엔
모든 것이 합력하여 선이 되게 하실 줄 믿고 감사하며 살아가게 하소서.

회개 : 듣기만 하고 행치 않음을 용서하소서

말씀을 듣기는 많이 들었으나 행함이 없음을 용서하소서. 우리는 거

울로 자기 얼굴을 보고는 돌아서면 곧 잊어버리는 것처럼, 하나님의 말씀을 듣고 곧 잊어버립니다. 말씀을 행하지는 않으면서 그 말씀을 알고 있는 것만으로 자기가 신앙 좋은 사람인 것처럼, 스스로 속을 때가 많습니다. 늘 말씀을 듣고 실천하는 자가 되어, 행하는 모든 일에 복을 받게 하소서.

감사 : 늘 우리를 지켜 주심을 감사함

늘 우리 나라를 불꽃 같은 눈으로 지켜보시며, 굳건히 보호해 주시는 하나님의 은혜에 감사를 드립니다. 10월에는 나라를 위해 헌신하시는 분들을 기념하며 1일은 국군의 날, 21일은 경찰의 날로 지킵니다. 국토 방위의 최전방에서, 민생 치안의 최전선에서 자신을 돌보지 않고 애쓰시는 분들을 기억해 주시고, 그들의 생명과 건강과 가정을 지켜 주시옵소서.

간구 : 추수의 기쁨을 주소서

곡식 추수도 중요하지만, 영혼 추수는 더 중요한 줄 압니다. "눈을 들어 밭을 보라 희어져 추수하게 되었도다"라는 주님의 음성을 듣게 하소서. 추수할 것은 많은데 일꾼이 적어 안타까워하시는 주님의 심정을 헤아리게 하소서. "주여 내가 여기 있사오니 나를 보내소서"라고 외치며, 영혼 추수를 위해 즐거이 헌신하게 하소서. 목사님을 통해 전해지는 말씀을 통해 큰 은혜를 받게 하시고, 우리가 더욱 열심을 품고 주를 섬기며 살아갈 수 있게 하여 주소서.

예수님의 이름으로 기도하옵나이다. 아멘.

10월 2주
주일 오전예배

[시 34:17] 의인이 부르짖으매 여호와께서 들으시고
그들의 모든 환난에서 건지셨도다

창세 전에 우리를 예정해 주신 하나님,

찬양 : 우리를 자녀 삼아 주신 하나님을 찬양함

우리를 구원하기로 선택해 주신 하나님의 사랑에 영광을 돌립니다. 우리가 다른 사람보다 더 선하거나 잘났기 때문에 선택해주신 것 아니요, 더 죄인이고 더 못났어도 무조건적인 은혜로 예정해 주신 줄 믿습니다. 아무 공로 없이 자녀로 예정해 주신 하나님의 은혜를 깊이 깨닫고, 하나님의 자녀다운 모습으로 더욱 거룩하게 살아가게 하소서.

회개 : 열매 맺지 못하는 삶을 회개함

가을이 깊어갈수록 온갖 나무들이 풍성한 열매들을 맺어갑니다. 우리

한 사람 한 사람을 불쌍히 여기셔서 잎사귀만 무성한 채 열매는 없는 삶이 되지 않도록 축복하여 주소서. 마음속에는 성령의 열매, 입술에는 찬양의 열매, 삶 속에는 전도의 열매가 주렁주렁 맺히게 하소서. 가지가 포도나무에 붙어 있지 아니하면 스스로 열매를 맺을 수 없음같이, 우리도 주님을 떠나서는 아무것도 할 수 없음을 깨닫게 하시고, 더욱 주님 안에 거하게 하소서.

감사 : 신앙의 자유를 누리며 살게 하심을 감사함

이 세상에는 신앙 때문에 가정과 직장, 재산과 명예와 생명까지도 잃게 되는 나라가 너무 많습니다. 특히, 북녘의 지하 교회 성도들은 말할 수 없는 박해 속에서 신앙생활을 하고 있습니다. 우리가 얼마나 좋은 환경 속에서 신앙생활하고 있는지 늘 기억하며 감사하게 하소서. 영적으로 나태하지 않고, 박해받는 성도들을 위해 더 열심히 기도하게 하소서.

간구 : 놀라운 기도 응답의 체험이 있게 하소서

여호와의 눈은 의인을 향하시고 그의 귀는 그들의 부르짖음에 기울이시며, 의인의 간구는 역사하는 힘이 크다고 하셨습니다. 날마다 주의 말씀 잘 순종하며 의인으로 살게 하셔서, 기도의 놀라운 응답을 체험하게 하소서. 오늘도 목사님께서 전해 주시는 말씀을 통해 더욱 하나님 앞에서 바르게 살아갈 수 있게 하소서.

예수님의 이름으로 기도하옵나이다. 아멘.

[벧전 1:8-9] 8 예수를 너희가 보지 못하였으나 사랑하는도다
이제도 보지 못하나 믿고 말할 수 없는 영광스러운 즐거움으로 기뻐하니
9 믿음의 결국 곧 영혼의 구원을 받음이라

만사를 홀로 주관하시며 섭리하시는 하나님,

찬양 : 하나님의 섭리를 찬양함

창조하신 만물을 그냥 버려두지 않으시고, 보존해 주시고 힘을 주시며 다스리시는 하나님의 섭리를 찬양합니다. 하나님께서 지속적으로 붙드시기 때문에 우리는 존재할 수 있으며, 하나님께서 순간순간 힘을 주시기 때문에 우리는 움직일 수 있습니다. 또한 하나님께서 다스리시기 때문에 결국은 선이 악을 이기는 줄 믿습니다. 그 섭리를 믿고 더욱 담대하게 하소서.

회개 : 믿음 없어 두려워하며 사는 삶을 회개함

한 주간 살면서 믿음 없이 행했던 우리를 불쌍히 여겨 주소서. 티끌

같은 문제도 태산처럼 크게 보고, 두려워하며 살았습니다. 이 시간 우리에게 큰 믿음을 주셔서, 태산 같은 문제도 티끌처럼 여기며 살아가게 하소서. 하나님 함께하시면, 큰 산도 우리 앞에서 평지가 될 줄로 믿습니다. 지렁이처럼 약한 우리들이지만 하나님께서 도와주시면 이가 날카로운 새 타작기가 되어, 산들을 쳐서 부스러기를 만들며 살 수 있게 될 줄로 믿습니다. 믿음을 더하여 주소서.

감사 : 하나님을 경외하며 살아가게 하심을 감사함

우리가 아직 부족한 부분도 많지만, 그래도 하나님을 경외하며 살고자 애쓰는 마음을 주시니 감사드립니다. 예배와 순종의 삶을 통해 하나님을 경외하는 구체적인 열매가 맺히게 하여 주소서. 하나님을 경외하는 자가 되어 하나님께서 친밀히 대해 주시는 복을 받게 하소서.

간구 : 주님을 더욱 사랑하게 하소서

목사님을 통하여 증거되는 말씀을 통해, 우리의 믿음이 더욱 굳건해지고 주님을 더욱 사랑하게 하소서. 예수님 당시의 유대 백성들은 예수님을 보고도 믿지 못하였고, 제자라고는 하나 도마는 부활하신 예수님을 보고서야 믿었습니다. 우리는 예수님을 보지 못하고도 믿는 복 있는 사람들이 되게 하소서. 믿음의 선진들처럼 예수를 보지 못하였으나 사랑하게 하시고, 믿고 말할 수 없는 영광스러운 즐거움으로 기뻐하게 하소서.

예수님의 이름으로 기도하옵나이다. 아멘.

[엡 3:20-21] 20 우리 가운데서 역사하시는 능력대로 우리가 구하거나
생각하는 모든 것에 더 넘치도록 능히 하실 이에게
21 교회 안에서와 그리스도 예수 안에서 영광이
대대로 영원무궁하기를 원하노라 아멘

삼위일체이신 하나님,

찬양 : 삼위일체 하나님의 존재를 찬양함

성부와 성자 그리고 성령의 삼위일체로 존재하시는 하나님. 성삼위께 동등한 영광과 찬양을 올려드리나이다. 한 하나님이시면서도 서로 구별된 세 인격으로 존재하시는 하나님. 하나이면서도 셋이시고, 셋이면서도 하나이신 이 신비한 존재 양식을 우리는 다 이해할 수 없고, 오직 찬양드릴 뿐입니다. 성삼위께 온전한 영광 돌리는 예배가 되게 하여 주소서.

회개 : 경건의 모양만 있고 능력은 없음을 용서하소서

말세에는 사람들이 자기를 사랑하고 돈을 사랑하며, 쾌락을 사랑하기

를 하나님 사랑하는 것보다 더한다고 했습니다. 경건의 모양은 있으나 경건의 능력은 없어서, 말세의 세상 사람들과 별반 차이 없이 살아가고 있는 우리들을 용서하여 주소서. 우리에게 능력을 주셔서, 세상에 물들지 않고, 오히려 세상을 예수님의 보혈로 물들이며 살게 하소서.

감사 : 주께서 역사하시는 현장 속에 살게 하심을 감사함

한국 교회를 축복하셔서 살아 역사하시는 주님의 놀라운 권능이 충만하게 하시니 감사드립니다. 이천 년 전 주께서 왔다 간 흔적을 보기 위해 이스라엘로 성지 순례를 가지만, 바로 지금 주께서 역사하시는 생생한 현장을 보기 위해 열방이 한국 교회로 몰려오는 일들이 있게 하시니 감사를 드립니다. 세계의 어느 나라 교회보다도 뜨겁게 예배하고 기도하며, 의롭고 거룩하게 살아가고, 온 세상에 복음을 전하게 하소서.

간구 : 넘치도록 응답하소서

목사님께서 선포하시는 말씀을 통해, 기도 응답에 더 큰 확신을 얻게 하소서. 아들을 구한 한나에게 사무엘을 주셨으며, 세 아들과 두 딸까지 더하여 주신 하나님. 지혜를 구한 솔로몬에게 전무후무한 지혜를 주셨을 뿐 아니라, 부귀와 영광까지도 허락해 주셨던 하나님. 우리가 구하거나 생각하는 모든 것에 더 넘치도록 응답되는 귀한 축복이 있게 하소서.

예수님의 이름으로 기도하옵나이다. 아멘.

10월 5주
주일 오전예배

[롬 11:36] 이는 만물이 주에게서 나오고 주로 말미암고 주에게로 돌아감이라
그에게 영광이 세세에 있을지어다 아멘

거룩한 삼위일체 하나님,

찬양 : 삼위일체 하나님의 사역을 찬양함

천지를 창조하시기도 전에 우리를 구원하여 자녀 삼으시기로 예정하신 성부께 영광을 돌리나이다. 성부의 예정을 이루기 위해 십자가 위에서 우리를 대신해 죽으심으로 구원을 이루신 성자께 찬양을 드립니다. 성자께서 성취하신 구원이 각 개인에게 적용되도록, 믿음을 주시는 성령께 영광 돌리나이다. 마음과 뜻을 다해 성삼위께 올리는 이 예배를 받아 주소서.

회개 : 선데이 크리스천이 되지 않게 하소서

이스라엘 백성은 무수히 많은 제물을 바치고, 주마다 월마다 절기마

다 거르지 않고 제사를 드렸습니다. 그러나 성회와 더불어 악을 행하는 그들의 삶 때문에, 오히려 그 모든 것이 가증하여 견디지 못하겠다고 하셨습니다. 오늘 우리가 그런 모습은 아닌지 두렵습니다. 교회에 와서 예배는 잘 드려 놓고 교회만 나서면 악을 행하는 자가 되지 않게 하소서. 주일에 예배드리는 한두 시간만 크리스천으로 사는 것이 아니라, 매일의 삶 전체가 거룩한 산제사 되게 하소서.

감사 : 늘 개혁되고 새로워지게 하심을 감사함

마르틴 루터가 1517년 10월 31일에 비텐베르크 교회의 정문에 로마 교황청의 오류를 지적하는 95개조의 반박문을 붙인 것을 기념하여, 10월 마지막 주일을 종교개혁주일로 드립니다. 오직 성경, 오직 믿음, 오직 은혜의 개혁 정신을 잃어버리지 않게 하시고, 날마다 개혁되고 날마다 새로워져 오직 하나님께만 영광 돌리는 개신교회가 되게 하여 주시옵소서.

간구 : 자손들의 앞길을 열어 주소서

우리 자손들에게 복을 주시되 하나님께서 그들보다 앞서가셔서 험한 곳을 평탄하게 하시고, 놋문을 쳐서 부수며, 쇠빗장을 꺾고 축복의 성문을 열어 주시옵소서. 흑암 중의 보화와 은밀한 곳에 숨은 재물을 주셔서, 물질적으로도 어려움을 당하지 않게 하소서. 말씀을 전하시는 목사님을 붙드시고, 그 말씀이 우리 자손들의 심령에 깊이 박히게 하소서.

예수님의 이름으로 기도하옵나이다. 아멘.

[시 84:10] 주의 궁정에서의 한 날이 다른 곳에서의 천 날보다 나은즉
악인의 장막에 사는 것보다 내 하나님의 성전 문지기로 있는 것이 좋사오니

나의 빛이요 구원이신 하나님,

찬양 : 두려움을 몰아내고 담대함을 주시는 하나님을 찬양함

한 주간도 우리는 세상 속에서 살면서 많은 것을 두려워하며 살았습니다. 사람을 두려워하고 실패를 두려워하고, 문제와 죽음을 두려워하며 살았습니다. 우리에게 큰 믿음을 주셔서, 모든 두려움이 다 사라지게 하소서. "여호와는 나의 빛이요 나의 구원이시니 내가 누구를 두려워하리요 여호와는 내 생명의 능력이시니 내가 누구를 무서워하리요"라고 선포하게 하소서.

회개 : 죄와 사망의 법에서 해방하소서

우리의 결심과 의지만으로는 죄를 이길 수 없습니다. 선을 행하기를

원하지만, 오히려 원치 않는 악을 행해 버릴 때가 많은 우리를 불쌍히 여겨 주소서. 그리스도 예수 안에 있는 생명의 성령의 법만이 죄와 사망의 법에서 우리를 해방할 수 있는 줄 믿습니다. 죄성을 따라 살지 않고, 성령을 따라 행함으로 율법을 지킬 수 있는 힘과 능력을 받게 하소서.

감사 : 주의 뜰에 살게 하심을 감사함

주께서 택하시고 가까이 오게 하사 주의 뜰에 살게 하시니 감사합니다. 우리의 영혼이 주의 성전의 아름다움으로 만족하게 하소서. 주 앞에 나온 귀한 백성들이 주의 집의 살진 것으로 풍족하게 하시고, 주의 복락의 강물을 마시게 하소서. 하나님께 예배하는 동안 은혜를 충만히 받아, 영혼은 만족을 누리고 뼈는 견고해지는 복을 받게 하소서. 하나님의 은혜로 우리의 삶이 물 댄 동산 같게 하시고 물이 끊어지지 않는 샘같이 되어서 근심이 없게 하옵소서.

간구 : 필요한 양식으로 먹이소서

혹 우리가 배불러서 하나님을 모른다 할까 두렵사오니 지나치게 부하게도 마옵시고, 혹 우리가 가난하여 도둑질 할까 두렵사오니 지나치게 가난하게도 마옵소서. 오직 필요한 양식으로 우리를 먹여 주시고, 주어진 모든 환경 속에서 감사하며 살게 하소서. 목사님께서 전하시는 말씀을 통해, 교만한 심령은 낮아지고 낙심된 심령은 세워지게 하소서.

예수님의 이름으로 기도하옵나이다. 아멘.

[시 20:4] 네 마음의 소원대로 허락하시고 네 모든 계획을 이루어 주시기를 원하노라

늘 우리를 지키시고 보호해 주시는 하나님,

찬양 : 하나님의 보호하심을 찬양함

우리를 눈동자같이 지켜 주시고 은혜의 날개 그늘 아래에 보호해주시는 하나님의 사랑을 찬양합니다. 주께 피하는 자들을 오른손으로 구원해 주시고, 수치를 당하지 않게 하소서. 주께 피하는 자는 다 기뻐하며, 주의 보호로 말미암아 영원히 기뻐 외치게 될 줄로 믿습니다. 우리가 주를 바라오니 성실과 정직으로 보호하여 주시고, 모든 환란에서 건져 주소서.

회개 : 겉과 속이 일치하게 하소서

우리가 겉은 회칠한 무덤처럼 번지르르하고 아름답게 보이나, 속은 죽

은 사람의 뼈와 모든 더러운 것이 가득한 위선자로 살아가지 않게 하소서. 은밀한 중에 마음 중심까지도 다 꿰뚫어 보시는 하나님 앞에서, 진실하고 겸손한 모습으로 살아가게 하소서.

감사 : 새 가족들을 보내 주심을 감사함

올 해도 우리 교회에 많은 새가족들을 보내 주심을 감사드립니다. 함께 신앙생활하게 된 귀한 지체들이 몸 된 교회에 잘 적응할 수 있도록 은혜 주시옵시고, 크게 쓰임받는 귀한 일꾼들이 되게 하소서. 뿌리 없는 나무는 거목이 될 수 없사오니, 예배 때마다 은혜받게 하시고 속한 구역이나 셀에서 잘 뿌리내리게 하소서. 새가족을 위해 늘 수고하시는 영접 위원들과 바나바 대원들에게 힘과 능력을 더하여 주시고, 앞으로도 더 귀히 쓰임받게 하소서.

간구 : 승리의 삶을 살게 하소서

우리가 이 땅에 살면서 승리의 삶을 살게 하여 주시옵소서. 믿음으로 세상을, 선으로 악을 이기게 하시며, 성령의 소욕을 따라 육체의 소욕을 이기게 하소서. 특별히 수능을 준비하느라 있는 힘을 다해 공부하며 가슴 졸이고 있을 수험생들을 기억하시고, 그들의 마음의 소원대로 모든 계획을 이루어 주시옵소서. 오늘도 목사님께서 말씀 전하실 때, 듣는 자마다 힘 주시고 능력 더하여 주셔서 영육 간에 승리자가 되게 하소서.

예수님의 이름으로 기도하옵나이다. 아멘.

[시 50:23] 감사로 제사를 드리는 자가 나를 영화롭게 하나니
그의 행위를 옳게 하는 자에게 내가 하나님의 구원을 보이리라

우리를 버리지 않고 늘 따뜻하게 맞아 주시는 하나님,

찬양 : 우리를 영접해 주시는 하나님을 찬양함

"너희는 내 얼굴을 찾으라"하시는 주의 약속을 붙들고, 주의 얼굴을 찾아 성전에 나왔나이다. 주의 얼굴을 숨기지 마시고, 주의 종들을 버리지 마소서. 설령 부모는 우리를 버릴지라도 하나님은 우리를 영접해 주실 줄 믿습니다. 이 아침 하나님의 선하심을 맛보게 하소서.

회개 : 행함과 진실함으로 사랑하게 하소서

예수님은 우리를 위해 목숨까지도 아낌없이 내어 주셨는데, 우리는 형제의 궁핍함을 보고도 도와줄 마음을 닫아 버릴 때가 많았음을 용서하

소서. 우리가 말과 혀로만 사랑하지 말고, 오직 행함과 진실함으로 하게 하소서. 행함이 없는 믿음은 죽은 믿음이듯이, 행함이 없는 사랑도 죽은 사랑인 줄 압니다. 우리 사랑이 말 뿐이 아니라, 구체적인 실천이 있게 하소서.

감사 : 감사하는 자에게 더 큰 축복을 주심을 감사함

추수감사절을 맞아 하나님께 감사하는 백성들에게 더 큰 감사의 조건들이 쌓이게 하소서. 받은 복을 세어 보라고 하셨사오니, 하나님께서 이미 허락하신 크고 작은 축복을 찾아 감사하게 하소서. 또한 육체의 가시처럼 힘들고 어려운 문제들이 있더라도, 내 영적인 유익을 위해 하나님께서 허락하신 또 다른 은혜로 만들어 감사하게 하소서. 삶 속에 곤고하고 낙심되는 일이 많더라도, 결국에는 범사가 합력하여 선을 이룰 줄 믿고 감사하게 하소서. 찾아서 감사, 만들어서 감사, 믿고 감사하는 능력을 주소서.

간구 : 늘 순종하는 백성들이 되게 하소서

여호와를 자기 하나님으로 삼는 백성은 복이 있다고 하셨사오니, 이 나라 이 민족이 그 복을 받게 하소서. 늘 순종하는 백성이 되어서 하나님께서 철따라 이른 비와 늦은 비를 내려 주심으로 산물이 넘치게 하소서. 곳간에는 백곡이 가득하게 하시고, 새 곡식으로 말미암아 묵은 곡식을 치우게 하소서. 목사님의 설교 말씀을 통해, 온 교회에 은혜가 가득하게 하소서.

예수님의 이름으로 기도하옵나이다. 아멘.

[눅 19:10] 인자가 온 것은 잃어버린 자를 찾아 구원하려 함이니라

늘 우리의 기도를 들으시는 하나님,

찬양 : 기도를 들으시고 복 주시는 하나님을 찬양함

주의 지성소를 향하여 손을 들고 부르짖나이다. 하나님이여 우리의 간구하는 소리를 들어 주소서. 오늘도 우리의 마음이 하나님을 의지하여 도움을 얻게 하시고, 크게 기뻐하며 하나님을 찬송하게 하소서. 간구하는 주의 백성들을 구원해 주시고, 그들의 산업에 복을 주시며, 친히 목자가 되사 영원토록 인도하여 주시옵소서.

회개 : 급히 분을 내는 허물을 용서하소서

사람이 성내는 것이 하나님의 의를 이루지 못하므로 성내기를 더디 하

라고 하셨는데, 순간적인 혈기를 절제하지 못하고 급히 분을 내 버리고 마는 때가 많습니다. 절제되지 못한 성급한 화로 인해 소중한 사람들에게 상처를 주고, 가정에 그늘을 드리우며, 공동체에 아픔을 주었던 허물들을 용서하여 주소서. 하나님께 회개할 뿐 아니라 상처받은 사람들에게도 진정으로 사과하여, 묶이고 꼬여 버린 관계들이 땅에도 하늘에서도 다 풀리게 하소서.

감사 : 기도할 수 있게 하심을 감사함

귀를 지으신 하나님. 귀를 기울여 들어 주소서. 눈을 지으신 하나님. 눈을 떠서 보시옵소서. 여러 가지 문제에 매여 숨조차 제대로 쉬지 못한 채 근심 중에 고통하던 심령들이 주님 앞에 나오게 하심을 감사합니다. 막혔던 영혼의 숨통이 터지고, 죽어가던 심령이 다시 살게 하소서.

간구 : 잃어버린 영혼들을 다시 찾게 하소서

우리에 양이 아흔아홉 마리나 있지만, 잃어버린 양 한 마리를 잊지 못해 들로 산으로 찾아 나서는 목자의 심정을 우리에게도 주소서. 잃어버린 한 드라크마를 찾아 등불을 켜고 온 집안을 쓸며, 찾아내기까지 부지런히 찾는 여인의 마음이 우리에게도 있게 하소서. 돌아온 탕자를 간절히 기다리던 아버지의 마음을 우리도 갖게 하소서. 오늘도 목사님께서 전하시는 말씀을 통해 잃어버린 영혼들을 향한 간절함을 회복하게 하소서.

예수님의 이름으로 기도하옵나이다. 아멘.

11월 5주
주일 오전예배

[눅 12:37] 주인이 와서 깨어 있는 것을 보면 그 종들은 복이 있으리로다
내가 진실로 너희에게 이르노니
주인이 띠를 띠고 그 종들을 자리에 앉히고 나아와 수종들리라

우리를 향해 크고 놀라운 계획을 갖고 계시는 하나님,

찬양 : 계획대로 이루어 주실 하나님을 찬양함

이 시간 온갖 악기와 새 노래로 하나님을 찬양하게 하소서. 사람의 계획은 무산되고 사람의 생각은 깨어질 때가 많지만, 하나님의 계획은 영원히 서고 하나님의 생각은 대대에 이를 줄 믿습니다. 우리를 향한 놀라운 계획들과 보배로운 생각들이 다 이루어지게 하옵소서.

회개 : 복음을 부끄러워하지 않게 하소서

바울은 복음을 전하다가 옥에 갇히고도 부끄러워하지 않았는데, 우리는 이 복음을 부끄러워하며 익명의 크리스천으로 살아가고 있음을 용서

하소서. 우리에게 강하고 담대한 믿음을 주셔서, 언제 어디서 누구 앞에서도 자신이 크리스천임을 당당히 밝힐 수 있게 하소서. 모든 믿는 자에게 구원을 주는 하나님의 능력인 이 복음을 담대히 전하게 하소서.

감사 : 한 해 동안도 채워 주심을 감사함

한 해 동안도 교회의 재정을 붙들어 주심 감사드립니다. 작년 말에 믿음으로 예산은 세웠지만 다 채워질 수 있을지 걱정이 많았는데, 모든 필요를 채워 주신 은혜에 영광을 돌립니다. 예산이 남은 기관이 있거든 허투루 쓰이지 않도록 잘 갈무리하게 하소서. 혹여 예산이 부족해 어려움 당한 기관들이 있었다면 내년에는 더욱 규모 있게 쓸 수 있는 지혜를 주시고, 생각지 못한 곳에서 채워 주시는 하나님의 은혜도 체험하게 하소서.

간구 : 각 기관 총회에 함께하소서

각 기관 총회가 은혜 중에 잘 진행되어, 내년도 각 기관을 섬길 귀한 일꾼들이 하나님의 뜻대로 잘 세워질 수 있도록 역사하여 주시옵소서. 일 년 동안 수고한 일꾼들을 기억하여 주시옵소서. 일 년 내내 교회를 위해 마음을 쓰고 몸을 드려 헌신하며, 귀한 물질과 시간을 바쳐 섬긴 저들의 노고를 기억하시고, 복을 내려 주시옵소서. 오늘도 강단의 말씀을 듣고 은혜받아, 주님의 몸 된 교회를 더욱 사랑하며 즐거이 헌신할 수 있게 해 주소서.

예수님의 이름으로 기도하옵나이다. 아멘.

[시 31:19] 주를 두려워하는 자를 위하여 쌓아 두신 은혜
곧 주께 피하는 자를 위하여 인생 앞에 베푸신 은혜가 어찌 그리 큰지요

만복의 근원이시며 복 주시기를 기뻐하시는 하나님,

찬양 : 복 있는 자로 살게 하시는 하나님을 찬양함

우리에게 은혜 주셔서 악인들의 꾀를 따르지 않고, 죄인들의 길에 서지 않으며, 오만한 자들의 자리에 앉아 있지 않게 하심을 찬양합니다. 오직 여호와의 율법을 즐거워하여, 주의 전에 나와 말씀 듣게 하시니 감사를 드립니다. 우리가 시냇가에 심은 나무처럼 철을 따라 열매를 맺으며 잎사귀가 마르지 않게 하셔서, 범사가 형통케 하여 주시옵소서.

회개 : 우리를 죄에서 자유케 하소서

우리가 알고 지은 죄도 많지만 모르고 지은 죄는 더 많습니다. 주의 보

혈로 흠뻑 적셔 주셔서, 모든 죄를 다 씻어 주소서. 깨닫고 회개한 죄도 많지만, 깨닫고 회개하지 않은 죄가 많습니다. 고집부리고 회개하지 않음으로 하나님의 진노를 머리 위에 쌓아가지 않게 하시고, 속히 회개하여 털어 버리게 하소서. 성령으로 죄의 굴레를 끊어 버리고, 자유함을 얻게 하소서.

감사 : 은혜를 쌓아 놓고 기다려 주심을 감사함

한 해의 마지막 달을 열며, 지금까지 우리를 도와주신 하나님께 감사를 드립니다. 우리는 아무것도 모른 채 한 해를 시작했는데, 하나님께서는 미리 다 아시고 우리를 인도해 주셨습니다. 올 한 해를 어떻게 살아야 하나 막막할 때도 있었는데, 하나님께서는 은혜를 쌓아 놓고 우리를 기다려 주셨습니다. 12월 이 한 달, 어느 달보다도 감사가 넘치게 하여 주시옵소서.

간구 : 남은 날 계수하는 지혜를 주소서

우리의 인생은 잠깐 자다가 깬 한바탕 꿈과도 같고, 아침에는 피었다가 저녁에는 시들어 버리는 풀의 꽃과 같습니다. 세월이 순식간에 날아가 버리는 화살과도 같이 빠르게 지나갑니다. 백 년도 채 못 사는 이 짧은 인생에 우리에게 남은 날을 계수할 수 있는 지혜로운 마음을 주셔서, 세월 허비하지 않고 주의 영광을 위해 최선을 다하게 하소서. 오늘도 목사님께서 증거하시는 말씀을 통해 우리가 더욱 지혜를 얻게 하소서.

예수님의 이름으로 기도하옵나이다. 아멘.

[딤후 3:15] 또 어려서부터 성경을 알았나니 성경은 능히 너로 하여금
그리스도 예수 안에 있는 믿음으로 말미암아
구원에 이르는 지혜가 있게 하느니라

부르짖을 때마다 성산에서 응답해 주시는 하나님,

찬양 : 붙들어 주신 하나님을 찬양함

지난 한 해를 돌이켜 볼 때 얼마나 문제도 많고 시험도 많았는지요? 어려울 때마다 방패가 되어 주시고 영광이 되어 주시며 우리가 머리를 들고 살 수 있게 해주신 하나님께 영광을 돌립니다. 하나님께서 붙들어 주시기에, 천만인이 에워싸 진 친다 하여도 두려워하지 않게 하소서.

회개 : 믿음 없는 우리를 용서하소서

하나님을 믿노라고 고백은 하지만, 정작 믿음이 필요한 때에는 믿음 없는 모습으로 서 있는 우리들을 용서해 주소서. "나의 영혼아 잠잠히 하

나님만 바라라 무릇 나의 소망이 그로부터 나오는도다"라고 노래하던 다윗의 믿음을 우리에게도 부어 주소서. 하나님께서 가장 좋은 때에 가장 좋은 것으로 주실 줄 믿고, 미리 감사하며 영광 돌리게 하소서.

감사 : 구원과 축복의 말씀인 성경을 주심을 감사함

특별히 12월 둘째 주일 성서주일을 맞이하여 우리에게 성경을 주신 하나님께 영광과 찬양을 돌립니다. 세상에 많은 책들이 있지만, 오직 성경만이 구원에 이르는 지혜를 가르쳐 주는 줄 믿습니다. 성경은 교훈과 책망과 바르게 함과 의로 교육하기에 유익한 줄 알아, 성경 말씀으로 잘 교육받아 온전한 그리스도인이 되게 하소서. 성경 말씀을 전 세계에 보급하기 위해 힘쓰는 모든 분들을 기억하여 주시고, 그 사역에 복을 더해 주소서.

간구 : 국민을 위해 헌신하는 분들에게 은혜 주소서

나라를 지키기 위해 수고하는 국군 장병들과 국민의 생명과 재산을 지키기 위해 불철주야로 애쓰는 경찰 및 소방 공무원들의 노고를 기억하게 하소서. 이 추운 겨울에 저들의 건강을 붙들어 주시고, 머리끝부터 발끝까지 은혜로 감싸 주소서. 또한 그들을 복음화하기 위해 수고하고 애쓰시는 군목, 경목 등 주의 종들의 사역에 많은 열매 허락하소서. 목사님께서 전해 주시는 말씀을 듣고 은혜받아, 우리도 이 나라와 민족의 영적 파수꾼이 되게 하소서.

예수님의 이름으로 기도하옵나이다. 아멘.

[엡 2:14] 그는 우리의 화평이신지라 둘로 하나를 만드사
원수 된 것 곧 중간에 막힌 담을 자기 육체로 허시고

땅과 바다와 하늘의 온갖 피조물들을 먹이시는 하나님,

찬양 : 한 해 동안 채워주신 은혜를 찬양함

지으신 그 많은 생명들에게 때 따라 먹을 것을 주신 하나님께 영광을 돌립니다. 특별히 주의 백성들에게 그 욕심대로는 채워 주지 않으셨을지 몰라도, 그 필요한 것은 다 채워 주신 은혜를 찬양합니다. 하늘의 창고는 다함이 없어서, 내년에도 더 많고 귀한 것으로 채워 주실 줄 믿습니다. 채우시는 하나님을 신뢰하며, 기대감을 갖고 연말을 보내게 하소서.

회개 : 물질에 매여 살았던 것을 회개함

정함이 없는 재물에 소망을 두고 살았던 우리를 용서하여 주시고, 모

든 것을 후히 주사 누리게 하시는 하나님께 소망을 두며 살게 하여 주소서. 자신만을 위해 움켜쥐며 살아가는 인색한 자가 되지 않게 하시고, 선한 사업을 많이 하고 나누어 주기를 좋아하는 사람이 되게 하소서. 특별히 이 연말연시에 나누며 베풀게 하셔서, 장차 천국에 좋은 터를 쌓게 하소서.

감사 : 낮고 낮은 땅에 주님 오심을 감사함

근본 하나님의 본체이면서도 하나님과 동등한 영광을 취하려 하지 않으시고, 자기를 비워 종의 형체로 사람이 되어 이 땅에 오신 예수님께 감사를 드립니다. 죄 많은 우리를 구원하시기 위해 자신을 낮추시고, 십자가에 죽기까지 복종하신 예수님의 은혜를 찬양합니다. 이 시간 모든 입으로 예수님을 주님이시라고 고백하며 영광을 돌리게 하소서.

간구 : 막힌 담이 허물어지게 하소서

일 년을 살면서 서로 마음에 담이 생긴 것들이 있다면 이 시간 그 담이 다 허물어지게 하소서. 가정에서는 부모와 자녀, 형제와 자매간에, 교회에서는 교역자와 성도, 성도와 성도 간에, 나라에서는 여와 야, 노와 사, 동과 서, 남과 북이 다 예수 안에서 하나되어 화평하게 하소서. 오늘도 화목케 하는 복음의 말씀을 듣고 강단에 서신 목사님을 붙들어 주시고, 온 교회에 화평의 복음이 가득하게 하소서.

예수님의 이름으로 기도하옵나이다. 아멘.

[계 2:10] 너는 장차 받을 고난을 두려워하지 말라 볼지어다
마귀가 장차 너희 가운데서 몇 사람을 옥에 던져 시험을 받게 하리니
너희가 십 일 동안 환난을 받으리라 네가 죽도록 충성하라
그러면 내가 생명의 관을 네게 주리라

늘 우리와 함께해 주시고 인도해 주시는 하나님,

찬양 : 생명의 길을 열어 주실 하나님을 찬양함

주께 피하는 백성들을 뿌리치지 않으시고, 늘 옆에 머물러 인도해 주심을 감사드립니다. 이 시간도 우리가 주께 피하나이다. 지켜 주소서. 항상 하나님을 내 앞에 모시고 살면 우리는 흔들리지 않을 줄 믿습니다. 주의 우편에 거하며 살면 우리에게 생명의 길을 보여주실 줄 믿습니다. 주와 동행하는 앞길에 충만한 기쁨과 영원한 즐거움이 넘치게 하소서.

회개 : 음란하고 패역한 이 세대를 용서하소서

소돔과 고모라에는 불 심판을 내려 후세에 거울이 되게 하셨다고 했

습니다. 그럼에도 그들을 거울 삼지 못하고, 오히려 더 음란하고 패역하게 살아가는 이 세대를 용서하소서. 특별히 소돔과 고모라는 동성애로 인해 하나님의 극도의 진노를 불러일으킨 것을 기억하게 하소서. 동성애에 대하여 수용적인 사회 분위기에 휩쓸리지 않고, 중심을 잘 지키게 하소서.

감사 : 한 해도 귀히 써 주심을 감사함

심히도 부족한 우리들을 올 한 해도 주님의 귀한 사역에 써 주심을 감사합니다. 잘 해보겠다고 했던 것이 오히려 일을 그르치는 경우도 많았는데, 너그러이 포용해주심을 감사드립니다. 마음과는 달리 다른 사람들에게 상처와 아픔을 준 때도 있었는데, 잘 수습해 주심도 감사를 드립니다. 새해에는 더욱 성숙하고 지혜로운 모습으로 쓰임받을 수 있게 하시며, 주님 부르시는 그날까지 책임 충성 다하다가 의의 면류관을 받게 하소서.

간구 : 하나님께 최우선 순위를 두게 하소서

하나님을 존중히 여기는 자는 하나님께서도 그를 존중히 여기시고, 하나님을 멸시하는 자는 하나님께서도 그를 경멸하시는 줄 믿습니다. 첫 열매로 여호와를 공경함으로, 영육 간에 창고가 가득히 차고 축복의 포도즙 틀에 새 포도즙이 넘치게 하소서. 목사님께서 전하시는 설교 말씀을 통해, 그 무엇보다도 하나님을 귀히 여기고 더욱 경외하게 하소서.

예수님의 이름으로 기도하옵나이다. 아멘.

[삼상 7:12] 사무엘이 돌을 취하여 미스바와 센 사이에 세워 이르되
여호와께서 여기까지 우리를 도우셨다 하고
그 이름을 에벤에셀이라 하니라

지금까지 우리를 도와주신 좋으신 하나님,

찬양 : 일 년 동안 동행해 주신 하나님을 찬양함

일 년 동안 한순간도 우리 곁을 떠나지 않고 동행해 주신 하나님의 사랑을 찬양합니다. 지금까지 도와주신 에벤에셀의 하나님을 찬양합니다. 이 시간도 우리와 함께하시는 임마누엘의 하나님을 찬양합니다. 내년에도 더 큰 은혜를 주실 여호와 이레의 하나님을 찬양합니다.

회개 : 잎사귀만 무성한 것을 회개함

우리가 일 년동안 나름대로는 분주하게 이것저것을 하며 살았지만, 일 년을 마감하는 지금 살펴보면 뚜렷한 열매가 없어 부끄럽습니다. 악하고

게으른 종이 되어 아무것도 하지 않은 채 땅만 버리고 열매는 못 맺었습니다. "한 해만 더 기회를 주소서"라는 절박한 마음으로 기도하오니, 내년에는 많은 열매를 맺어 하나님을 기쁘시게 하는 우리가 되게 하소서.

감사 : 한 해 동안 지켜 주신 은혜에 감사함

지난 한 해 동안도 우리를 영육 간에 지켜 주셔서 은혜 중에 마지막 주 예배를 드릴 수 있도록 축복하신 하나님의 사랑에 감사를 드립니다. 우리는 순간순간 우리 자신에게 소홀할 때가 많았지만, 하나님께서는 졸지도 않고 주무시지도 않고 우리를 지켜 주셨습니다. 돌아보면 참 위험한 순간들도 많이 있었는데, 하나님께서 낮의 해와 밤의 달도 우리를 해치지 못하도록 지켜 주신 것을 감사드립니다. 이 시간 큰 영광을 받아 주소서.

간구 : 새 일을 행하실 하나님을 기대하게 하소서

하나님께서 맡겨 주신 양떼들을 돌보느라 눈 붙일 겨를도 없이 보내신 목사님을 위로해 주시고, 새해에도 목양 사역을 능히 감당하실 수 있도록 영육 간에 강건함과 재충전을 허락하여 주시옵소서. 각 기관과 구역과 부서에서 애쓰신 모든 분들의 수고를 기억하여 주시고, 그들의 모든 수고가 하나님 앞에 서는 그날에 다 빛나는 면류관이 되게 하여 주시옵소서. 새로운 마음으로 새해를 맞이할 수 있게 하시고, 내년에도 새 일을 행하실 하나님을 기대하게 하소서.

예수님의 이름으로 기도하옵나이다. 아멘.

2장

절기예배

01
설날

만복의 근원이신 하나님,

찬양 : 풍요와 행복을 주심을 찬양함

우리 민족의 고유 명절인 설날을 맞아 하나님께 감사와 찬양을 올려
드립니다. 우리가 누리는 모든 풍요와 행복은 만복의 근원이신 하나님께
로부터 내려오는 줄 믿습니다. 사랑하는 모든 성도들 어느 곳에 있든지
우상 섬기는 자리에 서지 않게 하시고, 믿지 않는 가족과 친지들에게 진
리의 복음을 전하게 하소서.

회개 : 다시 한 번 새 출발하게 하소서

새해 첫날을 시작하면서 여러 가지로 하나님 앞에 서원하며 결단했던

일들이 많이 있었는데, 대부분 잊어버린 채 지나 버리고 말았습니다. 우리에게 음력으로 또 한 번의 설날을 주셨으니, 다시 한번 새로운 각오로 올 한 해를 새 출발할 수 있게 하여 주시옵소서.

감사 : 이웃을 돌아볼 수 있는 마음을 주심을 감사함

쓸쓸히 명절을 보내고 있는 소외되고 어려운 이웃들을 긍휼히 여기는 마음을 우리에게 주시니 감사를 드립니다. 비록 작은 것이지만 우리가 할 수 있는 최선의 것으로 구제할 수 있게 하시고, 주님의 사랑으로 저들을 섬기며 사랑을 나누는 훈훈한 설날이 되게 하소서.

간구 : 모두가 기쁜 명절이 되게 하소서

즐거운 명절에 즐겁지만은 않은 아픈 가슴들을 위로해 주시옵소서. 아직 취업이 되지 않아서, 결혼이 늦어져서, 직장을 잃어서, 사업에 어려움이 있어서 기쁜 마음으로 명절을 보내지 못하고 있는 심령들을 위로해 주소서. 다음 설날에는 모든 마음의 소원들이 다 이루어져서, 크게 기뻐하며 명절을 보낼 수 있게 하여 주시옵소서. 또한 수십 년째 고향을 찾지 못하고 가족들을 만나지 못하고 있는 실향민들에게도 은혜 주셔서, 꿈에 그리던 고향에 돌아가 사랑하는 가족들과 이 기쁜 명절을 보낼 수 있는 날이 속히 올 수 있게 하여 주시옵소서. 말씀을 전하시는 목사님을 붙드시고, 듣는 자마다 큰 은혜와 축복을 누리게 하여 주시옵소서.

예수님의 이름으로 기도하옵나이다. 아멘.

02
사순절

독생자를 주시기까지 우리를 사랑하신 하나님,

찬양 : 십자가의 사랑을 찬양함

하나밖에 없는 영광스러운 독생자를 벌레 같은 우리들을 위해 내어주신 하나님의 크신 은혜에 영광을 돌립니다. 하나님의 뜻에 순종하여 우리 죄를 대신 지고 십자가의 길을 걸어가신 예수님의 놀라운 사랑에 찬양을 드립니다. 하나님의 은혜와 예수님의 사랑을 마음 깊이 새기며 사순절을 보내고자 하오니, 성령으로 충만케 하여 주시옵소서.

회개 : 넓은 길만 가고자 했던 것을 회개함

예수님은 "누구든지 나를 따라오려거든 자기를 부인하고 자기 십자가를 지고 나를 따를 것이니라"고 하셨습니다. 하지만 우리는 아직도 자기를 온전히 부인하지 못하고, 자신의 성공과 유익만을 위해 살 때가 너무 많습니다. 남에게는 십자가 지라고 하면서, 정작 자신은 십자가를 회피하며 삽니다. 주님을 따르기보다는 세상과 육신의 소욕을 따르는 우리를 용서해 주소서. 넓은 길만 가고자 했던 삶을 돌이켜, 주님 가신 좁은 길로 나아갈 수 있게 하소서.

감사 : 약한 것만 자랑하게 하심을 감사함

우리 교회가 여러 가지 자랑할 것도 많이 있겠지만 그 모든 것들은 다 내려놓고, 오직 약한 것만 자랑하게 하시니 감사를 드립니다. 강한 것 자랑하며 사람의 자랑만 넘치는 교회가 되지 않고, 앞으로도 늘 오히려 약한 것 자랑하며 하나님의 은혜만 높이는 교회가 되게 하소서.

간구 : 서로 겸손히 발을 씻기게 하소서

주와 스승이신 예수님께서 친히 종과 제자인 사도들의 발을 씻기셨습니다. 섬김은 낮은 자가 마지못해 높은 자를 모시는 것이 아니라, 오히려 높은 자가 기쁜 마음으로 낮은 자를 돌보는 것임을 보여 주셨습니다. 섬김을 받는 자보다 섬기는 자가 더 성숙한 자임을 알게 하시고, 온 교회에 섬김의 실천이 가득하게 하소서. 늘 앞장서 섬기시는 담임 목사님을 기억해 주시고, 오늘도 말씀 전하실 때 능력의 장중에 붙들어 주소서.

예수님의 이름으로 기도하옵나이다. 아멘.

03 종려주일

우리의 구원자 되시는 좋으신 하나님,

찬양 : 아들을 보내 주신 하나님을 찬양함

예수님의 승리의 예루살렘 입성을 기념하는 종려주일로 지킬 수 있도록 은혜를 주신 하나님께 경배와 찬양을 돌리나이다. 죄와 사망의 권세에서 우리를 구원하시기 위해 독생자를 보내 주신 하나님의 사랑을 온 마음을 다해 찬양하며 영광 돌리는 이 아침이 되게 하소서.

회개 : 돌아서면 원망, 불평했음을 회개함

예루살렘의 백성들은 예수님께서 예루살렘에 입성하실 때 종려나무 가지를 흔들고, "호산나 호산나!"를 외치며 영접했습니다. 하지만 예수님이 로마를 물리치고 자신들을 해방시켜 주리라는 기대가 무산되자, 불과 몇 날이 못 되어 "예수를 십자가에 못 박으소서!"라고 소리 질렀습니다. 우리 안에도 그런 죄성이 있음을 고백합니다. 주께 감사한다며 찬양하다가도, 자신의 기대대로 되지 않으면 금방 돌아서면서 원망하고 불평할 때가 많습니다. 우리를 불쌍히 여겨 주셔서, 오직 한결같은 마음으로 주님을 섬기게 하소서.

감사 : 주님을 찬양할 수 있음을 감사함

오늘 종려주일 특별 찬양을 준비하여 영광 돌릴 찬양대를 기억하시고, 저들의 찬양을 통해 큰 영광을 받아 주시옵소서. 또한 오늘 예배를 통해 온 회중이 주님을 찬양하며 영광 돌리게 하시니 감사를 드립니다. 어린아이와 젖먹이의 찬양을 온전케 하신 하나님께서 어린아이와 같은 마음으로 즐겁게 찬양하는 우리 모두를 기쁘게 받아 주시옵소서.

간구 : 겸손하고 온유하신 예수님을 본받게 하소서

군림하며 섬김을 받으려 하기보다는 나귀 타고 겸손히 예루살렘 성에 입성하신 예수님의 온유하신 모습을 바라봅니다. 평화의 왕으로 오신 예수님을 늘 삶 속에 모시고, 가는 곳마다 화평케 하는 하나님의 자녀들이 되게 하여 주시옵소서. 오늘도 목사님께서 전하시는 말씀을 통해 큰 은혜를 받게 하시고, 더욱 예수님 닮아가는 우리 모두가 되게 하소서.

예수님의 이름으로 기도하옵나이다. 아멘.

04

고난주간

사랑이 많으시고 은혜가 풍성하신 하나님,

찬양 : 독생자를 내어 주신 사랑을 찬양함

죄인 중에 괴수와도 같은 우리를 구원하시기 위해, 독생자를 내어 주신 하나님의 사랑에 찬양을 드립니다. 그가 찔림으로 우리의 허물이 가려지고, 그가 상함으로 우리의 죄악이 사해진 줄 믿습니다. 그가 징계를 받으므로 우리는 평화를 누리고, 그가 채찍에 맞으므로 우리는 나음을 받은 줄 믿습니다. 이 고난주간에 예수님의 십자가의 공로가 하나도 헛되이 땅에 떨어지지 아니하고, 우리에게 다 적용되고 성취되게 하옵소서.

회개 : 단 잔만 마시려 한 삶을 회개함

주님은 "내 아버지여 만일 할 만하시거든 이 잔을 내게서 지나가게 하옵소서 그러나 나의 원대로 마시옵고 아버지의 원대로 하옵소서"라고 기도하셨습니다. 주님은 우리를 위해 이처럼 쓴 잔을 마셨는데, 주를 따르는 우리들은 단 잔만 찾아다니며 살고 있음을 용서하소서. 세상이 주는 달콤한 잔에 취하여 사명 잃어버리지 않게 하소서. 주님 주시는 쓰디쓴 고난의 잔을 그 어떤 단 잔보다도 더 달게 여기며 마실 수 있게 하소서.

감사 : 특별 새벽기도회에 은혜 주심을 감사함

고난주간을 맞아 특별 새벽기도회를 갖게 하시고, 시간 시간 은혜 내려주심을 감사드립니다. 사랑하시는 귀한 성도들을 기억하시고, 드린 기도가 넘치도록 응답되게 하소서.

간구 : 고난 뒤의 영광을 바라보게 하소서

믿음의 눈을 열어 주셔서, 십자가가 끝이 아님을 보게 하소서. 갈보리 언덕 너머에는 부활의 동산이 있음을, 십자가의 가시관 없이는 부활의 면류관도 없음을 알게 하소서. 우리가 잠시 받는 환난의 경한 것이 지극히 크고 영원한 영광의 중한 것을 이룸을 믿게 하소서. 그리스도의 남은 고난을 그의 몸 된 교회를 위해 우리 몸에 채우며 살아가게 하소서. 목사님께 영감을 주셔서, 예수님의 고난의 신비를 온전히 증거하게 하소서.

예수님의 이름으로 기도하옵나이다. 아멘.

05
부활주일

우리에게 부활과 영생을 주시는 하나님,

찬양 : 예수님의 부활이 우리의 부활 되게 하심을 찬양함

예수님께서는 우리 죄를 대신 지고 십자가에서 죽으셨고, 죽으신지 사흘 만에 부활하셨습니다. 이 놀라운 사건을 기념하며 부활절 예배로 드릴 수 있도록 은혜 주신 하나님께 찬양과 영광을 돌려드리나이다. 예수님의 죽음이 우리의 죽음이었던 것처럼, 예수님의 부활도 곧 우리의 부활임을 믿습니다. 이 아침 부활의 기쁨이 충만한 예배가 되게 하소서.

회개 : 부활의 믿음대로 살지 못함을 회개함

죽음마저도 이기는 부활의 능력을 믿고 산다고 하면서도, 삶 속에 찾아오는 작은 문제들 앞에서 너무나 쉽게 무너지고 마는 우리들을 불쌍히 여겨 주소서. 우리의 믿음에 늘 부활의 능력이 충만히 임하게 하셔서, 그 어떤 문제들도 능히 이겨낼 수 있는 승리의 삶을 살게 하여 주소서.

감사 : 부활절 새벽예배를 드리게 하심을 감사함

부활절을 맞아 한국 교회가 연합하여 부활절 새벽예배로 드릴 수 있게 하심을 감사드립니다. 천만 성도가 더욱 한마음, 한뜻되어 조국 교회의 부흥을 위해 힘쓰게 하시고, 사망의 어두운 그늘 아래 있는 저 북녘 땅에까지 생명의 빛을 환하게 비추게 하소서.

간구 : 부활의 증인으로 살아가게 하소서

예수님의 죽으심과 부활하심을 믿음으로 구원을 얻게 하시고, 이제 부활의 증인으로 우리를 세워 주심을 감사합니다. 땅끝까지 이르러 예수님의 부활을 증거하는 부활의 증인이 되게 하소서. 부활을 믿기에 이 세상의 그 무엇도 아까울 것 없고, 그 무엇도 두려울 것 없게 하소서. 예수님의 부활을 경축하며 특별한 찬양으로 준비한 찬양대를 기억하여 주시고, 오늘 그 찬양을 통하여 큰 영광을 거두어 주시옵소서. 부활의 기쁜 소식을 전하시는 목사님께 영력을 더하여 주셔서, 이 전이 부활의 기쁨으로 충만케 하여 주시옵소서.

예수님의 이름으로 기도하옵나이다. 아멘.

06

성령강림절

우리를 변함없이 사랑하시는 하나님,

찬양 : 성령을 보내 주신 하나님을 찬양함

오늘 성령강림절을 맞아 우리를 고아같이 홀로 버려두지 않으시고, 성령님을 보내 주신 은혜를 찬양합니다. 성령을 사모하며 주의 전에 나온 백성들에게, 성령의 충만함을 부어 주소서. 성령으로 하지 않고는 거듭 날 수도 없고, 예수님을 믿을 수도 없습니다. 급하고 강한 바람처럼, 갈라지는 불의 혀처럼 우리에게 임하여 주시옵소서. 성령의 생수가 우리 안에 흐르게 하시고, 가물어 메마른 땅 같은 우리의 심령에 성령의 단비가 내리게 하소서. 마른 뼈같이 무기력한 인생에 성령의 생기가 불어오게 하시며, 성령을 기름 붓듯 부어 주셔서 사명 감당할 권세를 주시옵소서. 성령의 열매를 맺어 예수님 닮은 인격으로 살아가게 하시고, 성령의 은사를 받아 예수님 닮은 능력으로 쓰임받게 하소서.

회개 : 성령을 거스른 죄를 회개함

하나님께서는 우리에게 성령을 주시고 성령의 소욕대로 살라고 하셨는데, 우리는 어리석어서 성령의 소욕은 거스르고 육체의 소욕대로 살 때가 많습니다. 자기의 육체를 위하여 심는 자는 육체로부터 썩어질 것을 거두고 성령을 위하여 심는 자는 성령으로부터 영생을 거두리라고 하셨사오니, 날마다 육체를 쳐서 복종시키며 오직 성령에 붙들려 살게 하소서.

감사 : 세계 선교에 쓰임받게 하심을 감사

120문도가 성령의 충만함을 받고 각국 방언으로 말하며 복음을 전했던 것처럼, 한국 교회가 성령으로 충만하게 되어 땅끝까지 복음 전하게 하시니 감사합니다. 앞으로도 더욱 큰 권능을 받아, 우리가 전하는 복음이 모든 국경을 뛰어넘게 하소서.

간구 : 성령의 기름을 부어 주소서

말씀 전하시는 목사님께 성령의 기름을 흠뻑 부어 주셔서, 성령 충만한 중에 주의 뜻을 온전히 선포할 수 있게 하여 주시옵소서. 동일한 은혜가 말씀 듣는 온 회중에게도 임하게 하소서.

예수님의 이름으로 기도하옵나이다. 아멘.

07

성탄절

영원토록 찬양을 받으시기에 합당하신 하나님,

찬양 : 구세주를 보내 주신 은혜를 찬양함

죄와 사망의 권세에 매여 영원한 멸망에 떨어질 우리를 긍휼히 여기시고, 독생 성자 예수님을 이 땅에 구세주로 보내 주신 은혜에 찬양을 올립니다. 거룩한 성탄절을 맞아 하나님께 경배를 드리오니, 지극히 높은 곳에서는 하나님께 영광이 되고, 땅에서는 하나님이 기뻐하신 사람들 중에 평화가 가득하게 하소서.

회개 : 높은 곳에만 서려 했던 것을 회개함

예수님은 하나님과 동등하게 지극히 영광스러운 분이신데, 우리를 위해 그 영광을 다 내려놓고 가장 낮은 땅으로 오셨습니다. 허름한 마굿간의 냄새나는 구유에 자신을 누이셨고, 나중엔 십자가에 달리기까지 하셨습니다. 그 예수님을 믿으면서도 할 수만 있으면 높은 곳에 서려고 애쓰는 우리를 불쌍히 여겨 주소서. 늘 낮은 곳에 마음을 두고 주의 사랑을 실천하게 하소서.

감사 : 나눔과 섬김이 있게 하심을 감사함

구주 탄생을 축하하는 이 기쁜 날을 우리끼리만 즐기지 않고, 주변의 어렵고 소외된 이웃들과 함께 나눌 수 있게 하심을 감사드립니다. 교회에서 준비한 작은 선물들을 나눌 때, 저들에게도 구원의 놀라운 축복이 임하게 하소서. 교회가 늘 지역 사회에 빛이 되게 하시고 소금이 되게 하시며, 믿지 않는 사람들에게도 칭송받는 교회가 되게 하소서.

간구 : 여러 행사들을 통해 큰 영광을 받으소서

성탄절을 축하하며, 어제는 성탄 전야 행사로 드렸습니다. 하나님께서 함께하시고 큰 영광을 받으신 줄 믿습니다. 수고하신 모든 분들에게 큰 복을 내려 주시옵소서. 오늘은 성탄절 칸타타와 기관별 친교의 시간을 갖고자 합니다. 순서마다 함께하셔서 영광 거두어 주시고, 구주 탄생의 기쁨이 온 교회에 넘치게 하옵소서. 성탄예배를 인도하실 목사님께도 충만함을 허락하시고, 구원의 이 기쁜 소식을 온전히 선포하게 하옵소서.

예수님의 이름으로 기도하옵나이다. 아멘.

08

송구영신

늘 언제나 우리와 함께하시는 하나님,

찬양 : 연초부터 연말까지 함께하신 은혜를 찬양함

올 한 해 동안도 우리를 홀로 버려두지 않으시고, 늘 동행해 주신 하나님의 사랑에 감사를 드립니다. 연초부터 연말까지 한순간도 눈을 떼지 않으시고, 늘 우리를 지켜 보호해 주신 은혜에 찬양을 드립니다. 이 예배 중에 함께하사, 큰 영광을 받아 주소서.

회개 : 하나님을 온전히 신뢰하지 못했음을 회개함

하나님께서는 이처럼 늘 함께하시며 일마다 때마다 도와주셨는데, 우리는 너무도 믿음이 부족하여 마치 하나님 없는 자처럼 살 때가 많았음을 고백합니다. 하나님을 온전히 신뢰하지 못하고, 염려와 근심과 불안 속에 살아왔던 날들이 너무 많습니다. 항상 기뻐하라고 하셨는데, 하나님께서 허락하신 365일 중에 과연 몇 날이나 온전히 기뻐하며 살았는지 돌아보게 하시고, 내년에는 더 큰 믿음으로 살아갈 수 있게 하소서.

감사 : 넘치도록 부어 주신 은혜를 감사함

우리의 믿음은 한없이 작았지만 하나님의 은혜는 한없이 컸습니다. 돌아보면 은혜 아닌 것이 하나도 없습니다. 각자의 삶 속에, 가정과 교회에, 일터와 사업장에, 나라와 민족에 하나님께서 올 한 해 넘치도록 부어 주신 모든 축복들을 기억하며 감사합니다. 감사로 제단을 쌓는 복된 무리들을 기쁘게 받아 주시고, 내년에도 더 큰 복을 내려 주시옵소서.

간구 : 모든 부정적인 것이 긍정적으로 변화되게 하소서

한 해 동안 우리 삶에 있었던 모든 부정적인 것들은 흘러가는 시간과 함께 다 떠나가 버리게 하소서. 또한 올 한 해 동안 간절히 원했지만 아직 이루어지지 못한 소원들이 있습니다. 밝아오는 새해와 함께 모든 긍정적인 것들이 우리 삶에 찾아오게 하소서. 목사님을 통해 하나님의 말씀이 선포될 때에 우리의 심령 또한 새롭게 되는 놀라운 은혜가 임하게 하소서. 변하여 새사람 되어, 새해를 맞이할 수 있게 하소서.

예수님의 이름으로 기도하옵나이다. 아멘.

3장

주일 오후예배

01
주일 오후(1)

은혜로우시고 자비로우신 하나님,

거룩하고 복된 성일에 세상 헛된 곳에서 방황하지 않고, 이렇게 온종일 주의 전에 머물며 영광 돌리고 은혜받게 하시니 감사를 드립니다. 말세가 되어 갈수록 모이기를 폐하는 일이 늘어간다고 하셨는데, 우리 교회는 그런 풍조에 휩쓸리지 않게 하소서. 서로 돌아보아 사랑과 선행을 격려하며, 모이기에 더욱 힘쓰는 교회가 되게 하여 주시옵소서.

특별히 이 오후 시간은 주의 말씀을 사모하는 심령들이 모였나이다. 주의 말씀이 불이 되어 우리 안의 죄성을 태워 주시고, 방망이가 되어 못난 자아를 깨뜨려 주시옵소서. 주신 말씀이 검이 되어 죄와 사탄을 물리치게 하시고, 발에 등불이 되어 실족하지 않게 하소서. 말씀을 듣다가 지혜를 얻게 하시고, 진리 안에서 참 자유를 누리게 하소서.

하루 종일 교회를 위해 여러 가지로 수고하고 애쓰는 헌신자들을 기억해 주시옵소서. 그들에게 은혜 주셔서 비록 육체적으로는 힘들고 피곤할지라도, 영적으로는 세상이 줄 수 없는 만족과 기쁨이 차고 넘치게 하소서. 특별히 강단에 세워 주신 목사님께 새 힘을 내려 주셔서, 이 오후 시간에도 은혜로운 말씀이 선포되게 하소서.

예수님의 이름으로 기도하옵나이다. 아멘.

02
주일 오후(2)

세세토록 찬양받으시기에 합당하신 하나님,

이른 새벽녘부터 늦은 황혼녘까지 주의 전에 거하며, 주일을 온전히 성수할 수 있도록 복 주심을 감사드립니다. 주일은 내 날이 아니요 주님의 날임을 늘 잊지 말게 하시고, 일주일에 하루만이라도 주께 온전히 드릴 수 있는 우리 모두가 되게 하소서.

오후 시간에 함께 모여 찬양하게 하시니 감사를 드립니다. 교회에 늘 찬양이 넘치게 하시고, 성도들의 가정과 일터에도 늘 찬양이 차고 넘치게 하소서. 특별히 경배와 찬양으로 영광 돌리는 찬양팀을 기억하여 주소서. 저들의 찬양이 이사야가 본 천사들의 찬양 같아서, 성전 문지방의 터가 요동하며 성전에 하나님의 영광이 가득하게 하소서. 악한 영들은 두려워 떨며 일곱 길로 물러가게 하시고, 이 전에 오직 성령으로만 충만하게 하소서.

말씀을 듣고 강단에 서신 목사님을 붙잡아 주셔서, 이 시간도 말씀을 듣는 우리의 심령이 주의 은혜에 붙들리게 하소서. 상처받은 심령을 말씀으로 싸매어 주시고, 지친 영혼에게 생기를 불어넣어 주시옵소서. 그래서 이 오후 예배에 받은 은혜로 월요일을 힘차게 시작할 수 있게 하시고, 한 주간 내내 승리의 삶을 살 수 있게 하여 주시옵소서.

예수님의 이름으로 기도하옵나이다. 아멘.

03

주일 오후(3)

교회를 성전 삼고 거하시는 하나님,

구름이 회막에 덮이고 여호와의 영광이 성막에 충만함같이, 교회에 하나님의 임재가 가득하게 하소서. 우리 교회가 사람만 모였다가 흩어지는 초라한 공간이 되지 않게 하시고, 하나님의 눈과 귀와 마음이 항상 머무는 복된 교회가 되게 하소서. 이 오후 시간도 하나님의 임재하심을 강하게 느끼며, 온 몸으로 누리는 우리 모두가 되게 하소서.

특별히 주일 오후 시간에 청년들이 많이 모일 수 있게 하소서. 주의 권능의 날에 주의 백성이 거룩한 옷을 입고 즐거이 헌신하게 하시되, 새 벽이슬 같은 주의 청년들이 주께 나아오게 하소서. 저들이 이곳에서 마음껏 찬양하고 말씀 듣고 은혜받으며, 비전을 보게 하시고 꿈을 펼쳐 갈 수 있게 하소서. 교회는 최선을 다해 저들을 뒷받침하여, 세대를 거듭할수록 더욱 부흥하고 귀하게 쓰임받는 교회가 되게 하소서.

구원과 축복의 말씀을 전하기 위해 강단에 서신 목사님을 성령으로 충만히 채워 주셔서, 성령께서 주시는 영적 권위와 능력으로 주의 말씀을 힘 있게 선포하실 수 있게 하소서. 모든 성도는 전해진 말씀에 "아멘 아멘"으로 화답하며, 행함으로 옮기게 하소서.

예수님의 이름으로 기도하옵나이다. 아멘.

04

주일 오후(4)

여호와 라파, 치료의 하나님,

하나님께서 허락하신 이 복된 날에 오전에도 큰 영광을 돌리며 은혜를 받게 하시고, 이렇게 또한 오후에 함께 모여 영광 돌리며 은혜받게 하시니 감사를 드립니다. 이 오후 시간에도 더 큰 영광을 받으시고, 갑절의 은혜를 내려 주시옵소서.

하나님은 치료의 하나님이신 줄 믿습니다. 하나님의 은혜로 병든 몸, 병든 마음, 병든 생각, 병든 인생이 다 치료받는 오후 예배 시간이 되게 하소서. 마라처럼 쓴 물 나는 인생이 단물 나는 인생으로 바뀌게 하소서. 이곳에서 예배하다가 실로암 연못처럼 영안이 열리게 하시고, 주저앉은 인생이 벌떡 일어나 사명길을 걸어가는 베데스다가 되게 하소서. 믿음의 기도는 병든 자를 구원하고, 죄를 범하였을지라도 사하심을 받으리라고 하셨사오니, 우리가 서로 죄를 고백하며 병이 낫기를 위하여 서로 기도하게 하소서.

하루 종일 숨 돌릴 겨를도 없이 성역에 힘쓰시는 목사님께 영육 간에 강건함을 내려 주셔서, 이 시간도 말씀 사역을 잘 감당하실 수 있도록 은혜 더하여 주소서. 모든 성도들에게도 영적인 힘을 주셔서, 한 주간도 세상에 휩쓸려 내려가지 않고 거슬러 올라가는 믿음 되게 하소서.

예수님의 이름으로 기도하옵나이다. 아멘.

05
주일 오후(5)

예배 중에 함께하시고 영광 받으시는 하나님,

악인의 장막에 사는 것보다 하나님의 성전의 문지기로 있는 것을 좋게 여겨, 주의 전에 머물며 쓰임받는 믿음 되게 하시니 감사를 드립니다. 겸손히 사모하며 쓰임받는 귀한 백성들마다 은혜와 영화를 주시며, 모든 좋은 것을 아끼지 아니하고 내려 주시옵소서.

이 오후에 드려지는 예배가 단지 양적으로만 갑절로 드리는 예배가 되지 않게 하시고, 질적으로도 신령과 진정으로 드려지는 최상의 예배가 되게 하소서. 우리가 거룩하신 하나님의 거룩한 집에 섰나이다. 잠잠히 귀 기울여 주의 음성을 듣게 하시고, 발걸음도 삼가며 경건히 주를 섬기게 하소서. 우리의 모든 면류관은 벗어서 하나님의 발 아래 내려놓게 하시고, 오직 모든 영광은 하나님께만 돌리게 하소서. 빛 되신 하나님과 함께 함으로 우리의 얼굴에도 빛이 나게 하시고, 예배 마치고 세상에 나가면 온 누리에 그 빛을 비추게 하소서.

예배를 인도하실 목사님을 거룩한 영으로 덮어 주시고, 그 입술에 성령이 교회들에게 하시고자 하는 말씀을 담아 주소서. 하나님의 말씀이 떨어질 때 영혼의 고개를 숙이고 마음의 무릎을 꿇은 채, 아멘으로 화답하며 순종하게 하소서.

예수님의 이름으로 기도하옵나이다. 아멘.

---

2 부
대표기도의 실제

4장

수요예배

01
수요예배(1)

늘 우리와 함께하시는 하나님,

거룩한 주일에 은혜 충만히 받고 오직 하나님께 영광 되는 삶을 살겠노라고 굳게 다짐은 했지만, 사흘을 사는 동안 그 은혜 다 잃어버리고 오히려 영광 가릴 때가 많았습니다. 오늘도 사흘 저녁에 주의 전에 나와 엎드렸사오니, 우리의 부족함을 용서해 주소서. 다시 한 번 은혜로 가득히 채워 주셔서, 남은 사흘은 오직 주의 뜻대로 살 수 있도록 힘을 주소서.

이 시간 우리 마음의 문을 하나님 앞에 활짝 엽니다. 하나님이 우리에게 주신 것은 두려워하는 마음이 아니요 오직 능력과 사랑과 절제하는 마음이라고 하셨습니다. 우리 안에 자신도 모르는 사이에 쌓이고 쌓인 두려움과 무기력함과 미움과 죄성은 다 거둬 내게 하시고, 오직 하나님께서 주시는 은혜로운 마음으로 충만하게 하소서.

사흘 저녁에 모여 더 큰 은혜를 사모하며 겸손히 고개 숙인 귀한 무리들을 기억해 주시고, 우리의 모든 기도가 하나님께 아름다운 향기가 되게 하소서. 우리 영이 흉악한 사탄의 결박에서 자유함을 얻게 하시고, 오직 은혜의 밧줄에 매이게 하소서. 말씀 들고 강단에 서신 목사님께서 하나님의 말씀을 온전히 선포하실 수 있도록, 생각과 성대를 온전히 주장해 주시옵소서.

예수님의 이름으로 기도하옵나이다. 아멘.

02
수요예배(2)

우리의 기도를 기뻐 받으시는 하나님,

쉬지 말고 기도하라는 주의 명령에 순종하여, 사흘 제단을 쌓으며 기도하는 귀한 백성들을 기억하여 주시옵소서. 우리 교회를 사랑하여 주셔서 기도의 맥박이 끊어지지 않게 하시고, 기도의 불씨가 사그라지지 않게 하심을 감사합니다. 늘 기도에 힘씀으로 성령의 충만함을 받고, 영적으로 힘차게 약동하며 활활 타오르는 교회가 되게 하소서.

이스라엘에 3년 6개월의 대기근이 찾아와서 다 죽게 되었어도, 하나님의 사람 엘리야는 그릿 시냇물로 마시게 하시고, 까마귀를 통해 공급하시며, 사렙다 과부를 통해 공궤하게 하셨습니다. 세상이 영육 간에 대기

근으로 어려움이 찾아와도, 교회로 나온 주의 백성들은 신령한 은혜를 먹고 마시며 승리할 줄 믿습니다. 특별히 이 복이 수요예배를 사모하며 모이기에 힘쓰는 귀한 백성들에게 충만히 임하게 하소서.

말씀 전하시는 목사님께 갑절의 은혜를 주시옵소서. 설교와 심방과 행정 등 교회의 크고 작은 모든 일들을 감당하며 나아갈 때에 피곤치 않게 해주시고, 순간순간 지혜를 주시며, 성령을 기름 붓듯 부어 주소서.

예수님의 이름으로 기도하옵나이다. 아멘.

03
수요예배(3)

우리 삶의 모든 것을 홀로 주관하시는 하나님,

지난 사흘을 살면서 내가 보고 싶은 것만 보고, 듣고 싶은 것만 들으며 살았습니다. 내가 가고 싶은 곳에 가고, 내가 하고 싶은 대로 하며 살았습니다. 입으로는 하나님께서 내 삶의 주인이시라고 고백하지만, 실제 삶에서는 내가 주인 되어 살았습니다. 우리를 불쌍히 여겨 주시고 이 밤에 주께서 친히 함께하여 주셔서, 내 모든 삶을 받아 주시고 주관하여 주시옵소서.

내가 주인 되어 살아갈 때에는 모든 것이 뒤죽박죽이 되어 헝클어진 채, 풀지 못하는 실타래와 같이 되어 버리고 말았습니다. 이 시간 내 삶을 주님 앞에 내어놓사오니, 지혜로운 손길로 실마리를 찾아 주시고 하나씩 하나씩 풀어 주시는 은혜가 있게 하여 주시옵소서.

오늘도 기도의 제단에 나와 무릎을 꿇었사오니, 영적인 전신갑주를 입혀주시고 깨어 승리하는 십자가 군병들이 되게 하소서. 간구하는 모든 제목에 차고 넘치도록 응답해 주셔서, 간증이 넘치는 수요예배가 되게 하소서. 예배를 인도하시는 목사님께도 하나님의 말씀 곧 성령의 검을 허락해 주셔서, 악한 마귀의 권세를 물리칠 수 있게 하소서. 말씀 듣는 우리의 귀에 안수하셔서 영적 귀머거리의 귀가 열리게 하시고, 온 몸에 힘을 주사 순종할 수 있게 하소서.

예수님의 이름으로 기도하옵나이다. 아멘.

04

수요예배(4)

피난처가 되시는 하나님,

지난 사흘도 거친 세상 속에서 이리 치이고 저리 치이며 어려움을 당하다가, 사흘 저녁을 맞아 피난처가 되시는 하나님 앞에 나왔습니다. 세상은 줄 수 없는 위로와 안식이 우리 모두의 심령 속에 깃들게 하여 주시옵소서. 하나님은 결코 우리를 막다른 길로 인도하지 아니하시고, 사방이 다 막혔어도 하늘은 열려 있게 하시는 줄 믿습니다. 한쪽 문을 닫으실때는 또 다른 쪽에 더 좋은 문을 열어 주시는 줄로 믿습니다. 이 밤도 피난처 되시는 하나님을 바라보며, 우리의 심령이 평안함을 누리게 하소서.

오늘도 주께 와 엎드려 경배드리게 하심을 감사합니다. 무엇보다도 예배드림을 기뻐하고, 누구와도 이 시간을 바꿀 수 없는 믿음을 주시니 감사를 드립니다. 주님 부르시는 그날까지 이 믿음 변치 않게 하시고, 주께서 힘을 주시는 한 끝까지 사흘 제단을 지키게 하소서. 사랑하는 우리 자녀들에게 이 믿음이 계승되게 하시고, 저들도 이 시간의 축복을 누리게 하소서.

오늘도 달고 오묘한 주의 말씀 가지고 강단에 서신 귀한 목사님을 붙들어 주시고, 전해지는 말씀 말씀마다 우리 영혼에 송이꿀이 되고 정금이 되게 하소서.

예수님의 이름으로 기도하옵나이다. 아멘.

05
수요예배(5)

열심 있는 자를 찾으시는 하나님,

"부지런하여 게으르지 말고 열심을 품고 주를 섬기라"는 주의 말씀 순종하여, 수요일 저녁에 모여 예배드리며 영광을 돌리게 하심을 감사합니다. "게으른 자는 먹지도 못하게 하라"하신 말씀을 기억하며, 우리가 영적인 안일과 나태에 빠지는 일이 없도록 다스려 주시옵소서. 만군의 여호와의 열심으로 우리를 위한 구원을 이루셨사오니, 우리도 하나님을 위해 열심을 내어 그 은혜에 보답케 하소서.

우리가 하나님 앞에 섰나이다. 지난 사흘 동안의 삶에 부족한 것 있으면 깨우쳐 주시고, 돌이켜 회개하게 하소서. 오늘도 주의 능력으로 재충전받아 각자 삶의 현장에서 치르고 있는 치열한 영적 전투에 다 승리자가 되게 하소서. 주일엔 한 사람의 낙오자도 없이, 다 승전가를 부르며 이 전에 나올 수 있게 하소서. 한 주간의 영적 반환점을 돌았사오니, 남은 사흘도 영광의 푯대를 향하여 힘차게 달려갈 수 있게 하소서.

매주 주옥같은 말씀으로 우리 영혼을 부요케 해 주시는 목사님을 늘 기억하시고, 힘과 능력과 지혜를 더하셔서 맡겨 주신 성역을 잘 감당하실 수 있도록 복 내려 주옵소서.

예수님의 이름으로 기도하옵나이다. 아멘.

5장

교육부서예배

01
영아부 예배

어린아이들을 사랑하시는 하나님,

우리 교회를 사랑하셔서 아기 천사 같은 우리 영아들을 많이 보내 주시니 감사를 드립니다. 우리 아이들이 비록 지금은 하나님의 말씀을 잘 알아듣지 못해도, 예배드리는 분위기는 느끼게 하시고 주의 사랑을 흠뻑 받으며 자라게 하소서. 이 아이들의 무의식 속에라도 주의 은혜가 깊이 배게 하셔서, 자라면 자랄수록 점점 더 예수님 닮아가는 귀한 아이들이 되게 하여 주시옵소서.

이 아이들을 안고 주의 전에 나와서 함께 예배하는 귀한 부모들을 기억해 주시고, 아이들을 위한 저들의 기도가 하나도 헛되이 땅에 떨어지지 않고 다 이루어지게 하소서. 맡겨주신 귀한 아이들을 오직 믿음과 사랑과 소망 가운데 잘 길러낼 수 있게 하시고, 장차 주의 몸 된 교회와 나라와 민족을 위해 큰 일꾼으로 세워갈 수 있게 하소서.

영아부를 맡아 수고하시는 ○○○ 전도사님과 ○○○ 부장 집사님 이하 모든 교사 선생님들과 봉사자들을 다 붙들어 주시고, 땀과 눈물의 수고가 다 하늘의 영원한 상급으로 쌓이게 하소서. 영아부가 주의 은혜 가운데 부흥되게 하시고, 더욱 은혜가 넘치게 하소서.

예수님의 이름으로 기도하옵나이다. 아멘.

02

유치부 예배

사랑이 많으신 하나님,

지난 한 주간 동안도 사랑하는 우리 예쁜 유치부 친구들을 건강하게 잘 지내게 하시고, 오늘 이렇게 주일을 맞아 예배드릴 수 있게 하시니 감사를 드립니다.

오늘도 우리 친구들이 사랑스러운 모습으로 찬양과 율동을 드릴 때에, 하나님께서 기쁘게 받아 주실 줄 믿습니다. 또한 우리 친구들이 전도사님을 통해 하나님의 말씀을 들을 때, 졸거나 장난치지 않고 귀를 쫑긋 모아서 잘 듣게 해 주시옵소서. 또한 교사 선생님들을 통해서 공과 공부를 배울 때에도 떠들지 않고, 재밌게 잘 배울 수 있게 하여 주시옵소서.

우리 친구들이 어디 가든지 사랑받는 친구들이 되기를 원합니다. 첫째는 하나님께 사랑받게 하시고, 교회에서는 목사님, 가정에서는 엄마와 아빠, 유치원에서도 선생님과 친구들에게 많은 사랑을 받는 친구들이 되게 해 주시옵소서.

유치부를 위해서 늘 애를 많이 써 주시는 전도사님과 교사 선생님들께 오늘도 큰 은혜를 주셔서, 하나님께서 맡겨 주신 사명을 잘 감당하실 수 있게 하여 주시옵소서.

예수님의 이름으로 기도하옵나이다. 아멘.

03 유초등부 예배

참 좋으신 우리 하나님,

우리 사랑하는 친구들을 인도해 주셔서 주일을 잊어버리지 않고 이렇게 교회에 나올 수 있게 하시니 감사를 드립니다. 친구들과 놀러도 가고 싶고 텔레비전도 보고 싶고 게임도 하고 싶었을 텐데, 다 이기고 교회에 나올 수 있게 해 주시니 감사합니다. 굳게 결심하고 예배드리러 나왔사오니, 이 시간에도 몸과 마음을 다 모아서 하나님께서 기뻐하실 만한 백 점짜리 예배를 드릴 수 있게 하여 주시옵소서.

우리 친구들이 어릴 때부터 하나님의 말씀대로 바르게 살아가는 훈련을 잘 받을 수 있게 해주옵소서. 나무도 어릴 때 바로잡아 주면 비뚤어지지 않고 잘 자라는 것처럼, 사람도 어릴 때부터 하나님의 은혜로 바로 잡아 주어야 할 줄 믿습니다. 이때에 깊이 새겨진 말씀이 어른이 된 뒤에도 잊히지 않게 하시고, 이때 받은 은혜를 천국 가는 날까지 잃어버리지 않게 하소서.

집에서나 학교에서나 어디서나 우리 친구들이 예수님 믿는 아이들답게 항상 모범적으로 생활할 수 있게 해 주시고, 칭찬받는 아이들이 되게 하소서. 늘 아이들을 위해 수고하시는 전도사님과 부장 집사님, 교사 선생님들께 오늘도 큰 축복을 허락해 주시옵소서.

예수님의 이름으로 기도하옵나이다. 아멘.

04 중고등부
예배

우리의 앞길을 인도해 주시는 하나님,

오늘 거룩한 주일을 맞아 사랑하는 우리 중고등부 학생들이 하나님 앞에 나와 영광을 돌립니다. 한 주간 동안도 학교에서, 학원에서 공부하느라 지친 우리 학생들을 하나님께서 위로해 주시고, 오늘도 각자에게 새 힘을 내려 주시옵소서.

하나님께서는 우리 학생들 한 사람 한 사람에게 귀한 달란트를 심어 주신 줄 믿습니다. 부지런히 기도하고 노력해서, 하나님께서 허락해 주신 귀한 달란트를 잘 개발하여 하나님의 영광을 위해 귀히 쓰임받게 하소서.

한창 믿음 생활 잘하고 학교생활 잘해야 할 이 귀한 때에, 방황하는 학생들 한 사람도 없도록 붙들어 주시옵소서. 날마다 하나님께서 주시는 성령으로 충만하여 신앙생활 열심히 잘하게 하시고, 지혜로 충만하여 학업에도 큰 성취가 있게 하여 주시옵소서. 혹여 학교에서나 가정에서나 친구들과의 관계에서나 어려움을 겪고 있는 친구들 있거든 하나님께서 붙들어 주시고, 그 모든 어려움을 딛고 당당히 승리할 수 있게 하소서. 오늘도 말씀 전하실 전도사님께 함께하시고, 우리 학생들이 꼭 들어야 할 귀한 말씀이 선포되게 하소서.

예수님의 이름으로 기도하옵나이다. 아멘.

05
대학부 예배

찬양 중에 거하시는 하나님,

거룩한 성일을 맞아 당신의 거룩한 자녀들이 경배와 찬양을 올리오니,
기쁘게 받아 주시고 한 영혼 한 영혼 친히 만나 주시고 놀라운 은혜로
채워 주시옵소서.

우리 대학부 학생들에게 복 내려 주셔서, 이처럼 좋은 배움의 기회를
갖게 하심을 감사드립니다. 허락하신 이 귀한 때에 세월을 아껴 가며 각
자 품은 귀한 비전을 위해 잘 준비하는 귀한 학생들이 되게 하소서. 사
랑하는 우리 귀한 대학부 학생들이 세속적이고 인본적인 학교 분위기에
휩쓸리지 않게 하시고, 오직 하나님 중심, 말씀 중심으로 견고한 가치관

을 가지고 우뚝 설 수 있게 하소서. 크리스천으로서의 정체성을 자랑스럽게 드러낼 수 있게 하시고, 캠퍼스 선교사로서의 사명을 잘 감당할 수 있도록 은혜 주시옵소서.

대학부 기간 동안에 신앙이 체계적으로 잘 세워지게 하시고, 전공 분야에 탁월한 실력을 갖추게 하시며, 졸업 후 사회에 나가서도 선한 영향력을 끼칠 수 있는 사람들이 되게 하소서. 대학부를 맡아 지도하시는 교역자님과 부장 집사님, 섬기시는 간사님들을 다 기억하시고, 늘 은혜로 충만한 가운데 사명을 잘 감당할 수 있도록 힘과 능력을 더하여 주소서.

예수님의 이름으로 기도하옵나이다. 아멘.

06
청년부 예배

영화로우신 하나님 아버지,

인생의 가장 아름답고 귀한 청년의 때에 하나님을 알게 하시고, 이처럼 주의 전에서 아름답게 꽃피우며 이 귀한 때를 보낼 수 있게 하시니 감사합니다. 이 시간도 사모하는 영혼들에게 좋은 것으로 채워 주시며, 목마른 심령을 은혜의 생수로 채워 주소서.

사랑하는 우리 청년들 사회 초년생으로 직장에 적응하느라 여러 어려움들이 있을 줄 압니다. 또한 아직 취업이 되지 않아 힘든 시간들을 보내는 청년들도 있습니다. 각자의 형편은 다 다르지만, 강하고 담대한 믿음으로 이 젊음의 날을 힘차게 보낼 수 있도록 붙들어 주시옵소서.

또한 이제 때가 차면 좋은 짝도 만나 아름다운 믿음의 가정도 이루어야 할 터인데 기도로 잘 준비하게 하시고, 본인 자신도 좋은 짝으로 세워져 가게 하소서. 무엇보다도 거룩한 영으로 충만하게 되어, 타락한 세상 속에서 자신의 몸과 마음을 순결하게 지켜 나가게 하소서.

청년부를 말씀으로 섬기시는 교역자님과 물심양면으로 청년들을 위해 헌신하시는 부장 집사님과 간사님들을 다 기억해 주시고, 늘 주의 은혜가 넘치게 하소서.

예수님의 이름으로 기도하옵나이다. 아멘.

6장

헌신예배

01 제직

독생자를 주시기까지 우리를 사랑하신 하나님,

독생자를 주셔서 구원받게 하신 은혜만도 감사한데, 우리에게 귀한 직분을 주셔서 쓰임받게 하시니 감사를 드립니다. 충성되지 못한 저희들을 버리지 아니하시고, 이렇게 올해에도 교회를 위해 헌신할 수 있는 새로운 기회를 허락하심을 찬양합니다. 하나님의 크신 은혜를 기억하며, 올 한 해는 그 동안의 어느 해보다도 열심을 품고 주를 섬기게 하소서.

초대 교회의 집사님들처럼, 성령과 은혜와 지혜와 믿음과 권능이 충만하게 하소서. 말만 앞세우기보다는 행함이 있게 하시고, 대우받으려 하기보다는 겸손히 섬기게 하소서. 주의 일을 억지로 하지 않고 기쁨으로 감당할 수 있게 하시고, 물질로 섬기는 일에도 인색하지 않고 넘치도록 심게 하소서. 주일성수, 십일조, 전도와 새벽기도에 모든 성도와 자녀들에게 본이 되게 하소서. 목사님의 목회 방침에 잘 순종하여, 목회에 걸림돌 되지 않고 디딤돌이 되게 하소서. 교회 밖에서도 그리스도의 향기를 발하며 불신자들에게도 존경받는 삶을 살 수 있게 하소서.

모든 순서 맡은 분들을 기억하시고 은혜롭게 잘 감당하게 하소서. 말씀 전하시는 목사님께도 권능을 칠 배나 더하사, 모두가 은혜받고 도전받는 충만한 시간이 되게 하소서.

예수님의 이름으로 기도하옵나이다. 아멘.

02
남전도회

영원토록 찬양을 받기에 합당하신 하나님,

우리에게 늘 승리를 주시는 하나님을 찬양합니다. 죄와 사망의 권세에서 우리를 건져 주시고, 하나님의 영광을 위해 살아가는 의미 있는 인생이 되게 하시니 감사를 드립니다.

오늘은 우리 남전도회가 새롭게 헌신을 다짐하며 하나님께 헌신예배로 드립니다. 우리 각 사람의 머리 위에 주님 손 얹어 주시고, 주의 은혜가 충만히 부어지는 귀한 시간이 되게 하소서. 우리 남전도회원은 각 가정의 가장들이오니 늘 건강하게 해 주시고, 가정의 제사장 사명을 잘 감당하게 하소서. 각자의 생업에도 복에 복을 더하사 가정을 잘 돌볼 수 있게 하소서. 또한 교회에서는 야긴과 보아스처럼 기둥 같은 일꾼이 되게 하소서. 목사님의 목회에는 아론과 훌처럼, 오른팔 왼팔 되어 목사님을 돕는 귀한 동역자가 되게 하소서. 세상을 향해서는 어떤 고난 속에서도 생명의 복음을 전하는, 바울과 실라같은 전도자가 되게 하소서.

준비된 순서마다 주의 은혜로 덧입혀 주시고, 목사님의 설교 말씀에도 성령의 권능이 충만하게 하소서. 오늘 헌신예배를 계기로 회장님과 임원들 이하 모든 회원들이 더욱 하나가 되게 하시고, 마음을 모으고 힘을 모아 하나님의 교회를 잘 섬기게 하소서.

예수님의 이름으로 기도하옵나이다. 아멘.

03
여전도회

사랑이 많으시고 은혜가 풍성하신 하나님 아버지,

우리 여전도회를 사랑해 주시고 지금까지 인도해 주셔서, 은혜가 넘치는 여전도회로 세워 주시니 감사합니다. 지금까지 주신 하나님의 은혜에 감사하며 앞으로도 더욱 은혜 충만한 여전도회가 되고자 헌신예배로 드립니다. 큰 영광을 받아 주시고, 주의 은혜로 가득 채우소서.

우리 여전도회원들 한 사람 한 사람이 다 진주보다 귀한 현숙한 여인들이 되게 하소서. 교회에서는 하나님을 잘 섬기게 하시고, 팔 걷어붙이고 주의 일을 감당하는 충성된 여종들이 되게 하소서. 가정에서는 영육 간에 남편을 잘 내조하며, 자녀들을 잘 양육할 수 있게 하소서. 직장 생활이나 개인 사업을 하는 회원들도 있사온데, 어느 곳에서든 항상 아름다운 미소를 잃지 않게 하소서. 힘든 중에도 신앙의 향기를 발하는, 가시밭의 백합화가 되게 하소서.

병약한 회원에게 건강을 주시고, 물질로 고통받는 회원에게 풍요를 주시며, 특별히 믿음 약한 회원에게 산이라도 옮길 만한 믿음의 은사를 주시옵소서. 말씀 전하실 목사님께도 함께하셔서, 그 말씀을 통하여 우리 심령이 새로워지게 하시고 올 한 해 힘껏 주님을 섬길 수 있는 능력이 임하게 하소서.

예수님의 이름으로 기도하옵나이다. 아멘.

04 찬양대

영원토록 찬양받기에 합당하신 하나님,

창세 전에 우리를 예정해 주시고, 독생자를 보내 주셔서 죄를 사해 주시며, 천국 가는 그날까지 성령으로 우리를 인도해 주시는 은혜를 찬양합니다. 하나님의 은혜는 하늘보다 높고 바다보다 깊어 평생을 찬양해도 다 못하며, 천국에 가서도 영원토록 찬양해야 할 줄로 압니다. 그 큰 은혜를 입은 우리가 그 은혜에 감사해 찬양대로 헌신합니다. 우리 대부분은 전문 음악인이 아니지만 우리의 마음을 기쁘게 받아 주셔서, 천사도 흠모할 만한 귀한 찬양이 되게 하소서.

우리 찬양대는 목소리뿐 아니라, 그 삶의 모습이 더 아름다운 찬양대가 되게 하소서. 찬양하는 데 쓰이는 우리의 귀한 입술을 잘 관리하게 하소서. 그 입술에 원망이나 불평이 머물지 않고, 한 주간 내내 감사와 기도가 깃들게 하소서. 찬양대가 경건 생활의 모범이 되어 보기만 해도 은혜가 되게 하시고, 더욱 열심히 연습하여 음악적으로도 진보가 있게 하소서.

지휘자님과 반주자님 그리고 수고하시는 임원들에게 늘 은혜를 더하여 주셔서, 피곤치 않고 곤비치 않으며 늘 기쁨으로 감당할 수 있게 하소서. 말씀 전하시는 목사님께도 성령의 두루마리를 입혀 주셔서, 하나님의 말씀이 온전히 선포되는 은혜의 시간이 되게 하소서.

예수님의 이름으로 기도하옵나이다. 아멘.

05
교사

은혜가 풍성하신 하나님,

죄인 중의 괴수 같은 우리를 용서하시고 구원해 주시며, 이렇게 교사로 세워 주셔서 천하보다 귀한 어린 영혼들을 맡겨 주심을 감사드립니다. 이 귀한 은혜를 받고도, 여러 가지 핑계만 대며 주신 사명을 잘 감당하지 못한 것을 용서해 주소서. 이 헌신예배를 통해서 우리가 다시 한 번 각성하게 하시고, 각자가 최고의 교사들로 세워지는 복된 시간이 되게 하소서.

사도 바울은 "그리스도 안에서 일만 스승이 있으되 아버지는 많지 아니하니 그리스도 예수 안에서 내가 복음으로써 너희를 낳았음이라"고 하였습니다. 우리도 단지 아이들에게 성경 지식만을 전달하는 것으로 끝나지 않게 하시고, 아버지와 어머니의 마음으로 이 아이들을 품게 하소서. 이 아이들을 위해 성심껏 가르치고, 눈물로 기도하며, 진실한 본을 보이게 하소서. 우리가 먼저 그리스도의 참 제자가 되게 하시고, 아이들을 향해 "내가 그리스도를 본받은 것 같이, 너희는 나를 본받으라"고 자신 있게 말할 수 있는 교사가 되게 하소서.

교사 직분에 전념할 수 있도록 모든 교사들의 가정과 일터에 복 내려 주시고, 그 필요한 모든 것을 넘치도록 채워 주소서. 말씀 전하시는 목사님께 권능을 주셔서, 은혜가 넘치게 하소서.

예수님의 이름으로 기도하옵나이다. 아멘.

06

구역장

은혜로우시고 자비로우신 하나님.

약하고 어리석은 자를 들어 강하고 지혜로운 자를 부끄럽게 하시는 하나님께 영광을 돌리옵나이다. 심히도 부족한 우리들에게 구역을 맡겨 주시고, 주께서 피로 값 주고 사신 귀한 양 무리들을 돌볼 수 있도록 복 주시니 감사드립니다. 우리는 우리가 보기에도 부족한 것뿐이오나, 하나님께서 순간순간 힘 주시고 지혜 주셔서 주신 사명 잘 감당할 수 있게 하소서.

구역 안에는 영과 육이 약한 사람, 몸과 마음이 병든 사람, 물질로 고통받는 사람, 상처받고 시험에 들어 괴로워하는 사람, 자녀 문제, 가정

문제, 직장 문제 등 온갖 문제들로 시달리는 사람들도 많습니다. 우리 구역장들에게 권능을 충만히 부어 주셔서 이들을 다 사랑으로 품을 수 있는 넓은 마음을 주소서. 또한 영권을 주셔서 기도로 영혼들을 세워갈 수 있게 하소서. 구역예배로 모일 때마다 은혜와 사랑이 차고 넘치게 하시고, 많은 간증이 쏟아지게 하소서.

영혼 맡아 수고하는 귀한 일꾼들에게 육의 것은 신경 쓰지 않아도 될 수 있도록 일마다 때마다 필요한 것으로 채워 주소서. 말씀 전하실 목사님께 하늘의 능력을 덧입혀 주셔서, 이 전에 주의 은혜가 가득하게 하소서.

예수님의 이름으로 기도하옵나이다. 아멘.

7장

특별예배

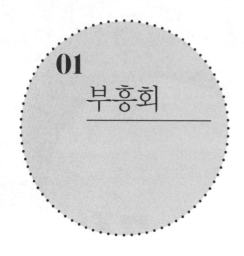

01

부흥회

우리의 심령을 새롭게 하시는 하나님,

하나님께서는 우리를 변함없이 사랑하셔서 늘 은혜로 충만케 하시는데, 우리는 그 은혜를 잃어버린 채 세상 속에서 방황할 때가 많습니다. 주님 뜻대로 살아보겠다고 수없이 다짐은 하지만, 우리의 힘과 결심은 거미줄처럼 약해서 쉽게 끊어져 버리고 맙니다. 하나님께서는 그런 우리를 긍휼히 여기셔서 이번 부흥성회를 허락하신 줄 믿습니다.

이번 성회를 통해 우리 각자의 심령이 새로워지는 귀한 역사가 있게 하소서. 하나님의 은혜를 다시 회복하게 하시고, 그 은혜에 보답할 수 있는 사명을 깨닫게 하시며, 그 사명을 감당할 수 있는 권능을 받게 하여 주시옵소서. 이번 성회를 통해 예수 믿게 되는 사람, 병이 치유되는 사람, 문제가 해결되는 사람, 성령 받는 사람 등이 많이 나오게 하셔서, 기쁨으로 차고 넘치는 천국 잔치가 되게 하소서. 교회에 허락하신 부흥이 가정과 일터와 지역 사회로까지 이어지게 하시고, 우리 자녀들과 자손들에게까지 은혜의 바람이 불어오게 하소서.

말씀 전하시는 강사 목사님께 갑절의 영감을 더하여 주시며, 사모하며 이 집회를 간절히 기다려 온 모든 성도들에게 은혜 위에 은혜가 쏟아지는 신령한 시간이 되게 하여 주시옵소서.

예수님의 이름으로 기도하옵나이다. 아멘.

02 교회
설립예배

교회를 성전 삼고 거하시는 하나님,

오늘 이곳에 ○○교회를 설립할 수 있도록 은혜 내려 주심을 감사를 드립니다. 그동안 ○○○ 목사님을 말씀과 기도로 잘 훈련시켜 주시고, 이제 때가 되매 이곳에 이렇게 아름다운 예배소를 허락해 주셔서 교회를 설립할 수 있도록 복 내려 주심을 감사하옵나이다.

이곳에 주의 장막이 세워졌사오니, 많은 영혼들을 이곳으로 모아 주시옵소서. 병든 자 이곳에서 치유되게 하시고, 방황하던 영혼들이 뿌리를 내리게 하시며, 사명 잃은 일꾼들이 회복되게 하소서. 기도꾼 많이 붙여 주셔서 기도불이 활활 타오르게 하시고, 추수꾼 많이 보내 주셔서 큰 부흥이 일어나게 하소서. 귀한 헌신자들이 이곳을 통해 많이 세워지고, 빈 자리가 가득 채워지며, 물질로 돕는 손길들도 많이 허락해 주소서. ○○ 교회를 통해 이 지역 사회가 복을 받고 변화되게 하시고, 온 세계에 복음 전하는 복음의 나팔수가 되게 하소서.

사랑하시는 ○○○ 목사님께서 목회 마치는 날까지 초심 잃지 않고, 항상 하나님을 기쁘시게 하는 귀한 종이 되게 하소서. 무거운 십자가를 함께 짊어진 사모님과 자녀들, 그리고 정금 같은 설립 교인들에게 은혜를 더하소서. 순서 맡으신 모든 목사님께 성령 충만 허락하소서.

예수님의 이름으로 기도하옵나이다. 아멘.

03 교회 설립 기념주일예배

교회의 주인이 되시는 하나님,

크고 놀라운 섭리 가운데 우리 ○○교회를 세워 주시고, 설립 ○주년을 맞이하기까지 부흥케 하시며 은혜로 동행해 주신 하나님의 사랑에 감사와 찬양을 드리나이다. 믿음의 반석 위에 세워 주신 귀한 교회가 앞으로도 진리의 기둥과 터가 되게 하시고, 지역 사회의 구원의 방주가 되게 하시며, 세계 선교의 전초 기지가 되게 하여 주시옵소서.

이를 위해 늘 말씀이 충만한 교회, 기도의 불씨가 꺼지지 않는 교회, 사랑이 식지 않고 더욱 뜨거워지는 교회가 되게 하소서. 예배, 양육, 교제, 전도, 봉사의 5대 사명을 잘 감당하는 교회가 되게 하시고, 더 힘 있게 일할 수 있도록 사람도 물질도 넘치도록 채워 주소서.

늘 애쓰시는 목사님과 중직자들의 모든 수고를 기억하여 주시고, 이름 없이 빛도 없이 헌신하신 무명의 사명자들에게도 한량없는 축복을 더하여 주시옵소서. 이 은혜가 우리 대에서만 끝나지 않도록, 다음 세대가 더 힘 있게 일어나는 교회가 되게 하소서. 새가족들도 많이 보내 주셔서, 교회가 늘 새롭고 활기찬 늘 푸른 교회가 되게 하소서. 말씀 전하시는 목사님께 성령 충만 주시고, 오늘도 성령이 교회에게 하시는 말씀을 가감 없이 전할 수 있게 하소서.

예수님의 이름으로 기도하옵나이다. 아멘.

04 성전 기공예배

우리 삶의 시작과 끝이 되시는 하나님,

우리 ○○교회를 주의 섭리 가운데 설립하게 해 주시고, 주의 은혜 가운데 부흥 성장하게 하심을 감사드립니다. 이제 하나님의 때가 이르매 모든 성도들의 마음을 감동하사 성전을 건축하고자 하는 마음을 주시고, 이렇게 기공예배를 드릴 수 있게 하심 무한 감사를 드립니다. 이 일은 하나님께서 시작하신 일인 줄 믿사오니, 공사가 순적하게 잘 끝나 준공되고 헌당하기까지 모든 과정을 하나님께서 친히 주관하여 주시옵소서. 우리 안에 착한 일을 시작하신 하나님께서 그리스도 예수의 날까지 이루어 주실 줄로 믿습니다.

성전 건축이라는 중한 사명을 맡으신 담임 목사님께 솔로몬의 지혜와 느헤미야의 믿음을 주셔서, 이 크고 귀한 역사를 잘 감당하실 수 있게 하소서. 모든 성도가 힘과 정성을 모아 이 일에 동참하게 하시고, 건물이 세워지는 것과 함께 성도들의 믿음도 세워지게 하시고 삶도 더욱 복되게 하옵소서. 공사를 맡아 시공하시는 분들에게도 은혜를 주셔서, 조금의 불미한 일도 없이 공사를 잘 진행해 나갈 수 있게 하소서. 교회 인근의 주민들에게도 공사로 인한 불편이 최소화되게 하시고 협조적인 마음을 허락해 주시며, 교회가 세워진 후엔 더욱 적극적으로 지역 사회를 위해 헌신하는 교회가 되게 하소서.

예수님의 이름으로 기도하옵나이다. 아멘.

05 성전
준공예배

영광을 받으시기에 합당하신 하나님,

하나님의 크고 놀라운 은총 가운데 성전 건축 공사가 은혜롭게 마무리되고, 오늘 준공예배로 드릴 수 있게 하심에 감사와 찬양을 돌리나이다. 공사를 위해 첫 삽을 뗀 순간부터 지금까지 숱한 어려움도 많았고 위기의 순간도 있었습니다. 그때마다 하나님께서 역사하사 고비 고비 잘 넘기게 하시고, 오늘 이렇게 준공하게 하시니 오직 감격할 뿐입니다. 이 모든 일들을 하나님께서 하셨습니다. 하나님 홀로 영광을 받으시옵소서.

이제 하나님께서 친히 세워 주신 이 성전을 통해 하나님께 더 큰 영광을 돌리게 하소서. 만민이 기도하는 집이 되게 하시고, 진리의 기둥과 터가 되게 하시며, 선교의 전초 기지가 되게 하소서. 믿는 자에게는 푸른 초장이 되게 하시고, 믿지 않는 자들에게는 구원의 방주가 되게 하소서. 지역의 주민들에게 축복의 열매를 아낌없이 나누어 주는 복된 나무가 되게 하시고, 지치고 피곤한 저들이 어느 때든 들어와 기대어 쉴 수 있는 로뎀나무 그늘이 되게 하소서.

공사를 위해 물심양면으로 힘에 지나도록 헌신한 목사님과 모든 성도들에게 은혜 위에 은혜를 주시며, 시공을 맡아 수고한 모든 분들과 함께한 하객들께도 복을 더하소서.

예수님의 이름으로 기도하옵나이다. 아멘.

06 성전 헌당예배

만사를 홀로 주관하시는 하나님,

우리 교회를 사랑하셔서 성전 건축할 마음을 주시고, 힘들고 어려운 중에도 건축의 결단을 내리게 하셨던 은혜를 찬양합니다. 건축하는 과정 속에 수없이 많은 시련들이 있었지만, 오직 믿음으로 승리하여 준공의 감격을 맛보게 하신 은혜도 감사를 드립니다. 이제 모든 건축 과정을 마무리하고 하나님께 봉헌해 올리는 헌당예배를 드릴 수 있게 하시니 기쁘기 한량없나이다. 이 전을 하나님의 영광으로 가득 채워 주시고, 우리의 경배와 찬양을 받아 주소서.

성전 건축을 시작할 때만 해도 믿음도 부족하고 물질도 심히 부족하여 감히 엄두도 나지 않는 일이었습니다. 그러나 사람의 힘과 능으로 하지 않고 오직 여호와의 신으로 이 모든 일들을 이루어 주신 줄 믿습니다. 오직 하나님 홀로 영광을 받으시옵소서.

성전의 벽돌 한 장 한 장이 그냥 올라간 것이 아니라, 성도들의 눈물겨운 기도와 헌신으로 이루어졌나이다. 우리가 심은 이 귀한 씨앗이 우리 자손들에게 축복의 열매가 되게 하시고, 온 세상에 복음의 향기가 되게 하소서. 기공에서 헌당까지 한시도 편히 쉬지 못하고 몸 고생, 마음 고생 하신 목사님을 위로해 주시고, 이제 더 크고 귀한 사역을 향해 도약하게 하소서.

예수님의 이름으로 기도하옵나이다. 아멘.

07 총동원 전도주일

한 영혼을 천하보다 귀히 여기시는 하나님,

만민에게 복음을 전하며 강권하여 내 집을 채우라 하신 명령에 순종하여, 총동원 전도주일로 드릴 수 있도록 인도해 주시니 감사를 드립니다. 독생자를 주시기까지 우리를 사랑하시고 죄인들을 구원하기를 원하셨던 하나님의 소원이 오늘 이곳을 통해 이루어지게 하소서.

오늘 교회에 초청받아 오신 모든 분들에게 은혜를 내려 주셔서, 마음의 문이 활짝 열리게 하소서. 복음의 말씀이 귀에 들려오게 하시고, 예수님을 믿음으로 영접하여 하나님의 자녀가 되는 놀라운 축복을 누리게 하소서. 말씀 듣다가 죄를 사함받게 하시고, 인생의 비상구가 열리게 하시며, 형통의 길이 활짝 펼쳐지게 하소서. 수고하고 무거운 짐은 다 내려놓고, 예수님 품에 안겨 참된 안식과 평안을 누릴 수 있게 하소서. 이제 교회 문턱을 넘었사오니 앞으로는 무시로 교회를 출입할 수 있게 하시고, 오고 갈 때마다 은혜를 충만히 받게 하소서.

오늘 이 구원의 복된 잔치를 준비하며 수고하신 모든 분들을 기억하여 주시고, 하늘의 빛나는 별처럼 영원한 영광의 주인공들이 되게 하소서. 말씀 전하실 목사님을 붙들어 주시고, 오늘도 구원과 축복의 말씀이 온전히 선포될 수 있도록 주관하여 주시옵소서.

예수님의 이름으로 기도하옵나이다. 아멘.

08

졸업예배

처음과 나중이요, 알파와 오메가이신 하나님,

하나님의 은혜 가운데 소정의 과정을 잘 마치고, 오늘 이렇게 졸업예배로 드릴 수 있게 하시니 감사를 드립니다. 영아부에서 유치부로, 유치부에서 유초등부로, 유초등부에서 중고등부로, 중고등부에서 청년·대학부로 한 단계씩 진급하게 되었사오니, 이에 따라 믿음이 더욱 성숙해지는 귀한 축복이 있게 하여 주시옵소서. 이제 새해에는 새로운 과정들 속에서 잘 적응하게 하시고, 영육 간에 한층 더 성숙해져서 그 과정들도 잘마칠 수 있게 하소서.

그 동안 배우고 익힌 성경 말씀들이 단순히 지식으로만 끝나지 않게 하시고, 삶을 통해 온전히 실천되게 하소서. 지식은 배워서 되지만 지혜는 하나님께서 선물로 주시는 것임을 기억하며, 자신의 지식을 자랑하지 말고 겸손히 하나님의 지혜를 구하게 하소서. 또한 우리의 지혜가 자신만을 위해 쓰이지 않고, 하나님의 영광과 세상의 구원과 교회의 유익을 위해 잘 쓰임받을 수 있게 하소서.

주어진 과정을 잘 섬겨 주신 귀한 일꾼들도 복 내려 주시고, 저들의 수고가 하늘에서 영원히 기억되게 하소서. 이제 새롭게 맡겨 주실 귀한 영혼들도 동일한 사랑으로 잘 섬기게 하소서.

예수님의 이름으로 기도하옵나이다. 아멘.

09

임직예배

사랑이 많으신 하나님,

천하 만민 가운데 골라 뽑아 예수 믿는 성도 되게 하시고, 그 가운데서도 또 골라 뽑아 하나님 나라의 귀한 일꾼 삼아 주신 은혜에 감사와 찬양을 드립니다. 오늘 하나님께 특별히 선택받은 귀한 일꾼들이 임직하며 충성을 다짐하는 귀한 예배를 드립니다. 하늘에서 보시고 성령을 충만히 부어 주셔서, 믿음과 지혜와 권세와 능력으로 충만하게 하여 주시옵소서.

쟁기를 잡고 뒤를 돌아보는 자는 주님께 합당하지 않다고 하셨사오니, 오늘 이후로는 온전히 주께 바쳐진 인생을 살며 결코 뒤돌아보지 않게 하소서. 주의 일을 감당해 나갈 때 말로는 다할 수 없는 어려운 시련도 있을 것입니다. 그때마다 오직 주님 의지하고 그 은혜를 힘입어 끝까지 책임 충성을 다할 수 있게 하여 주시옵소서. 비록 이 땅에서는 이름도 없이 빛도 없이 헌신하겠으나, 그 이름을 하나님께서 친히 기억해 주시고 하늘의 빛나는 별처럼 영원한 영광을 허락해 주소서.

세워 주시는 귀한 임직자들의 가정에도 복을 주시고 주의 일에 전념할 수 있도록 가정에 늘 평안함을 주시옵소서. 예배를 인도하시는 목사님께 성령 충만 주시고, 은혜로 채워 주시옵소서.

예수님의 이름으로 기도하옵나이다. 아멘.

8장

행사

01 여름 성경학교

어린아이들을 사랑하시는 하나님,

우리 교회 교육 부서 아이들을 사랑해 주셔서, 올해도 여름 성경학교를 개최하여 하나님께 영광 돌리고 말씀을 배울 수 있도록 복 주시니 감사를 드립니다. 하루라도 더 어릴 때 그 영혼에 말씀을 깊이 새겨 주어야, 나이 든 뒤에도 하나님을 떠나지 않고 믿음 안에 바로 사는 줄 믿습니다. 마귀와 세상이 그 마음에 자리 잡기 전에, 진리의 말씀으로 아이들의 영혼을 가득 채울 수 있게 하소서. 교회에 나오지 않던 친구들도 많이 초대하여 함께 예배드리고, 말씀 배우며 찬양하고 율동하는 신나는 시간들이 되게 하여 주시옵소서.

이 아이들은 우리 교회의 미래입니다. 십 년만 지나도 이 아이들이 중심이 되어 교회를 짊어지고 나가게 되고, 곳곳에서 교회를 지탱하는 든든한 기둥들이 될 줄로 믿습니다. 비록 지금은 작은 겨자씨와 같으나 하나님의 놀라운 계획이 이 아이들에게 있는 줄 믿습니다.

무더운 날씨 속에 수고하실 교역자님들과 부장님들, 모든 교사와 봉사자들에게 힘과 능력을 더하여 주셔서, 건강한 가운데 이 모든 일들을 잘 감당케 하소서. 마치는 시간까지 악한 마귀 틈타지 못하도록 불 말과 불병거로 교회를 둘러싸 주시옵소서.

예수님의 이름으로 기도하옵나이다. 아멘.

02

야외예배

만물의 창조주가 되시는 하나님,

오늘 이렇게 좋은 날 우리에게 허락해 주셔서, 하나님께서 지으신 이 아름다운 피조 세계를 마음껏 누리며 야외예배로 드릴 수 있게 하시니 감사를 드립니다. 하나님의 영원하신 능력과 신성이 만드신 만물에 분명히 보여 알려졌나니 사람이 핑계하지 못한다고 하셨습니다. 모든 피조물은 지으신 창조주가 계시며, 그가 얼마나 지혜롭고 능력이 있으신지를 무언으로 증거합니다. 오늘도 우리는 그 증거를 바라보며, 창조주께 온전한 영광을 돌리게 하소서.

탁 트인 하늘과 드넓은 산하를 바라보며 우리 모두의 마음이 더 커지고 깊어지며 넓어지고 아름다워지게 하소서. 각박한 일상생활 속에서 쳇바퀴 돌듯이 살아왔던 우리의 답답한 심령이 맑고 신선한 공기를 호흡하는 가운데 새롭게 됨을 얻게 하소서. 세상의 죄악으로 찌들은 우리의 영혼이 불어오는 은혜의 산들바람 속에 깨끗이 씻음을 얻게 하소서.

하나님은 지으신 세계를 통하여 영광을 드러내시고, 또한 말씀을 통하여 영광을 나타내시는 줄로 믿습니다. 오늘도 목사님의 설교 말씀을 통해, 우리를 죄에서 구원하시고자 독생자를 내어주신 하나님의 위대한 사랑이 온전히 선포되게 하소서.

예수님의 이름으로 기도하옵나이다. 아멘.

체육 대회

우리를 믿음의 경주로 부르신 하나님,

오늘 사랑하는 귀한 성도들이 함께 모여 체육 대회를 통해 친교를 다지며, 하나님께 영광을 돌리고자 합니다. 이곳에 함께하셔서 영광을 받아 주시고, 우리 안에 큰 기쁨이 넘치게 하소서. 신앙은 믿음의 경주에 비유되는 줄로 압니다. 우리가 늘 믿음의 주요 온전하게 하시는 예수를 바라보며, 인내로써 이 경주를 잘 감당할 수 있게 하소서. 운동선수들은 세상의 썩어질 면류관을 얻기 위해서도 범사에 절제하며 훈련하는데, 영원한 면류관을 바라보는 우리는 더욱 자신을 쳐서 복종시키며 믿음 생활 잘하게 하옵소서. 향방 없이 달리는 자가 되지 않게 하시고, 진리의 푯대를 향해 힘차게 달려 나가게 하옵소서.

오늘 여러 가지 경기가 벌어질 터인데 다치는 사람 생기지 않게 지켜 주소서. 지나친 승부욕으로 인해 불미한 일 생기지 않게 하시고, 서로 페어플레이하며 즐거운 시간을 갖게 하소서. 선수들뿐 아니라 응원하는 모든 성도들도 한마음, 한뜻이 되어 적극적으로 참여하며, 오늘 이 대회를 마음껏 누리게 하여 주시옵소서. 대회장이신 목사님과 준비하느라 수고한 준비 위원들과 오늘 총진행을 맡을 사회자님에게 은혜 내려 주시고, 함께한 모든 성도들에게도 다 영육 간에 강건함의 축복을 누리게 하옵소서.

예수님의 이름으로 기도하옵나이다. 아멘.

2 부
대표기도의 실제

9장

성례식

01

유아 세례

찬양받으시기에 합당하신 하나님,

오늘 이렇게 복된 날을 허락해 주셔서 ○○○, ○○○ 성도님 가정의 자녀 ○○에게 유아 세례를 베풀 수 있게 하시니 감사를 드립니다. 이 예식을 통해 사랑하는 ○○(이)가 하나님의 자녀임을 고백하고, ○○의 삶을 온전히 하나님께 봉헌합니다. 기쁘게 받아 주시고, ○○(이)가 장차 건강하고 지혜롭게 잘 자라나 하나님의 영광을 위해 귀히 쓰임받는 복된 자녀가 되게 하소서.

○○○, ○○○ 성도님께 힘 주시고 은혜 주셔서, ○○(이)가 14세가 되어 자신의 입술로 신앙 고백을 하며 입교 예식을 받게 되기까지 ○○(이)를

믿음으로 잘 기를 수 있게 하소서. 자녀의 영적 교육은 사람의 힘만으로는 되지 않사오니, ○○(이)의 마음을 하나님께서 붙드시고 은혜 안에 머물도록 주장하여 주시옵소서. ○○○, ○○○ 성도님의 가정에도 영적으로나 물질적으로나 복에 복이 넘치게 하셔서, 차고 넘치는 은혜 속에서 행복한 삶을 살게 하소서.

이 자리에 함께한 모든 교우들도 ○○(이)를 자신의 영적인 자녀로 삼아, 사랑해 주고 기도해 주며 ○○(이)를 함께 키워갈 수 있게 하소서. 집례하시는 목사님을 붙들어 주시고 세례 주시는 목사님의 손길에 하나님께서 친히 함께해 주셔서 은혜 충만한 시간이 되게 하소서.

예수님의 이름으로 기도하옵나이다. 아멘.

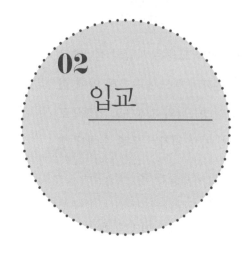

02

입교

늘 우리와 함께하시는 임마누엘의 하나님,

○○○, ○○○ 성도님 가정의 자녀 ○○(이)가 오늘 입교할 수 있도록 복 내려 주심을 감사드립니다. ○○○, ○○○ 성도님은 ○○(이)가 갓 태어나 유아 세례를 받은 것이 엊그제 같을 텐데, 이렇게 의젓하게 잘 자라서 이제 자신의 입으로 신앙 고백하는 모습을 보며 감격이 넘칠 줄 압니다. 지난 십수 년의 시간동안 ○○(이)와 동행해주시고 ○○(이)를 지켜 주시며, 이렇게 영육 간에 잘 자라날 수 있도록 돌보아 주신 은혜에 모든 성도가 함께 영광을 돌리옵나이다.

이제 ○○(이)가 부모의 믿음만이 아니라, 자신의 믿음으로도 하나님을 향한 신앙을 고백하오니 그 고백을 기쁨으로 받아 주시옵소서. ○○(이)의 남은 인생 동안 결코 오늘의 고백이 변치 않게 하여 주옵시고, 날이 가면 갈수록 그 신앙이 더욱 확고해지게 하소서. ○○(이)의 앞날에 형통함을 주시고, 만 가지 시련을 만나더라도 믿음으로 다 극복할 수 있는 믿음의 사람이 되게 하소서. 주의 복음을 위해 귀히 쓰임받는 인생 되게 하시고, 일마다 때마다 하나님께서 친히 도와주시는 복된 생애가 되게 하소서.

집례하시는 목사님께도 은혜를 더하셔서, 모든 예식이 하나님께 영광 되게 하소서.

예수님의 이름으로 기도하옵나이다. 아멘.

03
학습

우리를 사랑하시는 좋으신 하나님,

오늘 하나님의 특별한 은혜 가운데 ○○○ 성도님의 학습 예식을 갖게 하심을 감사드립니다. 교회에 나온 지 6개월여 동안 기독교의 가장 기본적인 진리를 배우고 익히는 시간을 가졌습니다. 이제 그 배운 바 믿음의 도리를 마음에 깊이 새기며, 그 도리대로 믿고 살겠노라고 하나님과 성도들 앞에서 엄숙히 고백합니다. 이 시간 이곳에 함께하셔서 이 고백을 기쁘게 받아주시고, ○○○ 성도님께 큰 은혜를 부어 주시옵소서.

이제 믿음의 걸음마를 시작하였사오니 하나님께서 손 붙잡아 주시고, 주의 은혜 가운데 걷기도 하고 뛰기도 하며 하나님께 영광 돌리는 귀한 성도가 되게 하여 주시옵소서. 하나님의 사랑을 더 깊이 체험할 수 있게 하시고, 예수님의 십자가를 더욱 힘껏 붙들게 하소서. 성령으로 충만되어, 하나님의 말씀을 사랑하고 예배를 사모하며 교회에 잘 뿌리내리는 신앙이 되게 하소서. 다음 6개월 동안도 진리의 말씀으로 더욱 잘 양육되어 세례를 받는 자리까지 나갈 수 있도록 복 내려 주시옵소서.

예식을 집례하실 목사님께 성령으로 충만함을 주시고, 오직 하나님께만 영광 되게 하소서.

예수님의 이름으로 기도하옵나이다. 아멘.

04

세례

창세 전에 우리를 자녀 삼으시기로 예정하신 하나님,

우리 한 사람 한 사람을 구원하기로 이미 예정해 주시고, 때가 차매 예수 믿고 구원받게 하시는 은총에 감사를 드립니다. 특별히 ○○○ 성도님을 사랑하셔서 하나님의 은혜 안으로 불러 주시고 학습을 받을 수 있게 하시더니, 이제 6개월간 잘 양육되어 세례를 받는 자리에 설 수 있게 하시니 영광을 돌리옵나이다.

오늘 세례 예식을 통하여 ○○○ 성도님의 모든 죄가 예수님의 보혈로 깨끗이 씻어지는 귀한 은혜가 임하게 하소서. 예수님과 함께 죽고 예수님과 함께 다시 사는 신령한 역사가 있게 하소서. 유혹의 욕심을 따라 썩어져 가는 구습을 따르는 옛 사람을 벗어 버리고, 오직 심령이 새롭게 되어 하나님을 따라 의와 진리의 거룩함으로 지으심을 받은 새 사람을 입게 하소서.

○○○ 성도님이 오늘 하나님과 성도님들 앞에서 드리는 믿음의 고백을 기쁘게 받아 주시고, 그 고백대로 살아갈 수 있는 힘을 더하여 주시옵소서. 오늘의 이 믿음이 주님 부르시는 그날까지 변함없게 하시고, 갈수록 믿음이 더하여져서 이제는 많은 사람에게 이 복음을 증거하는 사명자로 살아갈 수 있게 하소서. 집례하시는 목사님께도 함께하셔서, 은혜가 넘치게 하소서.

예수님의 이름으로 기도하옵나이다. 아멘.

05
성찬식

우리를 위하여 독생자를 아낌없이 내어 주신 하나님,

우리를 구원하기 위해 찢기신 주님의 살과 흘리신 주님의 피를 기념하며, 떡과 포도주를 먹고 마시는 성찬 예식을 갖고자 합니다. 이곳에 성령으로 임재해 주셔서, 우리 각 사람의 심령에 큰 은혜가 임하게 하소서. 아무런 감동도 없이 늘 연례적으로 행하는 행사가 되지 않게 하시고, 주님의 십자가 사랑을 생각하며 벅찬 감격이 넘치는 시간이 되게 하소서.

주님은 이처럼 우리를 위해 몸 버려 피 흘려 구원해 주셨건만, 우리는 그 은혜를 잊어버리고 아직도 세상에 취하고 죄에 매인 채 살아갑니다. 오늘 예식을 통해 다시 한 번 회개하고 능력 받아, 세상을 변화시키고 죄를 이기는 삶을 살 수 있게 하소서. 최후 승리를 얻는 그날까지 갈보리의 십자가를 꼭 붙들고 힘껏 전진하게 하소서. 또한 우리를 하나님과 화목케 하신 주님의 은혜가 우리 서로 간에도 임하여, 우리 안의 모든 막힌 담들이 허물어지고 온전히 하나를 이루는 감격의 시간이 되게 하여 주시옵소서.

예식을 주관하시는 목사님께도 성령의 감화를 주셔서, 은혜 충만한 시간이 되게 하여 주시옵소서. 모든 성도가 겸손히 회개하며 간절히 사모하는 가운데 예식에 참여하게 하소서.

예수님의 이름으로 기도하옵나이다. 아멘.

10장

각종 모임과
회의

01

구역예배

우리의 모임 중에 거하시는 하나님,

하나님께서는 교회의 대그룹 예배에도 함께하셔서 큰 영광을 받으시지만, 이렇게 소그룹으로 모인 예배를 통해서도 영광을 받으시고 은혜를 내려 주시는 줄 믿습니다. 신령과 진정으로 예배하는 작은 무리 위에 한없는 자비와 은총을 내려 주소서. 두세 사람이 예수 이름으로 모인 곳에 함께하신다고 약속하신 말씀이 이루어지게 하소서.

여러 가지로 부족한 우리들이 한 구역을 이루었습니다. 우리가 이렇게 모인 것은 결코 우연이 아니라, 하나님께서 섭리 가운데 인도하신 결과인 줄 믿습니다. 서로의 부족함과 허물을 보지 않게 하시고, 부족함에도 불

구하고 우리를 사랑해 주시고 귀히 써 주시는 하나님의 은혜를 보게 하소서. 서로의 부족함은 서로 메워 주고 서로의 허물을 서로 덮어 주며, 그리스도의 사랑으로 충만한 공동체를 이루어 가게 하소서.

사랑하는 우리 구역 식구들 가정마다 기도 제목이 있사오니, 가장 좋은 것으로 응답하시고 영광 받아 주소서. 구역을 위해 눈물로 기도하며 섬기는 구역장님과 임원들을 기억하시고, 그 눈물의 수고가 놀라운 부흥과 축복으로 열매 맺게 하소서.

예수님의 이름으로 기도하옵나이다. 아멘.

02 성경 공부

은혜가 풍성하신 하나님,

늘 말씀 속에 우리에게 깨달음을 주시고, 풍성한 은혜를 내려 주심을 감사드립니다. 오늘도 하나님의 말씀을 사모하여, 목마른 사슴처럼 은혜의 연못가에 모였습니다. 귀한 백성들을 기억해 주시고, 각자에게 꼭 필요한 은혜가 공급되는 시간이 되게 하소서.

갈수록 세상은 수단과 방법을 가리지 않고 부와 성공만을 좇아 치달아 가고 있습니다. 그런 세상의 분위기에 우리 믿는 사람들도 자칫하면 휩쓸리기 쉽사오니, 오늘도 믿음의 중심을 잘 지키며 살아갈 수 있게 하소서. 우리는 오직 하나님의 말씀을 즐거워하여 주야로 묵상하게 하시고, 하나님의 말씀을 간절한 마음으로 받고 날마다 성경을 상고하는 복된 백성이 되게 하소서. 또한 말씀을 받을 때에 단순히 지식만 늘어가는 것이 아니라, 우리 삶이 변화되고 구체적인 행함의 열매로 나타나게 하소서. 우리 각 사람이 온전하게 되며, 모든 선한 일을 행할 능력을 갖출 수 있게 하소서.

성경 공부를 인도해 주실 인도자님에게도 영력을 주시고, 오늘 함께 나눌 말씀을 통해 이 자리에 모인 우리 모두가 큰 은혜를 받게 하여 주시옵소서.

예수님의 이름으로 기도하옵나이다. 아멘.

03
찬양대 연습

영원토록 찬양받으시기에 합당하신 하나님,

우리 인생의 제일가는 목적은 영원토록 하나님을 즐거워하며, 하나님을 영화롭게 하는 것인 줄 믿습니다. 오늘도 우리가 그 목적을 이루기 위해, 하나님을 찬양하는 복된 사명을 감당하게 하시니 감사를 드립니다.

또한 그 사명을 감당해 나감에 있어서 쉽게 생각하고 대충 행하는 것이 아니라, 이처럼 두렵고 떨리는 겸손한 마음으로 감당하게 하시니 감사를 드립니다. 주일예배에 더욱 영광스럽고 은혜로운 찬양을 드리기 위해 이렇게 연습하는 시간을 갖고자 하오니 기쁘게 여겨 주시고, 연습하는 동안에도 큰 영광을 받아 주시옵소서. 또한 연습을 통해서 우리의 음악적인 실력도 더 늘어가게 하셔서, 더 아름다운 찬양으로 하나님께 영광 돌릴 수 있게 하소서.

최선을 다해 우리 찬양대를 지도해 주시는 지휘자님과 이끌어 가시는 찬양대장님, 그리고 수고하시는 반주자님과 여러 임원들을 일일이 기억해 주시옵소서. 모든 대원들도 동일한 은혜를 내려 주셔서, 주신 사명 잘 감당할 수 있도록 힘과 능력을 더하여 주소서. 입술로만 찬양하는 찬양대가 아니라, 온 삶을 통해 찬양하는 찬양대가 되게 하소서.

예수님의 이름으로 기도하옵나이다. 아멘.

04

교사 기도회

한 영혼을 천하보다 귀히 여기시는 하나님,

천하보다 귀한 영혼들을 맡아 양육하는 이 귀한 사명을 맡겨 주심을 감사합니다. 보배로운 피로 값 주고 사신 이 귀한 영혼들을 맡겨 주셨사오니, 영적인 아버지와 어머니의 마음으로 이 영혼들을 잘 돌보며 잘 길러나갈 수 있게 하소서.

맡겨 주신 아이들을 위해 더 기도하지 못하고, 더 본이 되는 생활을 하지 못하며, 더 사랑하지 못한 것을 회개합니다. 우리가 늘 깨어서 바로 사명 감당하게 하셔서, 소경이 소경을 인도하는 어리석음을 범하지 않게 하소서. 때로는 변화되지 않는 아이들의 모습 속에서 낙심되고 실망

할 때도 있사오나, 아이들을 변화시키려 하기 전에 우리 자신이 먼저 변화되는 놀라운 체험들이 있게 하소서. 믿음 약한 아이들에게 믿음 주시고, 병들거나 다친 아이들을 치유해 주시며, 가정적으로 어려운 환경 속에 있는 아이들을 위로하여 주소서.

공과 시간에 진리의 성령께서 함께하셔서 모든 선생님들이 잘 가르칠 수 있도록 인도해 주시고, 아이들에게 말씀이 믿어지며 순종되는 복된 역사가 있게 하여 주시옵소서. 또한 공과 준비도 더욱 성실하게 잘 하여, 부끄러움 없는 모습으로 아이들 앞에 설 수 있게 하소서.

예수님의 이름으로 기도하옵나이다. 아멘.

05

식사 모임

우리의 교제 가운데 함께하시는 하나님,

오늘 이렇게 좋은 시간을 허락해 주시고, 사랑하는 지체들이 함께 모여 식사를 나누며 주의 사랑으로 교제할 수 있게 복 내려 주심을 감사드립니다. 우리의 모든 대화 속에 말없이 듣고 계시는 주님을 생각하며, 모든 대화를 통해 하나님께 영광 되고 우리 모두에게 큰 유익이 되게 하소서.

사람이 떡으로만 사는 것이 아니요 하나님의 말씀으로 산다고 하셨습니다. 우리가 육체적으로 풍성한 음식을 먹고 마실 뿐 아니라 영적으로 하나님의 말씀도 풍성히 누리게 하소서. 또한 북녘의 우리 동포들과 전 세계에 굶주리고 있는 많은 사람들을 기억하게 하시고, 그들을 위해 작은 것이나마 도움의 손길을 뻗칠 수 있는 우리 모두가 되게 하소서.

이 음식을 먹고 힘을 얻어 더욱 주의 영광을 위해 살아가게 하시고, 성도의 가정마다 복 내려 주셔서 식탁이 풍성하며 사랑이 넘치게 하소서. 대접하는 복된 손길을 기억해 주시고, 손대는 일마다 복이 되게 하소서. 앞으로도 그 손에 많은 것 맡겨 주셔서, 더욱 귀하고 능력 있게 쓰임받는 복된 손길이 되게 하여 주시옵소서.

예수님의 이름으로 기도하옵나이다. 아멘.

06
당회

우리의 지혜가 되시는 하나님,

심히도 부족한 우리들을 당회원으로 세워 주시고, 주님의 몸 된 교회를 섬길 수 있도록 복 내려 주심을 감사드립니다. 항상 두렵고 떨리는 마음으로 이 직분을 잘 감당할 수 있도록 은혜 내려 주시옵소서. 오늘도 여러 가지 안건들을 놓고 회의할 터인데, 순간순간 지혜를 주셔서 주님의 뜻대로 잘 결정할 수 있도록 인도하여 주시옵소서. 누구든지 지혜가 부족한 자는 하나님께 구하면, 꾸짖지 아니하시고 후히 주신다고 약속하셨습니다. 겸손히 사모하오니, 하나님의 지혜로 충만하여 선한 분별력이 있게 하여 주시옵소서.

모든 의논과 결정을 해 나감에 있어서 항상 하나님 중심, 성경 중심, 교회 중심으로 행할 수 있게 하소서. 모든 당회원들에게 성령의 충만함을 허락하여 주셔서, 우리가 서로 주 안에서 존중하고 화목하며 기쁨이 넘치는 모임이 되게 하소서. 모든 성도에게 믿음과 말과 행실에 본이 되게 하셔서, 존경받고 사랑받는 당회가 되게 하여 주시옵소서.

회의를 인도하실 당회장 목사님께 갑절의 지혜를 허락하여 주셔서, 오직 주의 공의와 사랑으로 당회를 잘 이끌어 가며 교회를 잘 치리해 가실 수 있도록 인도하여 주시옵소서.

예수님의 이름으로 기도하옵나이다. 아멘.

07
제직회

우리의 구원을 위해 쉬지 않고 일하시는 하나님,

우리를 사랑하셔서 독생자의 피로 구원해 주시고, 성령의 능력을 부어 주셔서 주의 일꾼 삼아 주신 은혜를 감사드립니다. 우리의 구원을 온전히 이루시기 위해 쉬지 않고 일하시는 하나님의 역사를 바라봅니다. 우리가 악하고 게으른 종 되지 않게 하시고, 열심을 품고 주를 섬기며 귀한 사명들을 잘 감당하게 하소서. 하나님께서 각자에게 맡겨주신 귀한 달란트를 땅에 묻어 두고 썩히지 않게 하시고, 각양의 받은 은사와 재능대로 하나님 앞에 아름답게 쓰임받게 하소서.

우리가 더욱 알뜰하게 교회 살림을 잘하고자 그간의 재정 수입과 지출 상황을 살피며, 허락된 재정을 좀 더 효율적으로 쓸 수 있도록 지혜를 모으려고 합니다. 하늘에 속한 신령한 지혜를 주셔서 우리 교회에 허락된 모든 인적, 물적 자원을 잘 활용하여, 예배와 교제, 교육과 전도, 구제와 선교 등에 더욱 귀히 쓰임받게 하여 주시옵소서.

회의를 인도하실 담임 목사님께도 하나님께서 친히 믿음과 지혜를 허락하여 주셔서, 하나님께서 원하시는 일을 잘 분별하고 강하고 담대하게 그 일을 추진해 나갈 수 있게 하여 주소서.

예수님의 이름으로 기도하옵나이다. 아멘.

08

공동 의회

우리의 모임 가운데 늘 함께하시는 좋으신 하나님,

우리 교회를 홀로 버려두지 않으시고, 늘 불꽃 같은 눈으로 지켜 보호해 주시며, 항상 동행해 주시는 사랑에 감사드립니다. 우리 교회가 지금껏 부흥할 수 있는 것은 다 하나님의 은혜인 줄로 믿습니다. 앞으로도 더 큰 은혜로 함께해 주시고 큰 영광을 거두어 주시옵소서.

오늘은 우리 교회에 중요 안건(1년 예결산, 담임목사 청빙, 장로, 집사, 권사 선거, 정관 제정 및 개정 등)이 있어서 공동 의회로 모였습니다. 사람의 뜻이 아니라 하나님의 뜻이 이루어지는 귀한 시간이 되게 하여 주시옵소서. 우리 각 사람의 마음을 성령으로 감화 감동하사 다 깨어 있게 하시고, 하나님께서 원하시는 바른 결정을 내릴 수 있도록 인도해 주시옵소서. 자신의 의견과 다를지라도 다수의 결정에 잘 순복하게 하시고, 소수의 의견을 묵살하지 않고 그 안에서도 수용할 점은 잘 수용할 수 있는 미덕이 있게 하소서.

우리 교회를 사랑하셔서 지금까지도 모든 회의들이 은혜롭고도 화목한 가운데 잘 진행되어 오게 하심을 감사드립니다. 앞으로도 이 복된 전통이 잘 이어지게 하셔서, 회의도 예배만큼이나 은혜롭게 하여 주시옵소서. 회의를 진행하실 담임 목사님을 붙드시고, 귀히 사용해 주소서.

예수님의 이름으로 기도하옵나이다. 아멘.

11장

성도의
애경사

01 약혼예배

사랑이 많으신 우리 하나님,

　오늘 ○○○ 군과 ○○○ 양의 약혼 예식을 하나님 앞에서 예배로 드릴 수 있게 하심을 감사합니다. 이 두 사람이 서로를 향한 사랑과 장차 부부가 되어 한 가정을 이루기를 사모하는 마음을 하나님과 여러 증인들 앞에서 공식적으로 고백합니다. 그 고백을 기쁘게 받아 주시고, 그 마음이 혼인 예식을 치르는 날까지, 또한 그 이후에도 평생토록 변치 않게 하소서.

　약혼 기간 동안 서로의 소중함과 결혼의 중요함을 다시 한 번 깊이 깨닫게 하시고, 경건하게 기도하며 잘 준비할 수 있게 하소서. 또한 이 기간 동안에 서로에 대한 사랑과 신뢰가 더 깊어지게 하시고, 서로가 평생에 잊지 못할 아름다운 추억들도 많이 만들게 하소서.

결혼을 준비하는 가운데 이것저것 신경 써야 할 일들이 많이 있을 줄 압니다. 그때마다 하나님께서 순간순간 도와주셔서, 모든 일들이 순적하게 잘 진행될 수 있게 하여 주시옵소서.

주님의 은혜가 이곳에 함께한 가족, 친지, 교우들, 하객들의 가정에 차고 넘치게 하옵시며, 예배를 인도해 주실 목사님께도 성령의 충만함을 허락하여 주시옵소서.

예수님의 이름으로 기도하옵나이다. 아멘.

02

혼인예배

은혜로우시고 자비로우신 하나님,

이렇게 좋은 날 허락하셔서, 복되고 복된 혼인 예식을 치를 수 있게 하시니 감사를 드립니다.

신랑 신부 이 두 사람 우연히 맺어진 것이 아니고, 창세 전에 이미 하나님께서 부부로 예정해 주신 줄 믿습니다. 하나님의 뜻 가운데 맺어진 이 부부가 이제 한평생 하나님의 뜻 가운데 살게 하시고, 모두가 부러워할 만한 축복의 가정이 되게 하옵소서.

살아가다가 기쁜 일 있을 때 함께 손을 들어 하나님을 찬양하게 하시고, 힘든 일 있을 때 함께 손을 모아 하나님께 기도하게 하소서. 이 두 사람 양가의 기쁨이 되게 하시고, 교회의 자랑이 되게 하시며, 이 사회에 꼭 필요한 일꾼들이 되게 하소서. 정하신 날에 귀한 후손도 허락하여 주셔서, 믿음의 대를 이어 가는 영적 명문 가문이 되게 하여 주시옵소서. 늘 건강을 주시고 물질적으로도 부족함이 없게 하여 주옵소서.

동일한 복이 함께한 가족, 친지, 교우들, 하객들의 가정에도 그대로 이루어지게 하옵시며, 예배를 집례하실 목사님께도 은혜로 충만케 하여 주시옵소서.

예수님의 이름으로 기도하옵나이다. 아멘.

03

임신

생명의 주관자가 되시는 하나님,

하나님께서 사랑하시는 ㅇㅇㅇ, ㅇㅇㅇ 성도님 가정에 잉태의 축복을 허락해 주시니 감사를 드립니다. 하나님께서 경건한 자손을 얻고자, 믿음의 가정에 귀한 생명을 담아주신 줄 믿습니다. 열 달 동안 믿음과 사랑과 찬양으로 잘 태교하며, 주신 귀한 생명을 잘 품게 하소서.

복중 태아에게 은혜 주셔서, 예레미야처럼 태중에 있을 때부터 성별되게 하시고, 세례 요한처럼 모태에서부터 성령의 충만함을 입게 하소서.

ㅇㅇㅇ, ㅇㅇㅇ 성도님 부부에게도 은혜를 주셔서, 열 달 동안 믿음 생

활 더 잘하게 하시고 은혜가 충만한 기간이 되게 하여 주시옵소서. 생명의 신비를 더 깊이 느끼게 하시고, 생명의 주관자가 되시는 하나님을 더욱 의지하게 하소서. 아이를 위해 손을 얹고 기도할 때 그 기도에 귀 기울여 주시고, 이 아이에게 허락하신 귀한 뜻이 다 이루어지게 하소서.

정하신 날에 순산할 수 있도록 은혜 주시며 은혜 가운데 잘 자라나, 가정의 기쁨이 되고 교회의 자랑이 되며 나라의 귀한 기둥이 되는 복된 아이가 되게 하소서.

예수님의 이름으로 기도하옵나이다. 아멘.

04

불임

생명의 근원이 되시는 하나님,

○○○ 성도님을 사랑하시고 지금까지 인도하셔서 이렇게 복된 가정을 허락해 주심을 감사드립니다. 이제 이 가정에 한 가지 근심이 있어서 간절히 아뢰오니, ○○○ 성도님의 태의 문을 열어 주셔서 귀한 생명을 잉태할 수 있도록 복 내려 주시옵소서.

한나가 불임으로 인해 마음이 괴롭고 슬퍼서 눈물로 아뢸 때, 그 기도를 외면하지 않으시고 사무엘을 허락하신 하나님. ○○○ 성도님이 성전에 나와 기도할 때, 동일한 응답을 허락하여 주시옵소서. 한나뿐 아니라, 하나님께서는 불임 여인들을 통해 참으로 귀한 자손들을 허락해 주신 것을 봅니다. 사라에게 이삭을, 라헬에게 요셉을, 엘리사벳에게 세례 요한을 주셨습니다. ○○○ 성도님께도 오랜 기다림의 고통을 다 상쇄하고도 남을 만한 복된 자손을 주시옵소서.

한나가 믿음으로 구한 뒤에는 가서 먹고 얼굴에 다시는 근심 빛이 없더라고 했습니다. ○○○ 성도님에게도 응답의 확신을 주시고, 마음을 편히 갖고 하나님의 역사하심을 고요히 기다릴 수 있게 하소서. ○○○ 성도님의 남편에게도 은혜를 주셔서, 함께 기도하고 위로하며 하나님의 역사하심을 믿음으로 사모하게 하소서.

예수님의 이름으로 기도하옵나이다. 아멘.

05

출산

생명의 주관자이신 하나님 아버지,

사랑하시는 ○○○, ○○○ 성도님 가정에 귀한 생명이 잉태되게 하시고 세밀하게 지켜 보호하여 주셨다가, 은혜의 기한이 차매 이렇게 순산할 수 있도록 복 내려 주시니 감사를 드립니다.

허락하신 이 귀한 생명을 보니, 하나님의 역사는 심히 기묘하여 사람은 감히 흉내도 낼 수 없습니다. 머리끝부터 발끝까지 하나하나가 놀라운 기적이요, 창조주의 작품입니다. 생명의 신비를 다시 한 번 깊이 느끼며, 두렵고 떨리는 마음으로 이 귀한 생명을 받아 하나님의 뜻대로 잘 키워 가는 ○○○, ○○○ 성도님 가정이 되게 하여 주시옵소서.

하나님께서는 이 아이를 위해 바닷가의 모래알처럼 많고도 많은 보배로운 생각들을 갖고 계신 줄 믿습니다. 이 아이를 향한 하나님의 그 크고도 놀라운 계획들이 다 이루어져서, 하나님께 큰 영광을 돌리며 귀히 쓰임받는 복된 아이가 되게 하여 주시옵소서.

해산하느라 수고한 ○○○ 성도님을 붙드시고 산후 조리도 잘 할 수 있게 하여 주시며, 옆에서 돌보느라 애쓰시는 남편 ○○○ 성도님께도 힘과 능력을 더하여 주시옵소서.

예수님의 이름으로 기도하옵나이다. 아멘.

06
유산

우리가 가장 힘든 순간에 우리 곁에 계시는 하나님,

사랑하시는 ○○○ 성도님이 참으로 가슴 아픈 일을 겪었습니다. 태중에 아이가 생겼을 때 온 가족이 기뻐하며 찬양했었는데, 뜻하지 않게 이렇게 유산이 되어 큰 슬픔 중에 있나이다. 이 아픈 마음을 누가 위로할 수 있겠나이까? 위로의 하나님께서 함께하셔서 상하고 깨어진 마음을 어루만져 주시며, 하염없이 흐르는 눈물을 닦아 주시옵소서.

우리가 지금은 하나님의 뜻을 다 알 수 없습니다. 지금은 구리 거울로 비춰 보는 것처럼 희미하나, 우리가 하나님 앞에 서는 날에는 얼굴과 얼굴을 맞대고 보며 하나님의 뜻을 온전히 깨닫게 될 줄로 믿습니다. 비록 지금은 다 이해할 수 없지만 모든 일에 하나님의 선하신 뜻이 있음을 신뢰하고, 좋으신 하나님을 바라보며 하나님의 또 다른 역사를 사모하게 하소서.

크게 상심한 중에 있으나 부부가 서로를 위로하며 이 아픈 시간을 잘 견뎌낼 수 있게 하소서. 부부가 함께 손을 잡고 함께 무릎 꿇어 은혜를 구하게 하시고, 하나님의 더 크고 놀라운 은혜가 이 가정에 임하게 하소서. 정하신 날에 또 다시 태의 문을 열어 주시고, 이번에는 어려움 겪지 않고 순산하여 큰 기쁨이 넘치게 하옵소서.

예수님의 이름으로 기도하옵나이다. 아멘.

07
백일

좋으신 우리 하나님,

하나님께서 우리에게 보내 주신 ○○(이)의 백일을 맞아, 이렇게 함께
모여 하나님의 은혜를 찬양하며 영광을 돌리게 하시니 감사를 드립니다.

출산할 때는 ○○(이)의 엄마나 아빠나 다들 경황이 없어서 자녀를 주
신 하나님의 은혜를 잘 모르고 지났을 수도 있습니다. 그러나 이렇게 백
일을 지나면서 ○○(이)를 보면 볼수록, 하나님의 은혜가 얼마나 큰지 깊
이 깨닫게 되었을 줄로 압니다. ○○(이)의 엄마 아빠가 사랑이 가득한 눈
으로 ○○(이)를 바라볼 때, 그보다 더 사랑이 가득한 눈으로 이 가정을
내려다보고 계실 하나님의 눈길을 느끼게 하여 주시옵소서.

"어린 아기와 젖먹이들의 입에서 나오는 찬미를 온전하게 하셨나이다"
라고 했습니다. ○○(이)가 이제 곧 있으면 옹알이도 시작하고 할 텐데,
그 옹알이를 통해서라도 영광을 받아 주시고 일평생 하나님께 큰 영광
돌리는 ○○(이)가 되게 하여 주시옵소서. 기쁨으로 돌을 맞이할 때까지,
○○(이)가 잘 자랄 수 있도록 복 내려 주시옵소서.

예수님의 이름으로 기도하옵나이다. 아멘.

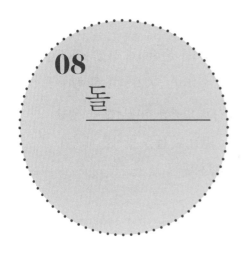

08
돌

사랑이 많으시고 은혜가 풍성하신 하나님,

오늘 사랑하는 ○○이(이)의 돌을 맞아 하나님께 영광을 돌리며 예배 드릴 수 있게 하시니 감사를 드립니다. ○○(이)가 태어난 것이 엊그제 같은데 벌써 1년이 지났습니다. 지난 1년 동안 하나님께서 지켜 주시고 보호해 주셔서, ○○(이)가 은혜 안에서 잘 자라게 하시니 감사합니다.

앞으로도 ○○(이)가 키가 자라고 지혜가 자라고 하나님과 사람 앞에 더욱 사랑스러워 가는 복된 아이가 되게 하옵소서. "내가 너로 큰 민족을 이루고 네게 복을 주어 네 이름을 창대하게 하리니 너는 복이 될지라" 고 하셨던 아브라함의 축복을 누리는 ○○(이)가 되게 하여 주셔서, 어디

가든지 복덩이로 살아갈 수 있게 하소서.

　지난 1년 동안 ○○(이)를 키우느라 애쓰신 ○○○, ○○○ 성도님 부부를 위로해 주시고, 앞으로도 더욱 말씀과 기도와 사랑으로 ○○(이)를 잘 키워갈 수 있도록 은혜 내려 주시옵소서. ○○(이)를 키워 가는데 필요한 모든 것을 하나님께서 넘치도록 채워 주셔서, 그 어느 것에도 부족함이 없도록 복 내려 주시옵소서. 또한 이 자리에 함께한 모든 분들의 가정에도 동일한 복이 임하게 하여 주시옵소서.

　예수님의 이름으로 기도하옵나이다. 아멘.

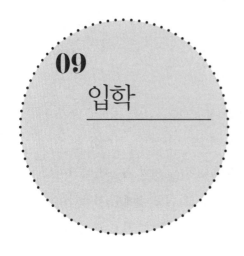

09

입학

<hr/>

은혜로우신 하나님,

○○○ 성도의 자녀 ○○○ 군/양에게 배움의 길을 활짝 열어 주셔서, 상급 학교에 입학할 수 있도록 인도해 주시니 감사를 드립니다.

하나님께서는 장차 귀히 쓰실 사람들을 여러 가지 통로를 통해 배우게 하시고 훈련하게 하시는 줄로 믿습니다. 하나님께서는 모세를 바로의 궁정에 보내어 애굽의 모든 학술을 배우게 하셨습니다. 또한 바울을 가말리엘 문하에 보내어 율법의 엄한 교훈을 배움으로써 복음을 위해 준비되게 하셨습니다. 아무쪼록 하나님께서 ○○○ 군/양을 친히 인도해 주셔서, 학업에 큰 성취가 있게 하시고 장차 나라와 민족과 하나님의 나라를 위해 크게 쓰임받는 귀한 인재가 되게 하여 주시옵소서.

배움의 길에 막힘이 없게 하시고, 마음껏 공부할 수 있는 길이 활짝 열리게 하소서. ○○○ 성도님의 가정에도 복을 내려 주셔서, ○○○ 군/양을 잘 뒷바라지하는데 부족함이 없도록 필요한 모든 것을 채워 주소서. 또한 ○○○ 군/양이 학업에도 열심이지만, 지혜의 근원이신 하나님을 섬기는 일에 더 열심을 낼 수 있도록 믿음을 더하여 주소서.

예수님의 이름으로 기도하옵나이다. 아멘.

10
졸업

은혜로우시고 자비로우신 하나님,

　○○○ 성도의 자녀 ○○○ 군/양이 소정의 과정을 잘 마치고, 졸업할 수 있도록 은혜를 주시니 감사를 드립니다. 그 과정 속에서 지혜도 주시고 건강도 주시며, 모든 환경을 붙들어 주셔서 무사히 마칠 수 있도록 복 내려 주시니 감사를 드립니다.

　배움에는 끝이 없는 줄 압니다. 이제 ○○○ 군/양은 더 상급 학교를 통해서도 배우고, 사회를 통해서도 배우며, 많은 사람들과의 만남을 통해서도 좋은 배움이 있게 하여 주시옵소서. 무엇보다도 성경을 통해서 인생을 배우고 신앙을 배우는 ○○○ 군/양이 되게 하여 주시옵소서. 성경을 통해 교훈과 책망과 바르게 함과 의로 교육함을 얻게 하소서.

앞으로의 진로에도 하나님께서 친히 간섭하여 주시고, 구하고 생각하는 것에 넘치도록 응답하여 주시옵소서. 생명의 길, 축복의 길로 인도해 주시고, 그의 앞에 시온의 대로가 활짝 열리게 하옵소서. 어디로 가든지 하나님과 사람 앞에 은총과 존귀히 여김을 받게 하시고, 하나님의 찬송과 명예와 영광을 삼아 주시옵소서. 하나님께서 친히 복 주고 복 주며, 번성하게 하고 번성하게 해 주시는 복 있는 인생이 되게 해 주시옵소서.

예수님의 이름으로 기도하옵나이다. 아멘.

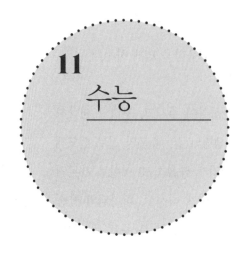

11

수능

지혜의 근원이 되시는 하나님,

○○○ 성도의 자녀 ○○○ 군/양이 수능 시험을 보게 되어 하나님의 도우심을 구하며 간절히 기도하옵나이다. 하나님의 은혜로 지금까지 붙들어 주셔서, 고교 교육 과정까지 잘 이수할 수 있도록 복 내려 주심을 감사드립니다. 지금까지 십여 년 동안을 애써서 공부하고 준비한 것을 이제 수능 시험을 통해서 평가를 받습니다. 그 동안의 수고가 헛되지 않도록 좋은 결과를 허락하여 주시옵소서.

시험 당일까지 육체적으로나 정서적으로나 최상의 컨디션을 유지할 수 있도록 하나님께서 붙들어 주시옵소서. 시험 전에 잠잠히 하나님께 기도할 때, 모든 긴장과 두려움을 거두어 주시고 마음에 놀라운 안정과 평안을 허락하소서. 문제를 대할 때 공부했던 것들이 다 기억나게 하시고, 순간순간 지혜를 주셔서 잘 풀어갈 수 있게 하소서. 과정에는 최선을 다하게 하시고, 결과는 겸허히 수용할 수 있는 성숙함도 주시옵소서.

지금은 수능이 인생의 전부인 것 같지만, 지나고 보면 이 또한 하나의 과정에 불과한 줄로 믿습니다. 우리 인생의 전부는 오직 하나님을 믿는 믿음임을 깨닫고, 담대하게 하소서.

예수님의 이름으로 기도하옵나이다. 아멘.

12
군 입대

사랑이 많으시고 은혜가 풍성하신 하나님,

○○○, ○○○ 성도님 가정의 ○○○ 청년이 신성한 국방의 의무를 수행하기 위해 군에 입대하게 되었습니다. 지금까지 몸과 마음이 건강하게 잘 자라서 이렇듯 장정이 되어, 국가의 부름에 응할 수 있게 된 것을 감사드립니다.

훈련받고 복무하는 데 지치고 힘들지 않도록 강한 체력과 정신력을 주시옵소서. 군생활에 잘 적응할 수 있게 해 주시고, 특별히 믿음의 사람들 많이 만날 수 있도록 인도해 주시옵소서. 무엇보다도 강한 믿음을 주셔서 힘들 때 더욱 하나님을 의지하며, 모든 어려움을 극복할 수 있게 하여 주시옵소서. 여러 가지 애로 사항도 많이 있겠지만, 군문에서도 예배 잘 드리고 복무 기간 중에 믿음이 더 좋아질 수 있도록 인도하여 주시옵소서. 하나님께서 파송하신 군 선교사라는 정체성을 가지고, 그곳에서도 열심히 전도하며 많은 영혼 구원할 수 있게 하소서.

사랑하는 아들을 군에 보내 놓고 마음 졸일 ○○○, ○○○ 성도님을 붙들어 주시고, 염려하기보다는 더욱 기도하며 하나님께 맡길 수 있는 믿음을 주시옵소서. 지금까지도 지켜 주신 하나님께서 건강하게 제대하는 그날까지 불꽃 같은 눈으로 지켜 보호하여 주시옵소서.

예수님의 이름으로 기도하옵나이다. 아멘.

13
군 제대

우리의 모든 기도에 신실하게 응답해 주시는 하나님,

○○○, ○○○ 성도님 가정의 ○○○ 청년이 이렇게 군 복무를 잘 마치고 건강한 모습으로 제대할 수 있도록 복 내려 주시니 감사를 드립니다.

○○○ 청년이 군에 있는 동안 ○○○, ○○○ 성도님은 물론이고, ○○○, ○○○ 성도님이 속한 남녀전도회와 ○○○ 청년이 속한 청년·대학부에서 간절히 기도했었는데, 이렇게 응답해 주시니 감사를 드립니다. 우리의 기도가 헛되이 땅에 떨어지지 않고 응답되어, 이처럼 영육 간에 한결의젓하고 당당한 모습으로 제대할 수 있도록 은혜 주신 하나님께 영광을 돌립니다.

이제 ○○○ 청년이 교회에 다시 잘 정착하여, 지금부터는 십자가 군병으로서 귀히 쓰임받게 하여 주시옵소서. 다시 학업/직장에 잘 복귀하여, 마음속에 계획하고 있는 여러 가지 진로들을 하나씩 개척해 나갈 수 있도록 이끌어 주시옵소서. 또한 그 모든 과정 속에 더욱 세밀하게 인도해 주셔서, 하나님께서 예비하신 놀라운 축복들을 온전히 누릴 수 있게 하여 주시옵소서. 그동안 노심초사하며 기도했던 부모님과 애타하던 가족들에게도 더욱 잘하고 사랑으로 섬기는 ○○○ 청년이 될 수 있도록 은혜를 내려 주시옵소서.

예수님의 이름으로 기도하옵나이다. 아멘.

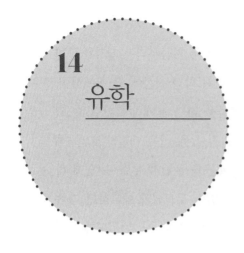

14
유학

사랑이 많으신 하나님 아버지,

○○○, ○○○ 성도님 가정의 자녀 ○○○ 청년을 사랑해 주셔서, 유학
을 갈 수 있도록 인도해 주시니 감사를 드립니다. 지금까지 국내에서의
모든 학업의 과정을 성실하게 잘 마치고, 이제 더 넓은 배움의 터를 찾아
떠납니다. 아무쪼록 그곳에서 좋은 스승들을 만나고, 좋은 선후배, 동
료들을 만나 깊고 깊은 학문의 세계에서 많은 것을 배우고 익힐 수 있게
하소서. 많은 비용과 시간을 투자하여 결단하고 떠나는 길입니다. 혹시
라도 이 귀한 기회를 허송하는 일 없도록, 하루를 천년처럼 귀히 여기고
이 기간을 잘 보낼 수 있게 하소서.

사랑하는 ○○○ 청년을 낯선 나라에 보내 놓고 마음 놓지 못할 ○○○, ○○○ 성도님을 위로하여 주시고, 하나님께서 친히 돌보아 주실 것을 확신하게 하소서. 여러 가지 생활 환경이 다르고 언어와 문화가 다른 그곳에서 잘 적응할 수 있게 하시고, 특별히 건강 붙들어 주셔서 오직 학업에 정진할 수 있게 하소서. 하나님께서는 그곳에 먼저 가셔서 모든 것을 예비해 놓고 기다리고 계실 줄 믿습니다. 주어진 기간 동안에 학문적으로 큰 진전이 있게 하시고, 앞길이 활짝 열리는 놀라운 축복의 계기가 되게 하여 주시옵소서. ○○○ 청년이 잘 준비되고 훈련되어서, 하나님의 영광을 위해 세계적으로 귀히 쓰임받게 하여 주시옵소서.

예수님의 이름으로 기도하옵나이다. 아멘.

15 취업 준비

우리의 모든 앞길을 인도해 주시는 하나님,

○○○ 청년이 취업을 준비하며 하나님의 인도하심을 구하는 중에 있습니다. 지금까지 공부하고 준비해 온 모든 역량을 마음껏 발휘하며, 기쁨으로 일할 수 있는 복된 일터를 허락하여 주시옵소서. 하나님께서 ○○○ 청년에게 주신 귀한 달란트가 땅에 묻히지 않고 잘 활용되어 영광 돌릴 수 있도록, 은혜를 내려 주시옵소서.

○○○ 청년에게 믿음 더하여 주셔서, 하나님께서 꼭 맞는 일터를 이미 예비해 놓으셨음을 확신하게 하소서. 혹여 취업을 놓고 염려되거나 불안한 마음이 있다면 하나님께서 다 거두어 주시고, 그 마음에 위로와 평안

을 주시옵소서.

구하는 이가 얻고, 찾는 이가 찾으며, 문을 두드리는 자에게 열린다고 하셨습니다. 더 열심히 기도하면서 더 적극적으로 도전해 보는 가운데, 하나님께서 예비해 놓으신 복된 자리를 찾아갈 수 있게 하소서. 그 과정 속에서 분별력을 허락해 주시고, 돕는 사람 만나게 하시며, 선한 길로 인도하여 주시옵소서. 뒷바라지하느라 수고하신 ○○○ 청년의 부모님께도 위로 주시고, 그 모든 수고에 보람이 있도록 좋은 소식이 있게 하여 주시옵소서.

예수님의 이름으로 기도하옵나이다. 아멘.

16
취업 감사

우리의 앞길을 늘 인도해 주시는 하나님,

○○○ 성도에게 복 내리셔서, 취업의 문을 열어 주시니 감사를 드립니다. 그동안 공부하느라 애쓴 것, 취업 준비하느라 수고한 모든 것 다 기억해 주시고, 이렇게 좋은 결과를 거둘 수 있게 하시니 감사를 드립니다.

이제 허락하신 귀한 일터에서, 오직 정직과 성실로 빛이 되고 소금이 되는 ○○○ 성도가 되게 하소서. 요셉이 보디발의 집을 섬길 때, 요셉이 일을 맡은 후부터 보디발의 집의 모든 소유에 여호와의 복이 임했다고 했습니다. 보디발은 여호와께서 요셉과 함께하시고 그의 범사에 형통케 하심을 보았다고 했습니다. ○○○ 성도를 통해 일터에 하나님의 복이 임하게 하시고, 하나님께서 ○○○ 성도와 함께하심을 모든 사람이 보고 알게 하소서.

좋은 상사, 좋은 동료 만나게 하시고, 직장 생활을 통하여 ○○○ 성도가 한층 성장하고 성숙해지는 은혜가 임하게 하소서. 때로 힘들고 어려운 순간이 있더라도 잘 참고 견디게 하시고, 눈물로 씨를 뿌리지만 기쁨으로 단을 거두는 축복이 임하게 하소서. 늘 은혜 충만하여 하나님께서 그 일터에 파송하신 직장 선교사로서의 사명을 잘 감당하게 하소서.

예수님의 이름으로 기도하옵나이다. 아멘.

17

이직

늘 우리를 손 붙잡아 인도해 주시는 하나님,

사랑하는 〇〇〇 성도님이 지금까지 다니던 직장을 떠나 새로운 직장
으로 옮기게 되었습니다. 사람이 마음으로 자기의 길을 계획할지라도 그
의 걸음을 인도하시는 이는 여호와시라고 하셨사오니, 하나님께서 세밀
히 인도해 주셔서 큰 축복의 계기가 되게 하여 주시옵소서.

전 직장에서 순간순간 도와주셨던 하나님께서 새 직장에서도 늘 동
행하여 주시고, 이전보다 더 좋은 성과를 내고 더 인정받는 직장 생활을
할 수 있도록 복 주시옵소서. 혹여 전 직장에서 다 펼쳐 보지 못한 역량
이 있다면, 새 직장에서는 마음껏 펼칠 수 있는 기회와 환경을 허락하여

주소서. 또한 전 직장에서 부족했던 부분들이 있다면, 이제 잘 보완해서 ○○○ 성도님이 모든 면에서 한 단계 더 업그레이드되는 좋은 기회가 되게 하여 주시옵소서.

이직하는 과정에서 여러 가지로 마음 쓰며 힘들었을 ○○○ 성도님을 위로해 주시고, 인생의 단계 단계마다 더욱 하나님을 신뢰하고 의지하는 귀한 체험이 되게 하여 주시옵소서. ○○○ 성도님의 새 직장에 하나님께서 은혜를 쌓아 놓고 기다리고 계실 줄 믿습니다. 큰 믿음과 기대감을 안고 나아가는 ○○○ 성도님이 되게 하여 주시옵소서.

예수님의 이름으로 기도하옵나이다. 아멘.

18
승진

은혜가 풍성하신 하나님,

○○○ 성도님에게 은혜 주셔서 직장에서 인정받고 승진할 수 있도록 축복해 주시니 감사를 드립니다. 그 동안 일터에서 정직하고 성실하게 묵묵히 맡을 일들을 잘 감당해 나가며 빛과 소금의 역할을 잘해 왔던 것을, 하나님께서 친히 인정해 주시고 이런 좋은 결과를 허락해 주신 줄 믿습니다.

○○○ 성도님이 하나님께서 허락하신 귀한 직책을 통하여 더 많은 사람들에게 선한 영향력을 끼치는 삶을 살아갈 수 있도록 복 내려 주시옵소서. 지혜와 명철을 허락하셔서 맡은 일에 탁월함을 주시고, 돕는 사람

들 많이 붙여 주셔서 행하는 모든 일에 막힘이 없게 하여 주시옵소서. 계획하는 모든 일마다 주께서 앞서가셔서 인도해 주시고, 손대는 일마다 귀한 열매가 많이 맺히게 하여 주시옵소서.

"그가 나를 사랑한즉 내가 그를 건지리라 그가 내 이름을 안즉 내가 그를 높이리라"고 하셨사오니, 앞으로도 신앙생활 더 잘하게 하셔서, 하나님께서 가면 갈수록 더 높여 주시는 복된 삶을 살게 하여 주시옵소서.

예수님의 이름으로 기도하옵나이다. 아멘.

19

실직

긍휼이 풍성하신 하나님 아버지,

금번에 ○○○ 성도님께서 뜻하지 않게 직장을 그만두게 되었습니다. 힘들고 어려운 일들도 많이 있었지만 그래도 정들었던 직장인데, 갑작스럽게 실직을 하게 된 ○○○ 성도님의 마음을 친히 위로하여 주시옵소서. ○○○ 성도님 지금까지 누구보다도 성실하게 직장 생활 잘해 온 것을 사람은 다 몰라줘도 하나님께서는 다 아시며, 사람은 다 보상해 주지 않아도 하나님께서 다 보상해 주실 줄 믿습니다.

사랑하는 ○○○ 성도님 "이제 끝이다" 생각하지 말고, "이제 새로운 시작이다"라고 생각하게 하소서. 하나님께서 예비하실 복된 인생의 제2막을 힘 있게 열어갈 수 있게 하여 주시옵소서. 지금까지 직장 생활을 하면서 축적한 모든 경험과 노하우들을 잘 발휘할 수 있는 또 다른 좋은 일터를 허락하여 주셔서, 그곳에서 또다시 기쁨으로 일할 수 있도록 인도해 주시옵소서.

○○○ 성도님의 부인과 자녀들도 은혜로 붙들어 주셔서, 온 가족이 서로 마음을 모으고 서로 위로하며 이 시기를 잘 넘길 수 있게 하소서. 하나님께서 한쪽 문을 닫으실 때는 반드시 다른 쪽에 더 좋은 문을 열어주심을 확신하며, 믿음으로 승리하는 복된 가정 되게 하소서.

예수님의 이름으로 기도하옵나이다. 아멘.

20

퇴직

신실하신 아버지 하나님,

○○○ 성도님께서 오랜 직장 생활에 유종의 미를 거두고, 이렇게 명예롭게 퇴직할 수 있도록 은혜 주심을 감사를 드립니다. 그 긴 세월 동안 좋은 일만 있었던 것 아니고 여러 가지로 힘들고 어려운 일들도 많이 있었을 텐데, 그때마다 도와주시고 새 힘을 주신 하나님께 영광을 돌립니다. 지금까지 지내온 것이 다 하나님의 은혜인 줄 알아, 이처럼 겸손히 고개 숙인 ○○○ 성도님께 이 시간 더 크고 놀라운 은혜를 허락하여 주시옵소서.

이제 ○○○ 성도님은 인생 전반전을 마치고 후반전을 잘 준비하기 위한 하프 타임을 갖게 될 것입니다. 아무쪼록 우리 인생의 감독 되신 하나님의 지시를 잘 새겨듣게 하시고, 한숨 돌리고 충분히 휴식을 취하며 재충전되게 하소서. 그래서 전반전보다 더 멋진 후반전을 보내는 복된 인생이 될 수 있도록 복을 더하여 주시옵소서.

그동안 직장 일에 매여 마음만 있지 감당하지 못했던 주의 일이 있다면, 이제 마음껏 쓰임받을 수 있게 하옵소서. 또한 일에 치여 가족들과 함께하는 시간이 부족했을 수도 있는데, 가족들과도 더 여유롭고 행복한 시간들 많이 보낼 수 있게 하여 주시옵소서.

예수님의 이름으로 기도하옵나이다. 아멘.

21
개업

만복의 근원이신 하나님,

하나님께서 특별히 사랑하시는 ○○○, ○○○ 성도님께서 그동안 기도하고 준비해 온 대로 사업장을 개업하게 되었습니다. 지금까지 쌓아 온 여러 가지 경험들과 지혜를 바탕으로, 잘 경영해 나갈 수 있도록 복 내려 주시옵소서. 마음의 경영은 사람에게 있어도 말의 응답은 여호와께로부터 나온다고 하셨사오니, 인간적인 수완보다도 하나님을 더욱 의지하게 하여 주시옵소서.

한편으로는 한없이 기쁘고 기대가 되기도 하지만, 여러 가지 경제 상황을 생각할 때 다른 편으로는 걱정되고 염려되는 부분도 있을 것입니다.

우리 ○○○ 성도님께 큰 믿음을 주셔서 모든 무거운 근심은 다 떨어 버리게 하소서. 너의 행사를 여호와께 맡기라 그리하면 네가 경영하는 것이 이루어지리라고 하신 말씀대로, 사업장을 위해 더 열심히 기도하며 모든 어려움을 헤쳐 나갈 수 있게 하옵소서.

하나님의 은혜로 이 사업장이 좋은 소문이 나게 하시고, 많은 고객들이 생겨나게 하시며, 갈수록 지경이 넓어지게 하여 주시옵소서. 또한 이 사업장을 통해 이루고자 하시는 하나님의 뜻을 잘 분별하게 하셔서, 이 사업장을 통해 하나님의 일들을 더욱 잘 섬기게 하여 주시옵소서.

예수님의 이름으로 기도하옵나이다. 아멘.

22
확장

늘 우리에게 복 주시기를 기뻐하시는 하나님,

사랑하시는 ○○○ 성도의 사업장에 복을 내려 주셔서, 오늘 이렇게 확장을 축하하는 예배를 드릴 수 있게 하심을 감사드립니다. ○○○ 성도님께서 개업하실 때 여러 가지로 걱정되고 염려되는 부분도 많이 있었는데, 지금까지 하나님께서 인도하시고 복 내려 주셔서 이렇게 사업장이 확장되게 하시니 감사를 드립니다.

사랑하시는 ○○○ 성도님 하나님께서 복 주실 때 더욱 겸손히 하나님을 잘 섬기게 하시고, 주의 일에 더 헌신하게 하옵소서. 그래서 하나님께서 복에 복을 더하여 주시는 귀한 성도님이 되게 하여 주시옵소서.

"네 입을 넓게 열라 내가 채우리라"고 하신 하나님. ○○○ 성도님께서 주어진 현실에 안주하지 않고, 더 큰 비전을 가지고 앞으로 나아갈 수 있게 하여 주시옵소서. 더 큰 믿음으로 하나님께 나아가, 믿음대로 써 주시는 하나님의 역사를 체험하게 하소서. 앞으로도 이 사업장을 하나님께서 친히 경영하여 주셔서, "내가 반드시 너에게 복 주고 복 주며 너를 번성하게 하고 번성하게 하리라"하신 말씀이 그대로 이루어지는 복된 사업장이 되게 하소서.

예수님의 이름으로 기도하옵나이다. 아멘.

23

폐업

사랑이 많으신 하나님 아버지,

○○○ 성도님이 애쓰고 수고해 왔지만, 뜻하지 않게 사업장을 정리하게 되었습니다. 그 상하고 아픈 마음을 하나님께서 어루만져 주시고, 세상은 줄 수 없는 위로를 허락해 주시옵소서.

○○○ 성도님께 이것이 끝이 아님을 깨닫게 하시고, 새로운 일을 찾아 새롭게 도전해 볼 수 있도록 인도해 주시옵소서. 잠시 내 계획이 실패한 것 같으나, 하나님께는 더 좋은 계획이 있음을 신뢰하게 하소서. 그 어떤 실패도 ○○○ 성도님과 하나님과의 근본적인 관계에는 아무 영향을 주지 못함을 알게 하시며, 성도님을 향한 하나님의 사랑은 결코 실패하지

않음을 고백할 수 있게 하소서. 가장 믿음이 필요한 이때에, 믿음 위에 굳건하게 설 수 있는 ○○○ 성도님이 되게 하여 주시옵소서.

의인은 자주 넘어지나 아주 엎드러지지는 않음은 여호와께서 붙들어 주시기 때문이라고 했습니다. ○○○ 성도님께서 하나님을 힘입어 새 힘을 얻게 하시고, 일곱 번을 넘어져도 다시 일어날 수 있는 능력을 얻게 하소서. 주의 은혜로 재기할 수 있게 하시고, 먼 훗날 지금까지 함께하신 에벤에셀의 하나님을 간증할 수 있게 하옵소서.

예수님의 이름으로 기도하옵나이다. 아멘.

24
입주

우리에게 온갖 좋은 선물을 내려 주시는 하나님,

○○○ 성도에게 새로운 장막을 허락하셔서, 입주할 수 있도록 은혜 주시니 감사드립니다. 이 집을 마련하여 오늘 이렇게 입주하기까지 여러 가지 어려움도 많이 있었을 텐데, 그 모든 과정에서 도와주시고 마침내 이렇게 좋은 날을 맞이할 수 있게 하신 하나님께 영광을 돌립니다. 그동안 설레는 마음으로 이날을 기다려 온 ○○○ 성도님께 오늘 한없는 기쁨이 넘치게 하시고, 마음껏 하나님을 찬양하게 하옵소서.

허락하신 귀한 장막이 하나님 앞에 아름다운 제단이 되기를 원합니다. 이곳에서 하나님께 예배하고 영광 돌리게 하셔서, 하나님의 임재가 늘 함께하는 복된 처소가 되게 하여 주시옵소서. 찬양의 노래와 감사의 고백이 끊이지 않는 가정이 되게 하소서.

"네 장막터를 넓히며 네 처소의 휘장을 아끼지 말고 널리 펴되 너의 줄을 길게 하며 너의 말뚝을 견고히 할지어다"고 하신 하나님. ㅇㅇㅇ 성도님께서 이곳에서 축복 많이 누리며 행복하게 사시다가, 하나님께서 정하신 날에 더 크고 좋은 장막으로 이사할 수 있도록 은혜 허락하여 주시옵소서. 주의 몸 된 교회에 속한 모든 가정들마다 동일한 복을 받게 하소서.

예수님의 이름으로 기도하옵나이다. 아멘.

25

이사

늘 언제 어디서나 우리와 동행해 주시는 하나님,

사랑하시는 ○○○ 성도님께 새로운 장막을 허락해 주심을 감사드립니다. 아브라함이 세겜으로, 벧엘로, 헤브론으로, 장막을 옮길 때마다 제단을 쌓고 하나님께 영광 돌렸던 것을 봅니다. 아브라함의 믿음을 본받아 이렇게 제단을 쌓는 ○○○ 성도님을 기억해 주시고, 아브라함에게 주셨던 온갖 축복들을 이 시간 이곳에 풍성히 내려 주시옵소서.

집은 명철로 말미암아 견고하게 되며, 지식으로 말미암아 각종 귀하고 아름다운 보배로 채우게 된다고 하셨습니다. 모든 명철과 지식의 근본은 하나님을 경외하는 것인 줄 믿습니다. ○○○ 성도의 가정이 누구보다도 하나님을 경외하는 가정이 되게 하셔서, 하나님께서 예비하신 온갖 귀하고 아름다운 보배로 가득 채워지는 복된 가정이 되게 하소서.

이 장막에 머무는 동안 온 식구 늘 건강하게 하시고, 마음속에 소원하는 모든 일들이 주의 뜻 가운데 다 이루어져 가게 하소서. 무엇보다도 신앙생활 잘하는 복된 가정 되게 하셔서, 찬양으로 아침을 열고 기도로 저녁을 닫는 복된 가정이 되게 하여 주시옵소서. 이 가정에 일마다 때마다 평강을 주시고, 일마다 때마다 큰 영광을 거두어 주시옵소서.

예수님의 이름으로 기도하옵나이다. 아멘.

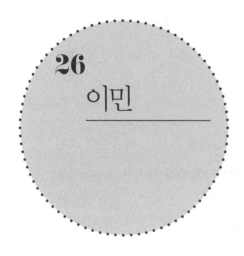

26

이민

땅 이편에서 저편까지 아니 계신 곳이 없으신 하나님,

○○○ 성도님의 가정이 지금까지 주의 몸 된 교회에서 믿음 생활 잘하고 주신 사명 잘 감당하시다가, 이제 하나님의 섭리하심을 따라 머나먼 타국으로 이민을 가게 되었습니다.

한편으로는 새로운 삶에 대한 기대감도 있겠지만, 문화도 다르고 언어도 다른 곳으로 온 식구가 함께 가야 하는 것을 생각하면 여러 가지 염려와 두려움도 있을 줄 압니다. 그러나 온 우주에 하나님은 아니 계신 곳이 없음을 믿습니다. 이 땅에서 ○○○ 성도님과 동행해 주신 하나님은 그 땅에서도 신실하게 동행해 주실 줄 믿습니다. 새벽 날개를 치며 바다 끝에 가서 거주할지라도, 거기서도 주의 손이 인도하시며 붙들어 주실 줄 믿습니다. 하나님께서 그곳에 먼저 계셔서, 태산 같은 은혜를 예비하신 줄 믿습니다. ○○○ 성도님의 가정에 큰 믿음을 허락하여 주셔서, 강하고 담대하게 축복의 땅으로 나아가게 하소서.

그곳에 가서도 믿음 생활을 잘 하게 하시고, 하나님께서 그곳에 파송하신 평신도 선교사의 사명을 잘 감당할 수 있게 하소서. 특별히 ○○○ 성도님의 자녀들에게 복 주셔서, 타국 땅에 잘 적응하게 하시고 어디서나 꼬리가 되지 않고 머리가 되는 축복을 받게 하소서.

예수님의 이름으로 기도하옵나이다. 아멘.

27

생일

우리에게 생명을 주시고, 주신 생명을 늘 보존해 주시는 하나님,

지난 1년 동안도 ○○○ 성도님을 사랑해 주시고 붙들어 주셔서, 오늘 이렇게 생일을 맞아 하나님께 영광 돌리게 하심을 감사드립니다. 한 해 동안 형통할 때는 ○○○ 성도님의 찬양 속에 함께하셨고, 곤고할 때는 ○○○ 성도님의 기도 속에 함께하신 하나님의 은혜를 감사드립니다. 기 쁠 때나 슬플 때나 늘 하나님 붙들고 살아가는 ○○○ 성도님을 기억하여 주셔서, 이 시간도 큰 은혜와 축복을 내려 주시옵소서.

○○○ 성도님의 삶에 복 내려 주셔서, 돋는 해 아침 빛 같고, 구름 없 는 아침 같고, 비 온 후에 움이 돋는 새 풀 같은 인생이 되게 하소서. 늘

하나님을 기뻐하고 겸손히 의지하게 하셔서, 마음에 소원하는 모든 일들을 하나님께서 친히 이루어 주시고 정오의 태양같이 환하게 빛나는 삶을 살게 하여 주시옵소서.

남은 평생도 하나님의 마음에 꼭 맞는 사람으로 살아가게 하시고, ○○○ 성도님을 향한 하나님의 뜻이 다 이루어지는 축복이 있게 하여 주시옵소서. ○○○ 성도님의 생일을 축하하며 함께 자리한 모든 분들에게도 동일한 복이 임하게 하여 주시옵소서.

예수님의 이름으로 기도하옵나이다. 아멘.

28

회갑

우리의 나그네 길에 늘 동행해 주시는 하나님,

오늘 ○○○ 성도님의 회갑을 맞아, 60년의 인생 여정에 동행해 주신 하나님의 은혜를 기억하며 큰 영광을 돌리나이다. 지난 60년의 나그네 길에 ○○○ 성도가 넘어질 때마다 하나님께서 붙들어 일으켜 주셨고, 모진 비바람 불던 밤엔 은혜의 날개 아래 품어 주셨습니다. 또한 온갖 시련을 만날 때마다 함께 싸워 승리하게 하신 사랑에 감사를 드립니다.

이 복된 날 지금까지 함께하신 은혜를 찬양하며, 또한 앞으로도 ○○○ 성도님께 더 큰 은혜 주실 하나님을 기대합니다. 85세의 갈렙이 "오늘도 내가 여전히 강건하여 내 힘이 사십 대와 같으니, 이 산지를 내게 주소서"라고 당당히 요구하던 모습을 봅니다. 우리 ○○○ 성도님도 갈렙처럼 영육 간에 강건한 중에 장수하게 하시고, 노후로 갈수록 오히려 더 큰 복을 받게 하소서. 주 안에서 장수하며, 자손들이 다 잘 되는 모습을 지켜보고 하나님께 영광 돌리는 복 있는 삶이 되게 하여 주시옵소서.

지난 세월 동안 ○○○ 성도님과 함께 웃고 함께 울며 그 곁을 지켜 온 배우자 ○○○ 성도님도 기억하셔서 늘 은혜 주시고, 귀한 자손들도 ○○○ 성도님의 믿음을 잘 본받게 하소서.

예수님의 이름으로 기도하옵나이다. 아멘.

29
칠순

우리의 모든 생사화복을 홀로 주관하시는 하나님,

○○○ 성도님의 칠순을 맞아, 가족과 친지와 성도들이 함께 모여 하나님께 영광을 돌릴 수 있게 하심을 진심으로 감사드립니다.

모세는 "우리의 연수가 칠십이요 강건하면 팔십이라도 그 연수의 자랑은 수고와 슬픔뿐이요 신속히 가니 우리가 날아가나이다"라고 고백했습니다. 쏜살같이 날아가는 70년 세월 동안, 그 안에 얼마나 수고도 많고 슬픔도 많나이까? 우리 ○○○ 성도님도 살아오시면서 많은 어려움들이 있었지만, 하나님의 은혜로 다 극복하고 승리하여 지금 이곳에 우뚝 설 수 있게 하심을 감사드립니다.

모진 비바람 이기고 곧게 뻗어 오른 영적 거목 같은 우리 ○○○ 성도님을 기억하여 주셔서, 앞으로도 더 큰 은혜 내려 주시옵소서. 세월이 더 흘러도 여전히 결실하며 진액이 풍족하고 빛이 청청하게 하소서. 사랑하는 자손들이 그 그늘 아래에서 많은 열매를 누리며, 복된 삶을 살아갈 수 있게 하여 주옵소서. 자손들뿐 아니라 모든 교인들도 ○○○ 성도님의 신앙을 본받아, ○○○ 성도님의 복을 함께 누릴 수 있게 하여 주시옵소서.

예수님의 이름으로 기도하옵나이다. 아멘.

30

팔순

우리와 늘 동행해 주시는 좋으신 하나님,

오늘 ○○○ 성도님의 팔순을 맞이하여, ○○○ 성도님을 사랑하는 가족과 친지와 교우들이 함께 모여 하나님께 영광을 돌리나이다. 주의 뜻가운데 바른 길 걸어간 사람은 백발이 수치가 되지 아니하고, 영화로운면류관이 되게 해 주신다고 하셨습니다. 그 약속의 말씀대로 오늘 팔순을 맞은 ○○○ 성도님이 주위 모든 사람들의 사랑과 존경을 받으며 이렇게 복된 잔치를 누릴 수 있게 하심을 감사드립니다. 이곳에 함께하셔서큰 영광을 받아 주시옵소서.

우리의 겉사람은 낡아지나 우리의 속사람은 날로 새로워진다고 하셨습니다. ○○○ 성도님의 영혼이 늘 새로워져서, 남은 여생을 하나님 앞에서 멋진 모습으로 살아갈 수 있게 하여 주옵소서. 연약한 육신도 늘 붙들어 주셔서, 주님 부르시는 그날까지 맑은 정신 주시며 출입에 불편이 없도록 강건케 하여 주시옵소서.

이 가문의 믿음의 대가 끊어지지 않게 하시고, 대를 거듭할수록 더 잘 믿고 더 복을 받고 더 쓰임받는 복된 가문이 되게 하여 주시옵소서. 이 가문에서 기름 부음 받는 종들이 많이 나오게 하시고, 하늘의 복과 땅의 복을 겸하여 받는 축복의 가문이 되게 하여 주옵소서.

예수님의 이름으로 기도하옵나이다. 아멘.

31

입원

우리가 연약할수록 더욱 귀히 여기시는 하나님,

○○○ 성도님이 육신의 연약함으로 인해 입원하게 되었나이다. 하나님은 우리가 연약할수록 더욱 귀히 여겨주시고, 각별한 사랑으로 보살펴 주시는 줄 믿습니다. ○○○ 성도님의 아픈 마음을 위로해 주시고, 눈물을 닦아 주시며, 병상에서 외롭지 않도록 하나님께서 더 특별한 임재로 함께하여 주시옵소서.

병상에 치유의 영이신 성령을 보내 주셔서, 지극히 크신 능력으로 ○○○ 성도님을 덮어 주시옵소서. 이 병실에 공의로운 해가 떠올라서 치료하는 광선을 비춰 주시사, 속히 털고 일어날 수 있게 하여 주시옵소서. 모든 치료가 잘 끝나 정하신 날에 퇴원하게 하시되, 이전보다 더 건강한 모습으로 이 병실을 나갈 수 있게 하여 주시옵소서.

동일한 축복이 함께 병실에 있는 모든 분들에게도 임하게 하여 주시옵고, 아직 주를 믿지 않는 분이 있다면 이 어려움을 통하여 주님을 영접하는 귀한 축복이 있게 하여 주시옵소서. 병간호를 위해 수고하는 가족들을 위로하여 주시고, 이 기간 동안에 서로의 소중함을 더욱 깊이 느끼게 하시며 서로를 향한 사랑이 더 깊어지게 하소서.

예수님의 이름으로 기도하옵나이다. 아멘.

32
수술 전

우리의 생명을 홀로 주관하시는 하나님,

사랑하시는 ○○○ 성도님이 원치 않은 질병으로 인해 수술을 하게 되었습니다. 이 시간 ○○○ 성도님의 마음을 주장해 주셔서 모든 두려움과 염려를 제거해 주시고, 오직 평안과 확신만이 가득하게 하소서.

○○○ 성도님은 마취가 되어 의식이 없는 중에도, 하나님께서는 계속해서 ○○○ 성도님을 기억해 주시고 붙들어 주시옵소서. 수술을 집도하시는 의사 선생님과 도우시는 간호사 선생님들의 손길을 하나님께서 친히 주장하여 주셔서, 실수 없게 하시고 최상의 수술이 될 수 있도록 인도해 주소서. 예수님께서 채찍에 맞음으로 우리가 나음을 입었다고 하셨사

오니, 예수님의 채찍 맞으신 공로가 수술대 위에 임하여 온전히 치유되는 놀라운 은혜가 임하게 하소서.

이 시간 ○○○ 성도님을 위해 간절히 기도하고 있는 가족과 친지와 교우들의 기도가 헛되지 않게 하시고, 좋은 결과로 열매 맺게 하여 주시옵소서. 수술을 잘 마치고 의식을 회복한 후에, 기쁜 모습으로 ○○○ 성도님을 다시 볼 수 있게 될 줄로 믿습니다. 우리의 기도와 믿음대로 이루어지도록 역사해 주시옵소서.

예수님의 이름으로 기도하옵나이다. 아멘.

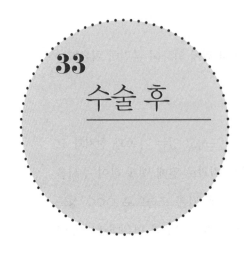

33
수술 후

찬양을 받으시기에 합당하신 하나님,

○○○ 성도님의 수술이 잘 끝나고 의식도 회복되어, 이렇게 함께 기도할 수 있게 된 것을 감사드리나이다. 우리 ○○○ 성도님 사망의 음침한 골짜기를 지나야 했지만 하나님께서 함께해 주시고 지켜 주셔서, 다시 푸른 초장, 쉴만한 물가로 나올 수 있게 하시니 감사드립니다. 수술하느라 애쓰신 의료진의 노고를 치하해 주시고, 가슴 졸이며 기다렸던 가족과 친지와 교우들의 마음을 위로해 주시옵소서.

이제 ○○○ 성도님은 병원에 더 머물면서 회복의 시간을 갖게 될 터인데, 그 기간 동안에 주께서 특별히 함께해 주시고 은혜를 내려 주시옵소서. 수술 부위가 잘 아물게 하시고, 아무런 부작용도 없게 하여 주시옵소서. 또한 수술한 부위뿐 아니라 온몸과 영혼 구석구석에 치유의 은혜를 내려 주셔서, 온몸과 영혼까지 온전히 회복되고 강건해지는 역사가 있게 하소서.

회복 기간을 통하여 지나온 삶을 되돌아보고 하나님의 은혜를 찬양하며, 앞으로의 삶을 계획하고 하나님의 도우심을 구하게 하소서. 병실에 함께 계신 모든 분들에게도 동일한 은혜를 주셔서, 모두들 건강이 온전히 회복되게 하소서.

예수님의 이름으로 기도하옵나이다. 아멘.

34 퇴원

늘 우리에게 은혜를 베풀어 주시는 하나님,

○○○ 성도님이 그동안의 모든 치료 과정을 잘 마치고, 이렇게 건강한 모습으로 퇴원할 수 있도록 은혜 주시니 감사를 드립니다. 치료하는 과정 속에 여러 가지로 참기 힘든 고통스러운 순간들도 많이 있었을 텐데, 믿음으로 잘 이기게 하신 것을 찬양합니다. 이제 퇴원하여 일상생활에 잘 복귀할 수 있게 하시고, 아무런 후유증 없이 전보다 더 건강하게 하소서.

○○○ 성도님 입원하여 치료받는 과정들 속에서, 사람이 자기 힘만으로 사는 것이 아니요 하나님의 은혜 없이는 살 수 없음을 더욱 깊이 체감했을 줄로 압니다. 이제 퇴원한 후에도 그 마음 잃어버리지 않고, 더욱

하나님을 의지하고 간절히 은혜를 구하며 살아가게 하소서. 또한 건강을 회복해 주심은 또 다른 사명이 있기 때문임을 깨닫고, 이전보다 더욱 열심을 품고 주를 섬기는 OOO 성도님이 되게 하여 주시옵소서.

그 동안 물심양면으로 수고하고 애쓴 가족 분들을 위로해 주시고, 앞으로 온 식구가 다 건강을 누리며 살아갈 수 있게 하여 주시옵소서. 모든 퇴원 절차에도 함께하여 주시고, 물질적으로도 부족함이 없이 채워주시옵소서.

예수님의 이름으로 기도하옵나이다. 아멘.

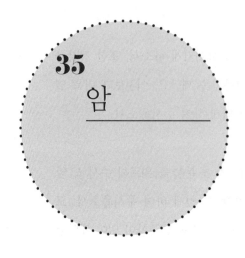

35

암
___

우리의 치유자가 되시는 하나님,

우리 ○○○ 성도님께서 암 진단을 받고 이루 말할 수 없이 두렵고 떨리는 마음으로 하나님 앞에 나왔나이다. 우리의 치유자가 되시는 하나님, ○○○ 성도님을 긍휼히 여겨 주시고, 이 모든 병마와 싸워 이길 수 있도록 힘과 능력을 주시옵소서.

하나님께서 우리에게 주신 일반 은총을 따라 이제 현대 의학이 많이 발달하여 암도 꼭 불치의 병은 아닌 줄 압니다. ○○○ 성도님 아무쪼록 좋은 의사 선생님 만나게 하시고, 치료 잘 받을 수 있게 하시며, 좋은 결과가 나올 수 있게 하여 주시옵소서.

또한 우리 ○○○ 성도님을 사람의 손길에만 맡겨 두지 마시고, 하나님께서 친히 어루만지시고 붙들어 주셔서 암을 이길 수 있는 강한 생명력을 불어넣어 주시옵소서. 온 몸의 면역 세포들이 다 살아나게 하시고 힘을 더하사, 암세포를 깨끗이 물리칠 수 있도록 역사하여 주시옵소서. 또한 권능의 손길을 펼치사, 능력의 불로 모든 암세포를 말끔히 태워 주시옵소서.

힘든 투병 과정에 순간순간 힘을 주시며, 가족들에게도 믿음과 평안을 허락하옵소서.

예수님의 이름으로 기도하옵나이다. 아멘.

36

불치병

우리의 모든 생사화복을 홀로 주관하시는 하나님,

○○○ 성도님이 중한 병으로 인해 많은 고통을 받고 있습니다. 우리 성도님을 긍휼히 여겨 주셔서, 치유의 은혜를 내려 주시옵소서. 아무리 현대 의술이 발달했어도 사람의 힘으로는 어떻게 할 수 없는 병도 있습니다. 하오나 사람이 못하는 것을 하나님은 하시오니, 의사 선생님들의 손길이 미치지 못하는 곳까지 하나님의 손길로 친히 어루만져 주사 깨끗함을 입게 하소서.

○○○ 성도님에게 믿음을 주셔서, 모든 고통과 두려움을 다 이기고 승리할 수 있게 하소서. 예수 믿는 성도에게는 이 땅에서의 삶이 전부가 아

니요, 영원한 천국의 소망이 있음을 잊지 않게 하소서. 그곳에는 다시는 사망이 없고 애통하는 것이나 곡하는 것이나 아픈 것이 다시 있지 아니한 줄로 믿습니다. 하나님께서 모든 눈물을 닦아 주시고, 영원한 기쁨을 안겨 주시는 줄 믿습니다.

○○○ 성도님 지금까지 붙들어 왔던 십자가의 복음을 더욱 힘 있게 붙들게 하시고, 믿음의 최후 승리자가 되어 의의 면류관을 쓸 수 있게 하여 주시옵소서. 살든지 죽든지 오직 내 몸에서 그리스도만 존귀케 되기를 원한다던 사도 바울의 믿음을 허락해 주시옵소서.

예수님의 이름으로 기도하옵나이다. 아멘.

37

임종예배

생명의 주관자가 되시는 하나님,

○○○ 성도님을 이 땅에 보내 주시고 예수 믿게 하시며, 이제 구원의 확신 속에 천국의 소망을 바라보게 하심을 감사드립니다. ○○○ 성도님 이 땅에 사시는 동안 여러 가지로 괴롭고 힘든 날들도 많이 있었는데, 이 제 그 모든 것을 벗어 버리고 아버지의 품에 안겨 안식하기를 원하나이 다. 또한 이 땅에 아직 이루지 못한 일들도 많이 있지만, 이제 그 모든 것 을 내려놓고 아버지의 손에 맡겨 드리기를 원하나이다.

사랑하시는 ○○○ 성도님이 "너희는 마음에 근심하지 말라 하나님을 믿으니 또 나를 믿으라 내 아버지 집에 거할 곳이 많도다"고 하신 약속의 말씀을 붙들게 하소서. 천국의 영원한 생명과 영원한 상급을 바라보게 하소서. 무엇보다도 팔 벌려 기다리고 계시는 하나님 아버지를 볼 수 있는 영안이 열리게 하소서. 이 자리에 함께한 사랑하는 가족들에게도 동일한 소망을 주시고, 그 소망을 인하여 모든 슬픔을 이기게 하소서. 또한 한 사람도 낙오되지 않고 ○○○ 성도님을 따라 믿음의 길을 잘 걸어가, 먼 훗날 하나님 품에서 함께 만나게 하소서.

○○○ 성도님의 영혼을 하나님께 맡기오니 기쁨으로 받아 주시옵소서.

예수님의 이름으로 기도하옵나이다. 아멘.

38 입관예배

생명의 근원이 되시는 하나님,

고 ○○○ 성도님의 입관예배를 드리기 위해 함께 모였나이다. 말로 표현할 수 없는 슬픔 중에도 하나님께 영광 돌리며 찬양을 올려 드리는 유가족들을 기억하시고, 이 시간 이곳에 큰 위로와 평강을 내려 주시옵소서.

고 ○○○ 성도님의 시신을 입관하므로 이제 고인의 육신의 모습을 다시는 못 보게 되었습니다. 그러나 이것이 끝이 아니요, 우리에게는 부활이 있는 줄로 믿습니다. 주께서 허락하실 부활의 날에 영광스러운 신령한 몸으로 고인을 다시 뵙게 될 줄로 믿습니다.

어리석은 자의 마음은 잔칫집에 있으나 지혜로운 자의 마음은 초상집에 있다고 했습니다. 우리도 언젠가는 잔치는 끝나고 죽음 앞에 서게 될 날이 있음을 다 깨닫게 하여 주소서. 함께한 유가족 중 믿음이 있는 분들은 고인을 따라 믿음 생활 더 잘할 수 있도록 복 내려 주시옵소서. 또한 아직 믿음이 없는 분들은 속히 예수님을 영접하여 죄 사함과 영생을 얻는 자리로 나올 수 있게 하옵소서. 남은 모든 장례 절차에 함께하여 주사 순적하게 진행되게 하시고, 순간순간 은혜 내려 주시옵소서.

예수님의 이름으로 기도하옵나이다. 아멘.

39

발인예배

우리에게 천국과 영생의 소망을 주시는 하나님,

고 ㅇㅇㅇ 성도의 발인을 앞두고 하나님 앞에 모여 영광을 돌리나이다. 함께하셔서 큰 영광 받아 주시고, 함께 고개 숙인 우리 모두에게 한량없는 은혜와 위로를 내려 주시옵소서.

고 ㅇㅇㅇ 성도님의 영혼은 이미 주님 품에 안겨 안식하고 있는 줄 믿습니다. 영원한 새 하늘과 새 땅에서 넘치는 사랑을 받고 계시는 줄로 믿습니다. 남은 유가족들에게 믿음을 주셔서 영생의 소망 없는 사람들과 같이 슬퍼하지 않게 하시고, 천국의 소망으로 서로 위로하게 하소서. 우리의 육신은 풀의 꽃과 같아서 잠깐 피었다가 허망하게 시들어 버리지만,

믿는 백성들은 영원히 시들지 않을 영생의 꽃으로 다시 피어나게 됨을 확신하게 하소서. 믿음의 말로 서로 위로하며, 견딜 수 없는 이 슬픔을 잘 이기게 하여 주시옵소서.

이 예배를 마치면 이제 ○○○ 성도님의 시신은 빈소를 떠나 장지로 향하게 됩니다. 가는 길 내내 하나님께서 친히 동행하여 주셔서, 혹시라도 어려움 당하지 않게 하시고 모든 길이 순탄케 하여 주시옵소서. 모든 장례 일정을 마치기까지 불꽃 같은 눈으로 지켜 주시고, 경건하고 은혜롭게 잘 진행될 수 있도록 순간순간 인도하여 주시옵소서.

예수님의 이름으로 기도하옵나이다. 아멘.

40 화장예배

우리에게 영원한 생명을 주시는 하나님,

고 ○○○ 성도님의 화장을 마치고 잠깐 예배드리며 하나님께 영광을 돌리나이다. 영광을 받아 주시고, 한없는 위로를 내려 주시옵소서.

눈에 보이는 육신의 삶만 보면, 우리의 인생같이 허무한 것이 없습니다. 평생을 수고하고 애쓰며 살아왔지만, 결국 남는 것은 한 줌의 재밖에 없음을 봅니다. 모든 권력도, 명예도, 물질도, 인기도 아무것도 남은 것이 없이 다 사라져 버릴 뿐입니다. 빈손으로 왔다가 빈손으로 돌아갈 수밖에 없습니다. 우리 인생의 결론은 "헛되고 헛되며 헛되고 헛되니 모든 것이 헛되도다"라는 탄식으로 끝나고 말 것입니다.

그러나 우리 믿는 백성에게는 부활의 소망이 있습니다. 영생의 확신이 있습니다. 하나님은 우리를 죄악에서도 구원해 주시지만, 허무에서도 구원해 주시는 줄로 믿습니다. 믿음 안에서 살아가는 우리의 인생은 결코 헛되지 않을 줄 압니다. 우리의 수고가 주 안에서 결코 헛되지 않을 줄 믿고, 견실하며 흔들리지 말고 항상 주의 일에 더욱 힘쓰는 자들이 되게 하소서. 이 믿음과 소망이 눈물짓는 유가족들과 고개 숙인 조문객들 모두에게 충만케 하소서.

예수님의 이름으로 기도하옵나이다. 아멘.

41

하관예배

흙으로 인간을 창조하신 하나님,

이제 고 ㅇㅇㅇ 성도님의 하관예배를 드리고자 합니다. "너희는 흙에서 왔으니 흙으로 돌아가라"하신 말씀대로, ㅇㅇㅇ 성도님의 남겨진 육신을 흙으로 돌려보냅니다. 고 ㅇㅇㅇ 성도님이 우리와 함께 머무는 동안 쌓아 왔던 아름다운 추억들을 생각할 때, 고인을 차가운 땅속에 내려놓는 게 너무나 안타깝습니다. 그러나 이 모든 일들이 누구도 피할 수 없고 막을 수 없는 일들이기에, 아쉬운 마음을 달래 가며 하관 절차를 진행합니다.

비록 고 ㅇㅇㅇ 성도님의 육신은 흙으로 돌아가나, 마지막 나팔 소리와 함께 주님께서 다시 불러 주실 때 그 육신은 다시 부활할 줄로 믿습니다.

부활한 몸이 영혼과 다시 합해지고 영원한 천국에서 영생을 누리게 될 줄 믿습니다. 그때에는 약하고 욕되며 썩어질 육의 몸은 벗어 버리고, 강하고 영광스러우며 영원히 썩지 않을 신령한 몸을 입게 될 줄로 믿습니다.

하관예배를 끝으로 모든 장례 절차를 은혜롭게 잘 마치게 하신 하나님께 영광을 돌리나이다. 유가족들에게는 위로를, 함께한 모든 교우와 조문객들에게는 평안을, 수고한 모든 분들께는 축복을 더하여 주시옵소서.

예수님의 이름으로 기도하옵나이다. 아멘.

42
위로예배

사랑이 많으시고 은혜가 풍성하신 하나님,

고 ○○○ 성도님의 장례 예식을 은혜 중에 잘 마치고, 이제 하나님께 영광을 돌리며 유가족들을 위로하는 예배를 드리고자 합니다. 이곳에 함께하셔서 큰 영광 받으시고 하늘의 신령한 위로를 내려 주시옵소서.

사랑하시는 유가족들이 장례를 치르는 동안에는 경황이 없어서 어떻게 지나는 줄도 모른 채 지나갔을 것입니다. 이제 장례를 다 마쳐 놓고 고인을 생각할 때 이제야 그의 죽음이 실감이 나고, 더 큰 슬픔이 물밀듯이 밀려올 수도 있을 것입니다. 유가족들의 아픈 마음을 어루만져 주시고, 하나님의 위로 가운데 속히 치유되게 하소서.

고인은 이제 하나님의 품에 안겨 안식하고 계시니, 유가족들이 이제 모든 슬픔을 딛고 일상으로 회복되게 하시고, 이전보다 믿음 생활 더 잘하며 영광 돌리게 하옵소서.

장례의 모든 순서 순서를 주관해 주시고 순적하게 마칠 수 있도록 은혜 주신 하나님께 다시 한 번 감사와 찬양을 드리오니, 큰 영광을 받아 주시옵소서.

예수님의 이름으로 기도하옵나이다. 아멘.

43
추도예배

영광을 받으시기에 합당하신 하나님,

고 ○○○ 성도님의 기일을 맞이하여 추도예배로 드리고자 합니다. 함께하셔서 큰 영광 받아 주시고, 함께 모인 모든 유족들에게 한량없는 은혜를 내려 주시옵소서.

고 ○○○ 성도님이 이 땅에 계실 때 좋았던 기억들을 되살리며 고인을 추모합니다. 또한 고인의 아름다운 신앙들을 추억하며, 우리도 고인을 따라 믿음의 길을 잘 걸어갈 것을 다짐해 봅니다. 비록 고인은 떠났으나, 고인이 생전에 가족들을 위해 하나님께 드렸던 모든 기도들이 우리 곁에 머무는 줄 믿습니다. 그가 기도한 대로 다 이루어지게 하셔서, 이 가문이 영육 간에 축복이 차고 넘치는 복된 가정이 되게 하여 주시옵소서.

　함께 둘러앉아 서로 바라보니, 고인의 빈자리가 너무나 크다는 사실을 새삼 느끼게 됩니다. 이제 남은 가족들이 서로서로를 이전보다 더 아끼고 소중히 여기며, 그 빈자리를 사랑으로 채워 가게 하소서. 혹여 서로 간에 막힌 것 있으면 다 열리게 하시고 묶인 것은 다 풀어지게 하시며, 오직 주 안에서 하나가 되게 하소서. 한 해 동안도 주 안에서 믿음 생활 잘하다가, 다음 기일에 더 좋은 모습으로 또다시 모여 예배하게 하옵소서.

　예수님의 이름으로 기도하옵나이다. 아멘.

---

2 부
대표기도의 실제

12장

심방

01 전도되어 등록한 새신자

우리를 구원하기를 기뻐하시는 하나님,

○○○ 성도님의 가정에서 새신자 등록 심방으로 모일 수 있게 하시니 감사를 드립니다. 이 시간 이곳이 하나님의 은혜와 축복으로 가득 차게 하여 주시옵소서. 아버지께서 이끌어 주시지 아니하시면 아무도 예수님께 올 수 없는 줄 압니다. ○○○ 성도님의 마음을 하나님께서 감화해 주셔서 예수께로 나올 수 있게 하시니 감사를 드립니다. 또한 성령으로 아니하고는 누구든지 예수를 주시라 할 수 없다고 하신 말씀대로, 성령께서 ○○○ 성도님의 마음을 감동하셔서 예수님을 구주로 영접할 수 있게 하시니 감사를 드립니다.

이제 ㅇㅇㅇ 성도님의 마음을 다시 한 번 감화 감동해 주서서, 교회에 깊이 뿌리내릴 수 있도록 은혜 내려 주시옵소서. 뿌리가 깊은 나무가 되어 어떤 바람에도 흔들리지 않게 하시고, 그의 삶을 통해 하나님의 놀라운 축복이 아름답게 꽃피우고 열매 맺게 하소서.

교회에서 진행되는 여러 가지 양육 프로그램을 통해 믿음이 더욱 성장하게 하시고, 교제의 기쁨과 헌신의 보람도 배워갈 수 있게 하여 주시옵소서. ㅇㅇㅇ 성도님의 영혼이 잘됨과 같이 범사도 잘되게 하시고 육신도 강건한 복을 받게 하여 주시옵소서.

예수님의 이름으로 기도하옵나이다. 아멘.

02 이사하여 등록한 성도

우리의 모든 발걸음을 인도하시는 하나님,

○○○ 성도님께서 이사하여 우리 교회에 등록할 수 있게 하시고, 오늘 이렇게 등록 심방으로 모일 수 있도록 복 내려 주시니 감사를 드립니다. 우리의 모든 찬양과 경배를 받아 주시고, 큰 영광 나타내 주시는 귀한 시간 되게 하옵소서.

사람이 마음으로 자기의 길을 계획할지라도 그의 걸음을 인도하시는 이는 여호와이신 줄로 믿습니다. 사람의 길이 자신에게 있지 아니하고, 그 걸음을 하나님께서 정해 주시고 지도해 주시는 줄 압니다. ○○○ 성도님의 발걸음을 살피시고 일일이 세시며 인도하사, 이 지역에 많은 교회가 있지만 우리 교회로 인도해 주시니 감사를 드립니다. 이 모든 것이 결코 우연이 아니라, 하나님의 인도하심인줄 고백하며 영광을 돌리오니, 큰 영광을 받아 주시옵소서.

아무쪼록 ○○○ 성도님 우리 교회에 잘 접붙임되어서, 이전보다 더 믿음 생활 잘하게 하시고 더 큰 축복을 받게 하시며 더 귀히 쓰임받는 복된 성도가 되게 하여 주시옵소서. 좋은 믿음의 동반자들 많이 붙여 주시고, 기도 동역자들 세워 주소서. 교회에 나올 때마다 큰 기쁨이 차고 넘치게 하시며, 가정에도 복에 복을 더하여 주시옵소서.

예수님의 이름으로 기도하옵나이다. 아멘.

03 시험 들어 교회를 옮겨 온 성도

우리의 위로자가 되시는 하나님,

하나님께서 사랑하시는 ○○○ 성도님 가정에 함께 모여 제단을 쌓고 영광을 돌립니다. 위로의 하나님 함께하여 주셔서, 하늘의 신령한 위로가 모두의 심령에 가득하게 하여 주시옵소서.

○○○ 성도님 여러 가지 상처와 아픔을 가지고 섬기던 교회를 떠나 우리 교회로 오게 되었습니다. 그 모든 사정을 사람은 다 알 수 없지만 하나님께서는 다 아시는 줄로 믿사오니, 위로의 손길로 어루만져 주시옵소서. 그 모든 상처와 아픔들이 쓴 뿌리로 남아서 새롭게 신앙생활하는 데 걸림이 되지 않도록, 뿌리까지 깨끗이 치유되게 하여 주시옵소서.

누구를 탓하며 원망하기보다는 자신을 돌아보며 부족한 부분은 없었는지 살펴보게 하시고, 한층 성숙하고 다듬어진 모습으로 믿음 생활을 잘할 수 있도록 인도해 주시옵소서. 교회를 옮기는 과정 속에서 온 식구 누구도 믿음 흐트러지는 일이 없도록, 세밀히 붙잡아 주시옵소서. 특별히 자녀들을 긍휼히 여겨 주셔서, 우리 교회에 잘 적응하고 큰 은혜받게 하여 주시옵소서. 하나님께서 ○○○ 성도님께 주신 귀한 달란트들이 하나도 헛되이 땅에 묻히지 않게 하시고, 우리 교회에서 마음껏 발휘되어 하나님께 큰 영광을 돌리게 하소서.

예수님의 이름으로 기도하옵나이다. 아멘.

04

불신자

창조주가 되시고 구원주가 되시는 하나님,

오늘 ㅇㅇㅇ 선생님의 가정에 잠깐 방문하여 이 가정을 축복하며 기도할 수 있게 하시니 감사를 드립니다. 우리는 하나님께서 지으신 하늘 아래에서 하나님께서 지으신 땅 위에 살며, 하나님께서 지으신 것으로 먹고 마시고 숨 쉬며 삽니다. 우리 생명까지도 다 하나님의 은혜입니다. 은혜를 입은 자로서, 하나님을 인정하고 감사하며 영광 돌리는 삶이 되게 하여 주시옵소서.

또한 우리는 하나님 앞에 말로나 생각으로나 마음으로나 행동으로나, 여러모로 허물 많은 죄인임을 고백할 수밖에 없습니다. 그로 인해 이 땅에서도 하나님의 진노를 피할 수 없고, 세상 떠난 후에도 영원한 진노 아래 떨어질 수밖에 없습니다. 그런 우리를 위해 하나님께서는 예수님을 보내 주시고, 그가 우리 대신 십자가에서 죽으심으로 우리 대신 죗값을 치르게 하셨습니다. 이 사실을 믿으면 죄를 다 용서받고, 하나님의 자녀가 되고 영생을 얻는 줄 믿습니다.

믿음은 억지로 되는 것이 아니라 하나님의 선물이라고 하셨사오니, ○○○ 선생님의 마음을 움직이시고 감동시켜 주시옵소서. 함께 교회에 나와 천지 만물을 창조해 주신 창조주 하나님, 우리를 죄에서 구원해 주신 구세주 예수님을 섬기며 살게 하소서.

예수님의 이름으로 기도하옵나이다. 아멘.

05
초신자

사랑이 많으신 하나님,

○○○ 성도님을 천지 만물을 창조하시기도 전에 예정해 주시고, 주님 품으로 불러 주시니 감사를 드립니다. 죄와 사망의 길에서 돌이켜 의와 생명의 길로 들어설 수 있도록 은혜 주심을 찬양합니다. 주님 앞에 가는 그날까지 그 발걸음이 실족하지 않게 하시고, 한 걸음 한 걸음 주께서 친히 인도하여 주시옵소서.

믿음은 들음에서 나고 들음은 그리스도의 말씀으로 말미암는다고 했사오니, ○○○ 성도님이 갓난아이같이 순전하고 신령한 젖인 말씀을 사모하여 그 믿음이 쑥쑥 자라가게 하여 주시옵소서. 주일 성수 잘할 수 있도록 붙들어 주시고, 예배하는 자리에 올 때마다 갑절로 은혜받게 하여 주시옵소서. 교회에 잘 적응할 수 있게 해 주시고, 좋은 믿음의 벗들을 만나게 하시며, 삶 속에도 큰 축복을 허락하여 주시옵소서.

○○○ 성도님이 다른 이로써는 구원을 받을 수 없고, 오직 예수로만 구원받는다는 복음의 진리 위에 굳게 설 수 있도록 믿음을 더하여 주시옵소서. 시작할 때에 확신한 것을 끝까지 견고히 잡아, 그리스도와 함께 참여하는 성도가 되게 하소서.

예수님의 이름으로 기도하옵나이다. 아멘.

06
장기 결석자

오늘도 방황하는 우리들을 애타게 기다려 주시는 사랑의 하나님,

우리는 하나님을 잊어버리고 살 때가 많지만, 하나님께서는 우리를 한 순간도 잊지 아니하시고 늘 팔 벌려 기다려 주심을 감사드립니다. 우리를 애타게 기다리는 하나님의 마음을 더 아프게 해 드리지 않고, 속히 돌아가 하나님의 품에 안기는 우리 모두가 되게 하여 주시옵소서.

사랑하시는 ㅇㅇㅇ 성도님을 붙들어 주시옵소서. 교회에 잘 나오시며 믿음 생활 잘 하시다가, 이제 원치 않는 여러 가지 형편들로 인하여 장기간 주의 전에 출입치 못하였나이다. 하나님께서 더 크신 사랑으로 안아 주시고 품어 주셔서, 잃어버린 첫사랑을 되찾을 수 있는 ㅇㅇㅇ 성도님이

되게 하여 주시옵소서.

　하나님께서 이처럼 감동 주시고 불러 주실 때, 지금이 은혜받을 만한 때요 구원의 날임을 깨닫고 하나님께 속히 돌아오는 ○○○ 성도님이 되게 하여 주시옵소서. 성령을 소멸하지 말게 하시고, 여호와를 만날 만한 때에 찾으며 가까이 계실 때에 부르게 하소서. 문이 닫히기 전에 속히 돌아와, 하나님께서 예비해 놓으신 구원의 잔치에 온전히 참여하게 하소서. 하나님께 돌아오는 길에 모든 걸림돌을 치워 주시고, 걸음마다 디딤돌을 놓아 주시옵소서.

　예수님의 이름으로 기도하옵나이다. 아멘.

07 시험당한 성도

시험 중에 우리를 만나 주시고 건져 주시는 하나님,

이 시간 사랑하는 ○○○ 성도님을 위해 기도합니다. 능하고 강한 팔로 ○○○ 성도님을 붙들어 주시옵소서. 우리 ○○○ 성도님은 지금까지 믿음생활 참 잘해 오셨는데, 이제 뜻하지 않은 불 같은 시험을 만나 여러 가지로 힘들고 어려운 상황 가운데 있습니다. 하나님은 늘 우리와 함께해 주시지만, 지금 특별히 ○○○ 성도님과 함께해 주셔서 이 어려운 시험의 때를 믿음으로 잘 넘길 수 있도록 복 내려 주시옵소서.

감당치 못할 시험 당함을 허락지 않으시고 시험 당할 즈음에 피할 길을 내 주신다고 약속하셨사오니, 약속하신 피할 길을 속히 열어 주시옵소서. 또한 시험을 피할 수 있는 은혜를 받는 것도 귀하지만, 만 가지 시험을 만나도 능히 극복할 수 있는 크고 놀라운 믿음을 받는 은혜는 더 귀한 줄로 믿습니다. 이 시간 ○○○ 성도님께 바로 그 은혜를 주시옵소서.

시험을 참는 자가 복이 있다고 하신 하나님. ○○○ 성도님이 시련을 잘 견뎌 내게 하시고, 하나님께서 예비하신 생명의 면류관을 받게 하시며, 칭찬과 영광과 존귀를 얻게 하여 주시옵소서. 이 모든 시험이 끝나는 날까지 ○○○ 성도님을 특별한 은혜로 감싸 주시옵소서.

예수님의 이름으로 기도하옵나이다. 아멘.

08 가족 구원을 위해 기도하는 가정

은혜로우시고 자비로우신 하나님,

○○○ 성도님께서 가족 구원을 위해 애타게 기도하고 있습니다. 그 기도에 귀 기울여 주셔서 "주 예수를 믿으라 그리하면 너와 네 집이 구원을 받으리라"고 하신 말씀이 그대로 이루어지는 복된 가정이 되게 하여 주시옵소서.

사람이 등불을 켜서 말 아래에 두지 아니하고 등경 위에 둠으로 집 안 모든 사람에게 비친다고 하셨습니다. ○○○ 성도님이 온 가정을 밝히는 복음의 등불이 되게 하소서. 먼저 믿는 자로서 본이 되는 삶을 통해 온 식구를 감화하게 하시고, 마음이 활짝 열려 온 가족이 주 앞으로 나오는 놀라운 역사가 일어나게 하여 주시옵소서. 또한 전도는 사람도 잘해야겠지만, 결국은 성령의 역사인 줄로 믿습니다. 성령으로 아니하고는 누구도 예수님을 주님이시라고 시인할 수 없는 줄 압니다. 성령께서 식구 한 사람 한 사람의 마음에 역사해 주셔서, 예수님 앞으로 나올 수 있게 하여 주시옵소서.

고넬료의 온 집안이 하나님을 경외하고 성령 세례를 받았던 것처럼, 루디아와 그의 집이 다 세례를 받고 예수님을 영접했던 것처럼, 동일한 역사가 이 가정에 임하게 하여 주시옵소서.

예수님의 이름으로 기도하옵나이다. 아멘.

09 이단에 빠진 자가 있는 가정

사랑이 많으신 하나님,

○○○ 성도의 가족 중 흉악한 이단에 빠진 사람이 있어, 한없이 아픈 마음으로 함께 모여 간구합니다. 이 기도를 들으시고 그가 속히 정신을 차리고 이단의 무리에서 빠져나올 수 있도록 은혜를 내려 주시옵소서.

하나님께서는 모든 사람이 구원을 받으며 진리를 아는 데에 이르기를 원하시는 줄 믿습니다. 진리를 알지 못할 때, 우리는 엉뚱한 비非진리를 섬기게 됩니다. 사랑하시는 ○○○ 성도님의 가족에게 영적인 분별력을 허락하여 주셔서, 참된 진리인 성경을 바르게 볼 수 있는 영적인 눈을 열어 주시옵소서. 이단들이 세뇌시켜 놓은 온갖 비진리의 베일을 거두어 주시고, 길이요 진리요 생명이신 예수님만 바라보게 하소서.

이단의 무리에서 나오는 것이 사람의 힘만으로는 되지 않습니다. 모든 흉악한 결박을 풀어 주시고, 그 영이 자유함을 얻게 하소서. 진리의 영이신 성령께서 강력하게 이끌어 주셔서, 진리의 기둥과 터인 교회로 돌아올 수 있게 하소서. 그리 하실 줄 믿고, 우리 ○○○ 성도님 끝까지 낙심하지 말고 중심 지키며 기도하여 꼭 승리할 수 있게 하옵소서.

예수님의 이름으로 기도하옵나이다. 아멘.

10 예배 생활을 게을리하는 성도

예배 받으시기에 합당하신 하나님,

우리를 창조해 주시고 구원해 주신 하나님의 은혜에 감사와 찬양을 드립니다. 우리 가진 모든 것, 생명까지도 다 창조주 하나님의 은혜인 줄 믿습니다. 죄인 된 우리를 지옥에서 건지시려고 독생자를 내어 주시고 구원해 주신 그 큰 사랑에 감사를 드립니다.

그러나 우리는 하나님의 그 크신 은혜와 사랑을 잊어버린 채, 주일을 범하며 예배를 거를 때가 많습니다. 우리를 긍휼히 여겨 주시고, 예배의 감격을 회복하게 하소서. ○○○ 성도님을 사랑하시고 지금까지 인도하심을 감사드립니다. 우리 성도님이 영육 간에 여러 사정으로 인해, 예배 생활에 어려움이 많았는데, 하나님께서 힘 주시고 믿음 주셔서 더욱 모이기에 힘을 쓰며 예배 생활에 열심을 낼 수 있도록 복 내려 주시옵소서.

하나님은 신령과 진정으로 예배하는 자를 찾으신다고 하셨습니다. 하나님께서 찾으실 때는 돌같이 흔한 것이 아니라, 보석처럼 귀한 것이기에 찾으시는 줄 압니다. 하나님께 예배 잘 드리는 성도는 보석처럼 귀해서, 하나님께서 그를 찾으시는 줄로 믿습니다. 아무쪼록 ○○○ 성도님이 예배자를 찾으시는 하나님의 눈에 늘 띄는 복 있는 성도가 되게 하여 주소서.

예수님의 이름으로 기도하옵나이다. 아멘.

11 헌금 생활을 게을리하는 성도

우리의 모든 것의 주인이 되시는 하나님,

우리의 소유는 하나도 없고, 잘 관리하며 하나님의 영광을 위해 선용하라고 하나님께서 우리에게 잠시 맡겨 주신 것임을 깨닫게 하소서. 우리는 모든 소유의 주인이 아니라, 청지기에 지나지 않음을 알게 하소서. 우리는 세상에 빈손으로 왔다가 빈손으로 돌아갈 뿐이며, 오직 하나님의 영광을 위해 일한 것만 영원한 상급으로 남음을 알게 하여 주시옵소서.

우리가 입술로만 신앙 고백을 하는 것이 아니라, 물질적인 헌신을 통해서도 고백하게 되는 줄 압니다. 네 보물이 있는 곳에 네 마음도 있다고 하셨는데, 물질적 헌신을 통해 우리의 마음이 하나님께 있음을 온전히 고백할 수 있게 하여 주소서. 한 사람이 두 주인을 섬기지 못하듯 사람이 하나님과 재물을 겸하여 섬기지 못하는 줄 압니다. 물질의 종이 되지 않게 하시고 하나님의 신실한 종이 되게 하여 주시옵소서.

○○○ 성도님께 신앙의 귀한 결단이 있게 하셔서, 십일조 생활도 할 수 있게 해 주시고 하나님의 일을 위해서라면 즐겨 낼 수 있는 믿음이 되게 하소서. 그래서 하나님께서 그 믿음 귀히 보시고 더 많은 것 맡겨 주시며, 더 귀하게 써 주시는 복된 삶을 살 수 있게 하여 주시옵소서.

예수님의 이름으로 기도하옵나이다. 아멘.

12 교회 봉사를 게을리하는 성도

일을 행하시는 여호와 하나님,

우리를 구원하시기 위해 쉬지 않고 일하시는 하나님의 은혜를 찬양합니다. 예수님께서도 "내 아버지께서 이제까지 일하시니 나도 일한다"고 하셨습니다. 하나님은 이처럼 우리를 위해 일하시는데, 우리는 하나님의 영광을 위해 열심히 일하지 못하고 있습니다. 우리를 긍휼히 여겨 주시고, 더욱 열심을 품고 주를 섬길 수 있게 하옵소서.

썩을 양식을 위하여 일하지 말고 영생하도록 있는 양식을 위하여 하라고 하셨는데, 우리는 세상 일에는 열심을 내면서도 주의 일에는 열심을 내지 못할 때가 많았습니다. 살아도 주를 위해 살고 죽어도 주를 위해 죽는다는 각오로, 우리에게 맡겨 주신 주의 일에 더욱 충성을 다하는 우리 모두가 되게 하여 주시옵소서.

특별히 ○○○ 성도님을 사랑하셔서, 영원한 상급을 주시려고 귀한 직분을 맡겨 주신 하나님께 감사를 드립니다. 여러 가지 힘들고 어려운 상황 속에서도, 맡겨진 모든 일에 충성을 다하는 ○○○ 성도님이 되게 하소서. ○○○ 성도님을 기억하셔서, 선한 싸움 다 싸우고 달려갈 길 마치고, 끝까지 믿음을 지켜서 의의 면류관 받는 복된 종이 되게 하여 주시옵소서.

예수님의 이름으로 기도하옵나이다. 아멘.

13
범죄한 성도

늘 우리를 긍휼히 여기시는 하나님,

우리 중에 누구도 하나님 앞에서는 완전할 수 없고, 다 죄와 허물투성이일 뿐임을 고백합니다. 바로 그런 우리들을 구원하시기 위해, 예수님은 살 찢기시고 피 흘리셔서 죄 사함의 놀라운 은총을 이루신 줄로 믿습니다. 오늘도 예수님의 보혈의 공로를 의지하여 우리가 하나님 앞에 나아갑니다. 우리 죄를 사하시며 우리를 모든 불의에서 깨끗하게 하여 주시옵소서.

이 시간 ○○○ 성도님을 위해 기도합니다. ○○○ 성도님을 긍휼히 여겨 주시되 아버지가 자식을 긍휼히 여김같이 긍휼히 여겨 주셔서, 동이 서에서 먼 것 같이 그 죄과를 멀리 옮겨 주시옵소서. 이제는 옛 사람을 벗어 버리고 새 사람을 입을 수 있게 하시고, 더 이상 성령을 근심케 하지 않고 기쁘시게 할 수 있는 복된 종이 되게 하여 주시옵소서.

개가 토한 것을 다시 먹고 돼지가 씻었다가 더러운 구덩이에 도로 눕는 것처럼, 회개해 놓고 다시 죄를 반복하는 어리석음을 범하지 않게 하소서. 이번 기회에 확실하게 결단하고 단호히 죄를 끊어 버리게 하소서. 죄에 대하여는 죽은 자요, 하나님께 대하여는 살아있는 자가 되게 하시고, 더 이상 불의의 병기로 쓰이지 않고 의의 병기가 되게 하여 주시옵소서.

예수님의 이름으로 기도하옵나이다. 아멘.

14 기도가
부족한 성도

우리의 기도를 기쁘게 들으시는 하나님,

하나님은 우리의 기도를 통해 일하시는 줄 믿습니다. "너는 내게 부르 짖으라 내가 네게 응답하겠고 네가 알지 못하는 크고 은밀한 일을 네게 보이리라"하신 말씀대로, 부르짖어 기도하는 주의 백성들에게 크고 은밀 한 일을 이루어 주시옵소서.

이 시간 OOO 성도님을 위해 기도합니다. 쉬지 않고 기도하는 것이 하나님의 뜻이라고 하셨는데, 하나님의 뜻대로 살아가는 OOO 성도님이 되게 하여 주시옵소서. 기도하기를 쉬는 죄를 범하지 않게 하시고, 늘 기 도에 깨어 있는 신령한 성도가 되게 하여 주시옵소서. 마음의 원이나 육신의 약한 부분 있거든, 기도할 수 있도록 강건함을 허락하여 주시옵소서. 혹여 마음에 상처 되거나 낙심된 부분이 있거든, 깨끗이 나음을 입게 하시고 믿음을 더하여 주시옵소서.

우리 ○○○ 성도님 새롭게 작정하고 기도할 때 하나님께서 들어 응답하여 주시고, 전에 없던 귀한 응답을 주셔서 기도에 열심을 낼 수 있는 새 힘을 얻게 하소서. 마귀는 제일 강한 악령을 성도가 기도하러 가는 길을 가로막는 데 보낸다고 하는데, 악한 영의 역사를 다 물리치고 오직 성령으로 승리하게 하여 주시옵소서.

예수님의 이름으로 기도하옵나이다. 아멘.

15 전도가
부족한 성도

모든 사람이 구원을 받으며 진리를 아는 데에 이르기를 원하시는 하나님,

하나님의 그 귀하신 뜻을 이루는 데 우리를 복된 일꾼으로 사용해 주시니 감사를 드립니다. 이미 세상은 희어져 추수하게 된 줄로 믿습니다. 주님 다시 오실 날 멀지 않은 이 마지막 때에, 더욱 열심을 내어 영혼 추수하는 우리 모두가 되게 하여 주시옵소서.

○○○ 성도님을 사랑하여 주셔서 일찍이 예수 믿게 하시고, 지금까지도 은혜 안에 살아올 수 있도록 인도해 주시니 감사드립니다. 은혜받으며 사는 인생도 귀하지만, 이제는 사명 감당하며 살아가는 더 귀한 인생을

살아갈 수 있도록 복 내려 주시옵소서.

"내가 달려갈 길과 주 예수께 받은 사명 곧 하나님의 은혜의 복음을 증언하는 일을 마치려 함에는 나의 생명조차 조금도 귀한 것으로 여기지 아니하노라"던 사도 바울의 고백이 ○○○ 성도님의 고백이 되게 하여 주시옵소서. 천하보다 귀한 영혼을 구원하여 하나님의 소원을 풀어 드리는 이 귀한 사역에, 아름답게 쓰임받는 ○○○ 성도님이 되게 하소서. 또한 전도자로서 온전히 사명 감당할 수 있도록, 필요한 모든 것을 더하여 주시되 물질도 주시고 건강도 주시며 가정도 친히 돌봐 주시는 귀한 역사가 있게 하여 주시옵소서.

예수님의 이름으로 기도하옵나이다. 아멘.

현장기도

부록에 수록된 기도는 실제 현장에서의 기도문을 모아 수록하였으며,
본서의 방향과 일치하지 않을 수 있음을 양지하시기 바랍니다.

하나님 아버지 은혜 감사합니다.

우 리에게 귀한 복음 주셔서 영원히 살 수 있는 영생을 주셨는데, 하나님의 은혜를 잊고 내 중심으로 살아온 시간이 참 많았습니다. 이 시간 머리 숙여 기도드립니다. 하나님 은혜를 주시옵소서. 긍휼과 자비를 베풀어 주옵소서. 주님의 이름으로 모여 기도하는 곳에, 회개하는 곳에 하나님이 역사하심을 믿습니다! 우리가 이 자리에 주님의 이름으로 모였습니다. 기도드립니다. 우리의 잘못을 회개합니다. 하나님 이곳에 임재하시고 역사하여 주옵소서. 오늘 처음 교회에 나온 형제자매들 우리 인간의 생사화복이 하나님께 있음을 깨닫고 하나님 믿고 영생 얻고 함께 복받게 하옵소서.

나라를 위해 기도드립니다. 전쟁의 위기에서 이 나라를 지켜 주옵소서. 동성애가 법제화되지 않도록 하여 주시고, 위기를 기회로 승화시킬 수 있는 지혜를 이 나라의 지도자들에게 주옵소서. 신앙의 자유가 없는 북한 땅에 복음이 증거되며 성령의 역사가 일어나 평화로운 통일이 속히 오게 하옵소서. 세계 여러 곳에서 복음을 위해 헌신하시는 선교사님의 안전을 지켜 주시고, 복음 사역을 위해 수고하는 모든 주의 종들에게 넘치는 은혜를, 그들의 삶을 통해서 경험하며 누릴 수 있게 하옵소서.

교회를 위해 기도드립니다. 담임 목사님과 전 성도님들이 합심해서 지금까지 달려왔고, 이 시간이 있기까지 하나님이 기적적인 복을 주셔서, 평안하여 든든히 서 가는 교회로 세워 주심을 감사드립니다. 우리 교회가 이 나라와 열방의 복음화를 위해 계속해서 헌신하는 교회가 되게 하옵소서. 말씀에 순종함으로 하나님이 기뻐하시는 교회, 서로 사랑하고 말씀에 의지함으로 희망과 위로가 살아있는 교회, 말씀이 역사하는 교회가 되게 하시고, 기도의 역사가, 성령 충만이 우리 교회와 우리 가정들에게 다 일어나게 하옵소서.

우리 교회에 꿈이 있습니다. 다음 세대를 위한 인재 양성의 꿈을 주심을 감사합니다. 선교의 꿈을 실천할 수 있는 믿음을 주심을 감사드립니다. 선교를 통해서 선교의 비전을 주셨으니 이 일을 우리 교회가 잘 감당케 하심을 감사드립니다. 복지의 꿈을 주심을 감사합니다. 교회 모든 성도님들이 함께 누리며 사랑을 나눌 수 있는 따뜻한 복지가 속히 이루어지게 하옵시고, 이를 위해 더 기도하고 노력하게 하옵소서. 교회에 속한 모든 기관들 맡은 위치에서 최선을 다하는 충성스러운 기관들 다 되게 하옵소서.

이 예배를 통하여 은혜 주시되, 완악하고 교만한 마음이 성령으로, 말씀으로 변화되게 하옵소서. 하나님이 함께하셔서 온전한 예배를 드릴 수 있도록 도와주옵소서. 말씀 증거하실 목사님께 능력을 주시고, 귀한 말씀 전하실 때 하나님이 역사하여 주시옵소서. 역동적인 예배, 예배의 감격이 회복되게 하옵소서. 모든 순서마다 하나님 홀로 영광 받으시고, 저희들에게는 은혜의 시간만 되게 하옵소서.

예수님의 이름으로 기도드립니다. 아멘.

김성태 장로 〈합동 101회 장로부총회장, 전국장로회장〉

인류의 역사와 시공을 주관하시는 하나님 아버지!

2016년 한 해, 국가적으로 심히 힘들고 가슴 아픈 일들이 너무나 많은 가운데도 불구하고 우리들을 눈동자처럼 지켜 주셔서 이 시간까지 인도하여 주시는 성삼위 하나님의 은혜에 무한한 감사를 드립니다.

다사다난한 지난 한 해를 돌아보니 믿음으로 제대로 살지 못한 우리들에게 생명을 연장하여 주시는 것은 모두 하나님의 은혜요 주 예수 그리스도의 구속의 역사였습니다. 우리들은 날마다 이 은혜로 살면서도 주님께서 주신 사역을 잘 감당하지 못하고 새해를 맞게 되어 송구함을 금할 수 없습니다.

지난해에 일어난 부끄러운 사건 사고들은 역사의 뒤안길로 사라지고, 새로운 소망의 새해가 되게 하옵소서. 탐욕스런 인간의 역사가 아닌, 하나님께서 선하신 손길로 섭리하시고, 인간들을 선한 도구로 사용해 주셔서 하나님의 긍휼과 자비와 정의와 사랑으로, 오직 공법이 물같이, 정의가 하수같이 흐르는 나라로 굳게 서는 새해가 되게 하옵소서.

교회의 머리가 되시는 주님. 진리의 기둥과 터 위에 세운 우리 교회를 지역 사회의 빛과 소금이 되게 하심을 감사합니다. 성도들의 영혼이 잘됨같이 범사가 잘 되고 강건하며 물 댄 동산 같은 은혜를 주셔서 종려나무와 같이 우리 성도들의 가정과 사업장이 날로 번성하게 하시고, 거룩한 성령님께서 우리들에게 영을 부어 주시사 자녀들은 예언하게 하시며 젊은이들은 환상을 보게 하시고 노인들은 꿈을 꾸게 하시옵소서.

2017년이 종교개혁 500주년을 맞는 해에 따라 하나님의 감동으로 기록된 성경 말씀을 통하여 은혜를 받고 교훈과 책망과 바르게 함과 의로 교육하기에 유익한 한 해가 되게 하옵소서. 담임 목사님을 통하여 오늘 저희들에게 주시고자 하시는 역대상 29:17 말씀처럼 "정직한 마음으로" 우리의 영혼을 거룩하게 하사 우리의 겉사람은 후폐하나 속사람은 날로 새로워지는 새해가 되게 하옵소서. 담임 목사님 가정과 원로 목사님 가정 및 부교역자, 전도사님, 교회 직원들, 교회를 섬기시는 장로님, 안수 집사님, 권사님, 집사님들과 온 성도들에게 은혜가 충만하게 하옵소서. 이 예배를 통하여 많은 소원들을 가지고 참석한 성도들의 기도가 선하게 이루어지는 한 해가 되게 하옵소서.

아름다운 교회 건축을 위하여 담임 목사님을 비롯한 당회와 건축 위원들과 온 성도들이 한마음 한뜻이 되어 2017년 상반기에는 설계에 따라 건축 단가가 확정되고 시공사가 선정되어 순조롭게 착공하게 하시며, 마치는 시간까지 조그마한 안전사고도 없게 하시고, 주변의 민원도 발생하지 않도록 지켜 주시옵소서.

새해에도 국내 농어촌 미자립 교회를 돕는 일과 예수님을 알지 못하는 지구촌 방방곡곡에 선교사를 파송하고 돕는 일에도 은혜를 주시옵소서. 선교 현장에서 선교사님들의 수고로 섬기는 민족을 구원에 이르게 하시고, 우리들은 보내는 선교사로서 그 사명을 잘 감당하게 하옵소서. 일 년 내내 찬양을 준비하여 곡조 있는 기도로 올려 드리는 연합 찬양대 위에 성령님이 임재하시어 하늘 보좌를 움직이는 찬송이 되게 하옵소서.

처음과 나중이 되시는 주 예수 그리스도의 거룩하신 이름으로 간절히 기도드립니다. 아멘.

신신우 장로 〈동명교회, 전국장로회연합회 증경회장〉

전능하신 하나님 아버지,

티끌만도 못한 저희들을 불러 구원의 은총을 베풀어 자녀 삼아 주신 하나님 아버지께 찬양과 경배로 영광을 돌리며 이 아침 영과 진리로 예배드리게 불러 주심을 감사드리옵나이다.

긍휼을 베푸시는 하나님 아버지, 지난날을 되돌아보면 여전히 세상의 유혹을 뿌리치지 못하고 하나님 자녀답게 살지 못했음을 자복하고 회개하오니 용서하여 주시옵소서.

교회의 머리가 되시는 하나님 아버지, 저희들의 교회는 오직 예수, 더욱 사랑하는 교회로 예배와 교육과 교제와 봉사와 전도에 최선을 다하고 세상에 꿈과 희망을 주며 지역 사회를 섬기고 나라와 열방을 치유하는 교회 되게 하옵소서. 서현교회가 미래를 예측하고 다음 세대를 거목으로 키우며 통일을 대비해 북한 동포와 허물어진 교회를 재건할 준비된 교회 되게 하옵소서.

새 역사를 창조하시는 하나님 아버지. 오늘 1부, 2부 예배 후에 이상화 목사님 위임 목사 청빙을 위한 공동 의회에서 하나님 섭리 가운데 저희들의 기도가 응답되게 하여 주셔서 은혜로운 승계가 이루어지게 하시옵소서. 40년간 목회하신 담임 목사님 노고를 위로하여 주시고, 성도들은 사랑과 존경으로 예우하는 마음을 가지게 하옵소서.

말씀으로 영육을 살리시는 하나님 아버지, 말씀을 증거하실 이상화 목사님 능력으로 붙드셔서 성령과 은혜가 충만한 말씀으로 저희들이 은혜를 받아 영육이 새로워지는 역사가 있게 하옵소서. 찬양단과 임마누엘 찬양대의 찬양이 영혼의 눈물로 드려지는 찬양이 되어 하나님을 감동케 하며 대원들에게는 기쁨과 감사가 넘치게 하옵소서.

나라의 흥망과 성쇠를 주관하시는 하나님 아버지, 문재인 대통령과 위정자들에게 요셉의 행정 능력과 다윗의 용기와 솔로몬의 지혜 주셔서 나라를 잘 이끌어 국민들이 태평성대를 누리게 하옵소서. 북한이 핵과 미사일을 포기하고 대화와 화해로 평화통일이 되어 하나님을 예배하고 경배하는 찬양이 가득한 평화의 동산 대한민국을 만들어 주시옵소서. 전국이 가뭄으로 인하여 전 국토가 목 타고 있는 이때 엘리야에게 허락하셨던 단비를 폭포수같이 내려 주시옵소서.

만복의 근원이신 하나님 아버지, 서현의 가족들 기도로 깨닫고, 말씀으로 행하고, 믿음으로 승리되는 삶이 되게 하옵소서. 병상에 있는 환우들 일어나게 하시고 연세 높으신 어르신들 건강을 지켜 주시옵소서. 성도들의 사업과 일터가 형통케 하여 주시고 서현의 청소년, 청년들 통일 한국 시대에 민족의 지도자로 세우시고 세계 민족 위에 뛰어난 믿음의 명문 가문을 이루게 하옵소서.

임마누엘 되시는 하나님 아버지, 열방에서 영적 전쟁을 치르고 계시는 선교사님들 안보하여 주시고 특별히 군 선교사님과 6월 선교지 베트남 우진호, 라오스 황규영 선교사님 기도 제목들이 다 이루어지게 하옵소서. 출타중인 성도들, 해외에 있는 동포들 동행하여 주시고 군문에 있는 청년들 십자가 군병 되게 하옵소서. 오늘도 열방에 세우신 교회 위에 성령과 은혜를 충만하게 내려 주시기를 간절히 원하오며 살아계신 예수님 이름으로 감사 기도드리옵나이다. 아멘.

이영구 장로 〈서현교회〉

광야에 길을 내시고 사막에 강을 만드시는 존귀와 영광을 받기에 합당하신 하나님 아버지!

이 추운 겨울에 은혜와 평강이 넘치는 예배의 자리로 저희를 불러주심에 감사드립니다. 오늘도 성령님 함께하셔서 주님 앞에 기쁘게 드려지는 복된 예배가 되기를 원합니다. 온누리교회가 전 세계적으로 볼 때 그리스도의 몸의 작은 일부를 담당하게 하여 주심에 감사드리며, 올해 저희들에게 "돌이키면 살아나리라"라는 말씀을 마음에 품게 하셔서, 복음의 푯대를 향하여 살아가게 결단하게 해 주심에 감사드립니다.

우리의 믿음의 역사와 사랑의 수고를 기뻐하시는 하나님 아버지! "우리는 그가 만드신 바이며, 그리스도 예수 안에서 선한 일을 위하여 지으심을 받은 자니, 이 일은 하나님이 전에 예비하사 우리로 그 가운데 행하게 하려 하시는 것"이라는 말씀을 따라, 이번 1,2주차 선교 헌금 작정에 성도님들이 많이 새롭게 작정해 주셔서, 예수님의 대위임령과 지상 대명령을 더욱 풍성히 행할 수 있게 하심에 감사드립니다.

우리를 수로 세지 않으시고 이름으로 부르시는 하나님 아버지! 하나님의 은혜로 '작은 예수 40일 새벽기도회'로 아침을 열게 하여 주셔서, 회개와 분별력을 통해 매일 새로운 각오와 지혜 주심에 감사드립니다.

화평의 하나님 아버지! 오늘은 노숙인을 위한 목욕탕과 빨래방 건립에 지원을 위한 비전 헌금 주일입니다. 이번 헌금을 통해 우리 모두 "이웃을 내 몸과 같이 사랑하라"라는 예수님의 말씀을 따르는 자 되기를 원합니다.

이 시간 간구하옵기는 오늘 말씀을 전하실 사랑하는 이재훈 담임목사님에게 영육 간에 강건함을 허락하여 주셔서, 지치지 않게 하시고, 분별력과 지혜의 영을 기름 부어 주셔서, 목사님을 통해서 늘 하나님의 큰 사랑과 계획을 경험하는 저희 성도들 되게 하여 주시옵소서. 찬양으로 섬기는 주 향한 찬양 사역팀과 챔버팀 및 예배를 섬기는 손길들 위에도 크신 은혜 베푸시기를 소원합니다.

이 모든 말씀을 우리를 위해 십자가에서 죽으시고 부활하신 예수님 이름으로 감사하며 기도드립니다. 아멘.

김병순 장로 〈서빙고온누리교회〉

전능하신 하나님 아버지!

천지 만물을 창조하사 하나님께서 우리의 아버지가 되시오니 감사합니다. 허물과 죄로 죽을 수밖에 없었던 저희를 위하여 예수님께서 십자가를 지심으로 구원해 주신 은혜 감사드립니다.

사순절 절기를 지내며 십자가 앞에 무릎을 꿇습니다. 저희의 완악하고 굳은 마음에 새 영을 부어 주시어 굳은 마음을 제하여 주시고 부드러운 마음을 주시옵고, 주의 말씀에 순종하게 하여 주옵소서. 습관적인 신앙생활과 허물과 형식적이고 거짓된 것들을 돌아보게 하시고 주님께 참회하게 하시고 고침받게 하소서. 교회가 세속적이고 갈등의 구조가 있는 공동체로 변질된 것이 있다면 회개하고 근본으로 돌아가게 하시옵소서. 교회와 가정 가족의 공동체가, 서로 이해하고 도와주는 사랑의 공동체가 되게 하여 주옵소서.

이 나라 이 민족을 위해 기도드립니다. 대륙 세력과 대양 세력이 부딪치는 그 중간에 끼여 남북이 분단된 우리나라 통일을 하나님만이 하실 수 있습니다. 북한 지도자와 주변 국가들이 판단 오류를 범하지 않도록, 주여, 보호하여 주시옵소서!

우리 종교교회를 위해 기도합니다. 영과 진리로 하나님께 예배드리는 교회, 하나님의 거룩한 임재가 경험되고 예수님이 그리스도 되심이 선포되며 성령님이 충만하게 드러나는 교회 되게 하여 주옵소서!

이 시간 담임 목사님 성령으로 충만하여 말씀 전하시게 하여 주옵소서. 저희의 영과 눈과 마음을 열어 주셔서 사랑의 예수님을 만나게 하소서. 성령의 소통하심이 드러나는 예배가 되게 하소서. 종교 가족 중에 어려움을 겪는 가정들이, 기쁨과 자유함으로 충만하여 회개와 회복 치유의 역사가 나타나는 충만한 예배 되게 하소서. 웨슬리 찬양 대원들의 정성 어린 찬양으로 주님 홀로 되게 하소서! 영광 받으시옵시고, 찬양대원들을 축복해 주시옵소서.

예수님 이름으로 기도드립니다. 아멘!

김은주 장로 〈종교교회〉

신실하신 하나님! 모든 육체의 생명이 되신 하나님!

우 리를 이처럼 사랑하사 포기하지 않고 지금도 기대하고 계시는 하나님께 영광과 찬송을 돌립니다. 하늘이 높고 깊은 계절에, 코스모스와 해바라기를 보며, 밤낮 기온과 태양의 따스함으로도 창조주의 그 솜씨, 섭리의 선물을 바라보고 찬양합니다.

우리 안에 새로운 영으로서 변화된 예배로 더 하나님께 가까이 나아가기를 원합니다. 우리는 예배하며, 하나님께서는 영광을 받으시고 은혜를 내려 주옵소서. 삶에서도 예배자로 다시 섭니다. 우리에게 은혜의 눈길을 잊지 마옵소서.

자비로우신 주님! 어리석은 갈라디아 사람들처럼 율법적인 형식과 모양에 얽매여 믿음으로 나아가지 못하고 십자가 복음을 외면하는 삶은 아닌지 돌아봅니다. 작은 죄, 욕심·탐심까지 회개하며 내려놓습니다. 서로 격려하며 축복하는 데도 인색하였음을 고백합니다. 하나님의 용서하시고 용납하신 은혜를 받았사오니 우리도 용납하고 용서하며 살아가게 하소서.

우물가의 여인에게 초월적인 따뜻한 사랑과 생명 넘치는 복음, 하나님께 참으로 예배하는 법을 전하신 주님. 잃어버린 영혼을 구원하시는 주님의 그 마음으로 살아가는 제자들 되게 하옵소서. 영적 암흑기에 종교 개혁으로 중세에서 근대 사회로 바뀐 큰 변화처럼, 이 땅의 그리스도인들이 지금 시대정신과 신앙 가치를 세워 가는 삶의 개혁자들 되게 하소서.

이 시간 성경이 말씀하도록 마음 문을 엽니다. 주의 말씀은 우리에게 기쁨과 즐거움이 되십니다. 말씀을 보고 듣고 마음으로 깨달아 하나님께 기쁨이 되는 성도 되기를 원합니다. 말씀과 성령이 충만한 성도들, 받은 말씀으로 신앙 속에서 하나님의 은혜와 사랑을 깊이 체험하는 결실을 맺도록 도와주시옵소서. 이 계절에 더욱 힘써 기도·찬송하게 하소서. 우리에게 주어진 시간과 기회를 아끼고 잘 활용하는 청지기로 살아가게 하옵소서.

지금도 우리를 위해 중보하시는 예수님의 이름으로 기도드립니다. 아멘.

임준섭 장로 〈상암교회〉

하 나님, 죄와 허물로 죽을 수밖에 없었던 저희들을 바라보시고 외아들을 이 땅에 보내실 때, 그 아들이 십자가에 달리셔서 손과 발 못자국마다 흘리는 물과 피를 바라보시며 얼마나 아프셨습니까? 그 아픔의 값으로 구원받은 저희들이 여전히 죄와 유혹 앞에 서성거리는 것 다시 보시면서도 긍휼을 베푸시고 이 복된 예배의 자리로 부르신 은혜 감사합니다.

이 시간 우리 모두가 다시 십자가로 돌이키는 처음 사랑을 회복하며 영과 진리로 드려지는 예배가 되게 하옵소서. 앞장서서 섬기시는 이두상 담임 목사님에게 성령 충만과 말씀의 권세를 허락하셔서 귀한 말씀을 선포하실 때에 십자가 앞으로, 말씀으로 돌이켜서 하나님 중심, 교회 중심의 평안과 일치를 이루는 더 좋은 교회로 가꾸게 하옵소서.

사랑하는 김기우 원로목사님에게 영육 간에 강건함을 주시고 퇴임 후 사역에도 하나님과 함께하시는 은혜를 주옵소서. 30여 년간 이 강단에서 힘주어 선포하셨던 것, 성도는 언제나 하나님의 편에 서야 한다는 것과 양은 언제나 목자의 보호 아래 있을 때 가장 안전하고 행복하다고 강조하신 짧은 행간 속에 긴 울림은 우리의 삶속에 녹아내려서 언제나 바른 성도의 삶을 살게 하옵소서.

아버지, 이 나라 이 민족을 불쌍히 여기셔서 다시는 이 땅에 피 흘림과 전쟁이 없게 하시고 하나님을 경외하는 민족이 되어서 복음으로 하나 되어 통일을 이루게 하시고 세계 선교의 종주국이 되게 하옵소서. 한 달 앞으로 다가온 평창 동계 올림픽의 성공적인 개최를 통해서 다시 남과 북이 하나 되고 온 세계가 하나님이 이끄시는 나라임을 나타내게 하시고 경제적으로도 다시 일어서는 대한민국이 되게 하옵소서.

긍휼을 베푸시는 주님, 오늘도 병상에 있는 환우들을 친히 찾아 주셔서 죽은 나사로를 살리시고 나병 환자를 깨끗하게 고치셨던 주님의 손길을 내밀어 고쳐 주옵소서. 여러 가지 경제적 어려움과 부모와 자녀 문제, 일터와 사회 속에서의 관계의 문제로 기도하는 성도들에게도 주님 손 내밀어 저들의 아픈 가슴을 만져 주옵소서.

어린 아기를 사랑하시는 하나님, 주일학교 겨울 수련회가 진행중입니다. 참여한 모든 아이들이 예수님을 인격적으로 만나는 은혜를 부어 주셔서 어릴적부터 성경 중심, 교회 중심으로 살아 평생토록 주의 백성답게 사는 이 땅의 미래, 교회의 미래 세대가 되게 하옵소서. 국방의 의무를 지고 군대에 있는 우리 청년들을 지켜주시고, 취업과 결혼을 앞둔 청년들에게 힘 주셔서 고민하기보다는 기도하며 언제나 있는 곳에서 최선을 다하며 주님이 일하심을 알게 하옵소서.

주님, 이 추운 날에 주차와 식당, 영접과 안내 등 보이지 않는 여러 곳에서 예배를 돕는 손길들을 기억해 주시고 정성껏 기도하며 준비한 찬양팀과 성가대의 찬양이 우리 모두의 신앙 고백이 되게 하시며 주님 홀로 영광 받아 주옵소서.

이제 말씀 받겠습니다. 이두상 목사님의 귀한 말씀을 들을 때에 우리 주님은 하늘 문을 여시고 저희들은 가슴 문을 열어서 한 주간 세상 속에서 반드시 승리하는 생명 양식이 되게 하옵소서.

예수님의 이름으로 기도드립니다. 아멘.

이준섭 장로 〈청계열린교회〉

천지를 창조하시고 역사를 주관하시는 주님께 영광을 올려드립니다.

주님만이 홀로 영광을 받으시기에 합당하심을 찬양합니다. 지금 올리는 기도를 주님께서 받으시고 선한 길로 인도해 주시옵기를 기도드립니다. 저의 심령은 늘 죄악에 치우쳐 있고 그 가운데서 느끼지도 못할 만큼 부패하여 은혜로만 구속될 수 있음도 깨닫지 못하고 있습니다. 믿음이 있는 것처럼 생각하고 마치 구속을 받은 양 행동하고 살아가고 있음을 주님께서는 아십니다.

구원을 두렵고 떨림으로 이루어 가라는 주님의 말씀을 이루어 가지 못함에도 육체의 소욕을 따라 살아가고 있습니다. 주님의 긍휼을 베풀어 주시옵고 그 자비를 좇아 저의 모든 죄를 도말하여 주시옵소서. 그리하여 주의 성령을 소멸치 않게 하옵시고 저를 회복시켜 주시옵기를 기도드립니다. 인생이 잠시 있다가 없어질 안개와 같은 존재임에도 교만함으로 그 은혜를 잊고 복음적 삶을 살아가지 못하고 있음을 회개하오니 저를 돌이키시고 주님의 의를 기뻐하는 삶을 살도록 인도해 주시옵기를 기도드립니다.

오직 주님만을 구하는 가난한 심령으로 주님의 목소리에 귀를 기울여 혼탁한 세상을 살고 있지만 심령 속에는 당신의 평안이 저를 주장하여 종 된 자로서의 삶을 살 수 있기를 간절히 기도드립니다. 지금 밖은 차가운 겨울바람이 살을 깊이 파고듭니다. 병들고 소외된 이웃을 생각하며 서 있는 이곳에서 저들의 곤고함을 기억하는 마음을 주시고, 북한의 핍박받고 굶주림 가운데서 소망조차 잃어버린 힘없는 믿음의 형제자매들을 위한 중보의 기도를 결단코 중단하지 않도록 저의 심령을 재촉하여 주시옵기를 원합니다. 저들 가운데 주님이 오래전에도 지금도 함께하심을 알게 하시고 주님의 나라가 저희 모두에게 임하는 은혜 베풀어 주시기를 간구합니다.

우리의 생명, 물질, 건강…… 모든 것이 주님으로부터 왔습니다. 주님의 은혜며 사랑이며 맡겨 주신 달란트 잊지 않게 하셔서 부패한 세상의 소금으로의 역할을 지극히 적게라도 담당할 수 있는 은혜를 구하오니 주님만 영광을 받으시옵소서.

생명이 되시는 예수님의 이름으로 기도드립니다. 아멘!

이완승 장로 〈한울 소그룹모임〉

생명의 주인 되시는 하나님,

언제나 성령으로 감화하시어 하나님의 존재를 신뢰하고 살게 하시니 감사드립니다. 오늘 이 시간 우리에게 귀한 생명을 허락하여 주시고, 그 생명을 보전하도록 은총으로 이끄시며 보살펴 주셔서 이른 아침 예배에 나와 올 한 해 주님의 뜻에 합당한 더욱더 깊은 소망을 기도하게 하여 주심을 감사드립니다.

사랑의 하나님, 진리의 토대 위에 든든히 서지 못하여, 사랑은 말뿐이고, 하나님, 이웃, 혼란에 빠진 이 나라, 눈물 흘리며 애통하는 북녘 동포들에게 무관심하며 진정으로 사랑하지 못했음을 고백하며 회개합니다. 우리를 불쌍히 여기시어 성령으로 감동케 하셔서, 하나님 사랑, 이웃 사랑, 나라 사랑이 무엇인지 분별하여 마음에 새기고 실천하며 살게 이끌어 주시옵소서.

창조의 하나님, 주님께서 말씀과 주의 영으로 온 우주 만물을 창조하셨듯이 저희들이 새 성전 건축을 해 나가는 과정 가운데도 주의 말씀을 깊이 묵상하며 주의 영과 깊은 만남으로 주님께서 허락하시는 분별력과 지혜로 주님 기뻐하시는 새 성전 건축이 되도록 이끌어 주시옵소서.

온유하신 하나님, 낮고 겸손한 마음으로 성도를 섬기는 주의 청지기로 사람들이 가지 않는 좁은 길, 주 예수님의 십자가의 길을 따라 가도록 인도하여 주시옵소서. 혼란한 정국으로 절망에 지친 저희들의 어깨를 감싸 주시고, 촛불이 횃불 되어 썩은 것들을 몽땅 태워 버릴 역사를 이루어 서로의 눈빛에서 희망과 평화의 의지를 확인하고, 인류 사회에 빛의 백성으로 부르시는 주님의 음성을 들을 수 있으며 대한민국이 새로운 동방의 빛 코리아로 떠오르게 해 주시옵소서.

소망의 주님, 올 한 해 시작을 주님과 더욱 친밀해지려는 새로운 각오로 이 자리에 나온 저희들 한 사람 한 사람입니다. 이 간절한 기도와 하나님 뜻에 합한 담임목사님 청빙을 주께서 이끌어 주시옵고, 주께서 주시는 권능의 힘을 마음속에 품고 세상으로 나갈 수 있도록 인도하여 주시옵소서. 온 시간과 온 정성으로 준비한, 새벽 찬양대의 찬양과 이른 아침 친교실 봉사팀의 헌신을 기쁘게 받아 주시옵고, 귀하신 윤지욱 목사님의 말씀을 통하여 앞날에 대한 두려움과 근심으로부터 복음의 사명자로 거듭나서 하나님 기뻐하시는 삶을 결단하며 실천하게 인도하여 주시옵소서.

모든 것에 감사드리며, 평화의 왕 예수님 이름으로 기도드립니다. 아멘.

박명규 집사 〈새문안교회 안수집사회장〉

참 좋으신 사랑의 하나님, 감사합니다.

죽을 수밖에 없었던 저희들을 주님께서 친히 찾아 오셔서 십자가의 보혈로 구원하여 주시고 빛과 생명의 길로 인도하여 주시니 감사합니다. 즐겨 순종하면 땅의 아름다운 소산을 먹을 것이라 하신 말씀처럼 새해에는 순종함으로 시작하게 하여 주시니 더욱 감사합니다.

다사다난한 지난 한 해 가운데서도 저희들의 가정과 일터를 보호하여 주시고, 또한 지난 한 주간에도 매 순간마다 베풀어주신 은혜에 감사합니다. 그렇지만 연약한 믿음으로 세상의 풍속과 가치에 휩쓸리어 세상에 것이 더 크고 유혹이 달콤하여 힘써 기도하지 못함으로 주님의 영광을 가리고 세상과 구별된 삶을 살지 못함을 용서하여 주옵소서.

주님의 임재가 내 안에 함께하시고 세상이 감당치 못할 믿음으로 나아가길 기도합니다. 모진 한파에 견딘 나무가 봄 되어 꽃향기 더욱 진하게 피듯이 고난을 이길 믿음을 주소서. 담대하라 내가 세상을 이기었다 하신 말씀을 힘써 지켜 이 땅에서 승리하게 하옵소서.

주님, 남과 북으로 나뉘고 주변 강대국의 이해 관계 속에 처한 이 민족을 긍휼히 여겨 주옵소서. 북한의 핵 위협과 긴장 가운데서도 이 백성을 안전히 지켜 보호하여 주심 감사합니다. 이 땅을 다스리는 위정자들에게도 주님의 한없는 은혜가 함께하사 지도자들이 하나님을 두려워함으로 이 민족이 주를 바라보는 백성이 되게 하옵소서.

오늘도 세우신 주의 종을 통하여 전하여지는 말씀에 성령께서 붙드사 그 말씀을 듣는 성도들 모두에게 한없는 은혜가 넘치게 하옵소서. 성령이 우리 심령에 들어와 한

알의 밀이 땅에 떨어져 죽어야 많은 열매를 맺듯이 온 성도가 온전히 기도에 힘씀으로 초대 교회의 부흥이 불붙듯 일게 하옵소서.

주님, 주의 제자된 삶을 살아가기를 구하는 남서울은혜교회 공동체에 주님의 크신 축복이 함께하심을 믿고 감사드리며, 주님 가신 그 길만 따라가게 하옵소서. 예배를 위하여 돕는 손길과 성도를 대표하여 드리는 성가대의 찬양을 홀로 영광 받으옵소서.

이 모든 말씀을 우리를 죄에서 구원하여 주신 예수 그리스도의 이름으로 기도드립니다. 아멘.

장영호 집사 〈남서울은혜교회 안수집사〉

찬양 중에 거하시는 하나님, 은혜를 감사합니다.

복된 주일을 맞아 함께 모여 예배드리게 하시고, 이 시간 오후예배로 다시 한 번 불러주셔서 찬양대 헌신예배로 드리게 하심을 감사합니다. 우리에게 찬양할 수 있는 음성을 주셔서 감사하고, 마음껏 찬양할 수 있는 자유와 아름다운 공간을 허락해 주신 것도 감사하고, 할렐루야 임마누엘을 비롯한 많은 성가대와 찬양팀, 그리고 어린 유치부에서부터 고등부, 믿음소망 마을에 이르기까지 각 주일학교 성가대, 찬양 율동팀까지 세워 주셔서 하나님을 경배할 수 있도록 우리를 사용해 주시니 참 감사합니다.

믿음의 찬송과 감사의 경배로 가득해야 할 우리의 삶은 우리의 욕심과 미련으로 한탄과 탄식으로 가득하게 되고 말았습니다. 하나님, 우리의 죄를 용서하여 주시고 오늘 이 예배를 통해 우리의 삶에 찬송이 끊어지지 않도록 다시 한 번 깨끗하게 회복시켜 주시옵소서.

어떠한 순간에도, 어떠한 환경에도, 언제나 찬송받기에 합당하신 주님만 바라보는 우리들이 되게 하여 주시옵소서. 욥의 믿음을 달라고 간구하면서도 욥이 당한 고난만은 내게 있지 않게 해 달라고 기도하는 저희들입니다. 우리를 부디 불쌍히 여겨 주시고 어떠한 행복과 어떠한 고난에도 감사하며 찬송하며 살게 하여 주시옵소서. 세상에 속해 살지만 세상에 섞여 살지 않게 하시고, 세상의 구성원으로 살아가지만 세상의 소유물이 되지는 않도록 붙들어 주시옵소서. 주님만을 찬양하는 주님만의 소유물이 되기 원합니다.

50년의 역사 가운데 서현교회를 축복하셔서 많은 성가대, 중창단, 예배 찬양팀을 허락해 주셔서 감사합니다. 노래하는 달란트 주신 것 감사하고, 노래하고자 하는 마음을 허락해 주신 것도 참 감사합니다. 아름다운 화음으로 하나님을 경배하게 하시되 우리의 중심을 보시는 하나님 앞에서, 음악적인 완성에 앞서 영적으로 깨어 갈급하고 감사한, 진정한 찬양을 드리게 하여 주시옵소서. 우리의 찬송의 목적이 사람의 귀를 즐겁게 하기 위한 것만이 되지 않게 하시고, 오직 주님 앞에서 주님의 영광을 위해 찬양하는 진정한 고백이 되게 하여 주시옵소서.

성가대 지휘자들에게 보다 깊은 하늘의 영감을 허락해 주시고 대장들은 최선을 다해 돕게 하시며, 모든 대원들, 팀원들 그리고 예배 찬양팀과 보이지 않는 곳에서 찬양의 완성을 돕는 많은 손길들에게 큰 복을 허락하셔서 우리 모두가 하나님의 귀한 찬양의 도구가 되게 하여 주시옵소서. 그러한 소망으로 오늘 예배에 연합 성가대가 찬양을 올려 드립니다. "왕의 왕 할렐루야" 찬양할 때 홀로 영광 받아 주시옵고 모든 예배자들에게 큰 은혜가 임하는 찬송 되게 하여 주시옵소서.

이제 목사님 말씀을 듣습니다. 목사님 말씀이 오늘 이 척박한 말세를 살아가는 우리들에게 세상 등지고 십자가를 바라보는 이정표가 되게 하시고 갈급한 우리의 영을 채우는 풍성한 양식이 되게 하여 주시옵소서.

감사드리며 찬양받기 합당하신 예수 그리스도 이름으로 기도드립니다. 아멘.

안태형 집사 〈서현교회 안수집사〉

사랑하는 하나님 아버지,

은혜로만 나아올 수 있는 예배의 자리에 택하여 불러 주신 은혜 감사합니다. 이 시간 저희들의 죄악의 깊은 어두움을 영안을 열어 주시어 보게 하시며 회개의 영을 부어 주시어 통회하며 자복하여 주의 거룩을 덧입는 삶으로 바꾸시는 놀라운 은혜를 경험케 하옵소서. 우리에게 구원받을 만한 다른 이름을 주신 일이 없사오니 우리가 세상 가운데 의지했던 모든 것을 내려놓고 오직 주님의 십자가만을 붙드는 예배의 시간 되게 하옵소서.

이 땅에 발 딛고 살아가는 우리의 삶의 연약함을 내어 드리며 주님의 도우심을 구하는 기도를 올려 드립니다. 주님 아닌 것들을 섬기는 말세에 고통의 때가 이르리니, 분단국가인 이 나라 이 민족의 오랜 고통을 아시오니 북한의 악한 체제가 주님의 방법으로 무너지고 지하 교회 20만 성도의 생명을 드리는 기도에 응답하여 주옵소서. 위정자들이 주님을 두려워하게 하시고 하나님께서 나라와 민족의 진정한 통치자 되심을 만민이 알게 하시는 주님의 일들을 보게 하옵소서. 이 땅의 교회들이 진리 위에 든든히 서서 참 구원 되신 예수 그리스도를 힘 있게 선포하며 이 땅의 죄악을 통회하며 은혜를 구하는 기도로 생명 구원에 힘쓰게 하소서.

우리 서현교회와 특별히 청년들과 자라나는 다음 세대가 주님을 영화롭게 하고 주님을 높이는, 예배를 잘 드리는, 예배에 승리하는 믿음을 허락하여 주옵소서. 어려운 고충 가운데 힘든 상황에 주님의 위로와 새 힘 부어 주심이 필요한 지체들이 있습니다. 진로와 학업과 결혼과 소원하는 일 가운데 친히 찾아 주시고 말씀하여 주시는 기도의 응답이 있게 하옵소서.

이제 귀한 주의 종을 통하여 말씀을 받습니다. 이곳에 오셔서, 이곳에 앉으셔서 만물을 충만케 하시는 충만함으로 심령들 가운데 충만케 하시고 주의 영을 주의 종에게 부으셔서 주의 말씀을 대언하게 하옵소서. 찬양대의 찬양이 주님의 성호를 찬양하며 귀하게 높여 드리는 찬양 되게 하옵소서.

포도나무 되신 예수님께 꼭 붙어 있기를 원하며 예수님 이름으로 간절히 기도합니다. 아멘!

노은희 권사 〈서현교회〉

한 권으로 끝내는 대표기도문의 이론과 실제

대표기도 하는 법

초판 1쇄 발행 2018년 2월 8일
개정 3쇄 발행 2024년 5월 30일

지은이 박태용

펴낸이 한정숙
펴낸곳 선한청지기
등록 제313-2003-000358호
주소 서울특별시 마포구 동교로 12길 41-13 (서교동)
전화 02)322-2434
팩스 02)322-2083
SNS https://www.instagram.com/good.steward_book
이메일 kukminpub@hanmail.net

편집 임여진 한수정
디자인 블루

ⓒ 박태용, 2018

기독교 총판 생명의 말씀사
ISBN 979-11-87022-23-7 03230